海虞年鉴编纂委员会

主　　任：朱惠明

常务副主任：须亚军

副 主 任：倪烨敏

成　　员：金永青　李春洪　崔文龙　凌建东　王卫东
钱志国　吴　江　周雯霞　李　丰　沈　彬
窦卫东　唐　亿　苏剑峰　余振荣　吕　宏
钱敏蕾　马卫江　陈　荣　俞建军　王　成
张学清　时晓刚　陈永华　唐栋良　陈立新
张振良　蔡伟民

主　　编：周雯霞

副 主 编：钱亚娟　阚晓丹

编　　辑：袁海坤　马荣明　陆建华　蔡汉中

特邀编辑：祝慧江

《海虞年鉴（2021）》审定单位

中共常熟市海虞镇委员会

常熟市海虞镇人民政府

常熟市地方志编纂委员会办公室

卷首语

《海虞年鉴（2021）》是海虞镇第一部年鉴。年鉴的编纂出版，是海虞镇地情资料和史志工作的一个突破，是对外宣传的一个崭新形式，也是文化建设的一件大事。谨向全体撰稿人员、编纂人员和所有对年鉴出版工作给予关心、支持、指导的领导、专家和各界人士表示衷心感谢！

2020年，海虞镇深入贯彻党的十九大和十九届二中、三中、四中、五中全会精神以及中央经济工作会议精神，认真落实市委各项工作部署，坚持稳中求进工作总基调，坚持新发展理念，紧扣“六美集大美 幸福新常熟”主轴主线，紧盯“三增三进”三年目标，统筹推进疫情防控和经济社会发展，大力推动产业发展高端化、民生保障均衡化、社会治理现代化，奋力谱写新时代“美丽城镇”“无忧小城”新篇章，努力走出一条属于海虞的“精致、时尚、大美”的特色发展之路，孕育出具有时代特点和地方特色的文化品牌——《海虞年鉴（2021）》。

以镜为鉴可以正衣冠，以史为鉴可以知兴替。《海虞年鉴（2021）》是镌刻着历史年轮的综合性、地方性、资料性文献，集中、全面、客观、翔实地记录了海虞镇2020年政治、经济、文化、社会、生态等方面的发展情况，具有存史、资政、教化之功能，为当今海虞推进经济和社会各项事业发展提供参考，为后世留下历史资料，为读者了解海虞提供新的载体。海虞人民将继往开来，砥砺前行，奋力谱写海虞高质量发展新篇章。

中共海虞镇委员会书记、江苏高科技氟化学工业园（江苏常熟新材料产业园）党工委书记

中共海虞镇委员会副书记、海虞镇人民政府镇长

2021年9月

编辑说明

一、《海虞年鉴（2021）》是在海虞镇党委和海虞镇政府领导下，由海虞年鉴编纂委员会主持编纂的地方年度资料性文献。

二、本年鉴以马克思列宁主义、毛泽东思想、邓小平理论、“三个代表”重要思想、科学发展观、习近平新时代中国特色社会主义思想为指导，坚持辩证唯物主义和历史唯物主义的立场、观点和方法，全面、系统、翔实地记载2020年海虞镇境域内自然和政治、经济、文化、社会、生态建设等方面的情况，为领导决策和社会各界了解海虞、研究海虞提供基本信息资料。

三、本年鉴为海虞镇第一部年鉴，记述内容的时限为2020年1月1日至12月31日，部分资料适当上溯或下延。

四、本年鉴采用分类编辑法，分为类目、分目、条目3个层次。全书设类目21个、分目160个、条目857个，卷首彩照43张，随文图片97张，随文表格14张。卷首置特别报道、大事记，卷末设附录。

五、本年鉴所用稿件均由全镇各村（社区）、各部门、各单位指定专人撰写，并经主要负责人审核签发。由于涉及的部门、单位较多，数据来源和统计时间、方法不同，文中涉及的各类数据如有差异，一律以统计部门的数据为准。

六、全书未指明地区的市一级地方均指常熟市。

海虞中心镇区

海虞新貌（一）

海虞新貌（二）

沪武（沿江）高速

346 国道

中新海虞花园城

阿科玛（常熟）生产基地

江苏常熟新材料产业园

海虞新天地商业广场

中影東方
肯德基
KFC
贤合庄
红高粱
新天地

通港路高铁立交

迎宾路

望虞河常熟水利枢纽

望虞河

社会主义核心价值观主题广场

铜官山乡村乐园

动迁小区海福新城

苏州市十佳最美乡村——汪桥村

美丽乡村——虞南村

海虞镇党群服务中心

江苏常熟新材料产业园办公大楼

常熟图书馆海虞分馆内厅

新峰美术馆展厅

常熟市海虞中学

常熟市海虞中学体育馆

常熟市海虞中心小学

常熟市周行中学

常熟市福山中心小学

常熟市海虞幼儿园

聚福塔

现代农业产业园高标准农田

长江滩涂风光

江苏常熟新材料产业园生态湿地

铁黄沙生态岛

螺蛳湾休闲文化园

平巷里花海

1 月 23 日，2020 年海虞镇新春联欢会举行

10 月 1 日，海虞新天地商业广场开业

9 月 21 日，2020 年苏州市中国农民丰收节在铜官山乡村乐园举行

初心广场晨练

海虞苏作红木家具精品展示（一）

海虞苏作红木家具精品展示（二）

要　目

海虞镇地图

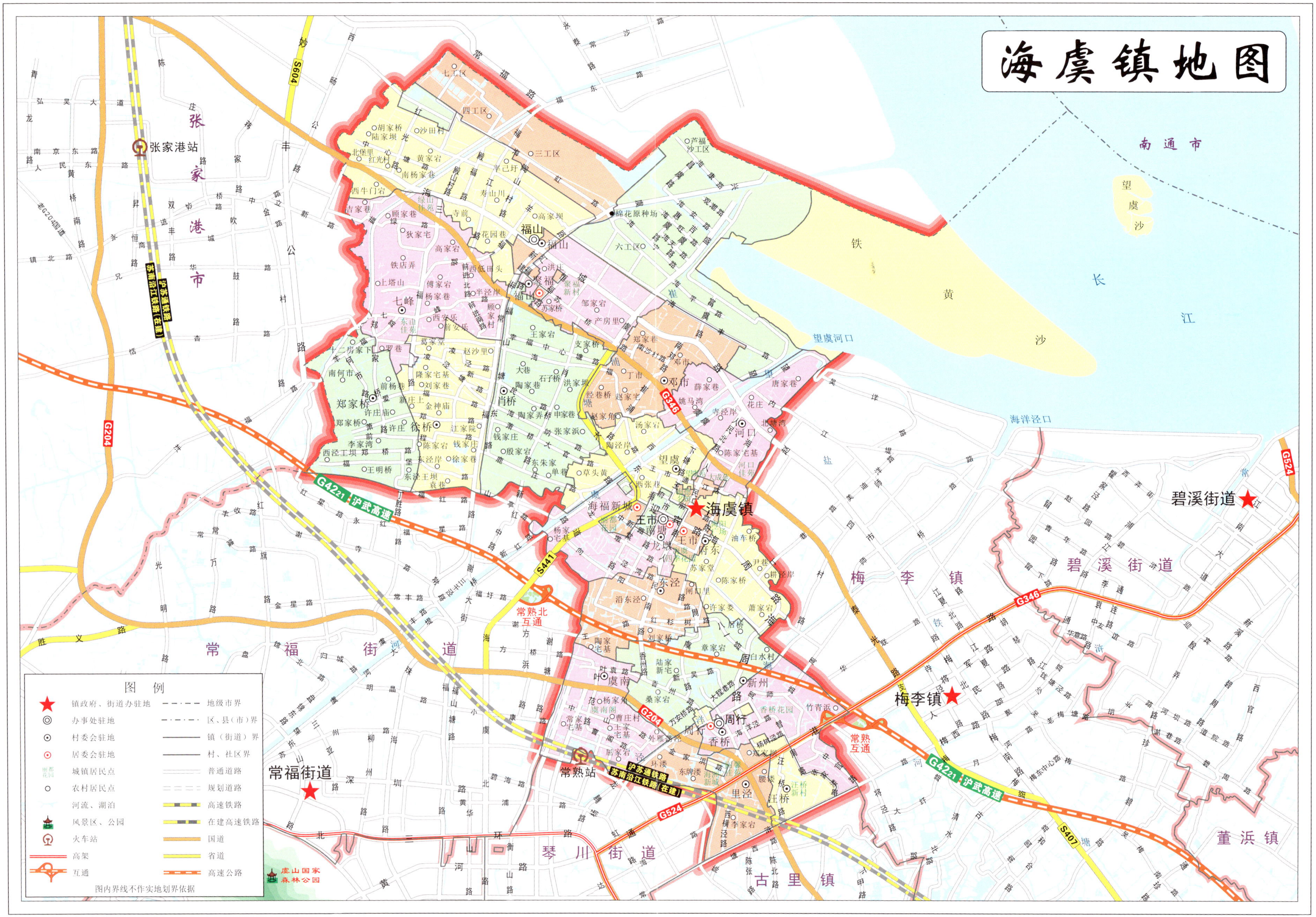

审图号：图苏E审（2021）056号

苏州吴文化地名研究所 江苏图博地理信息科技有限公司 编制

海虞镇位置图

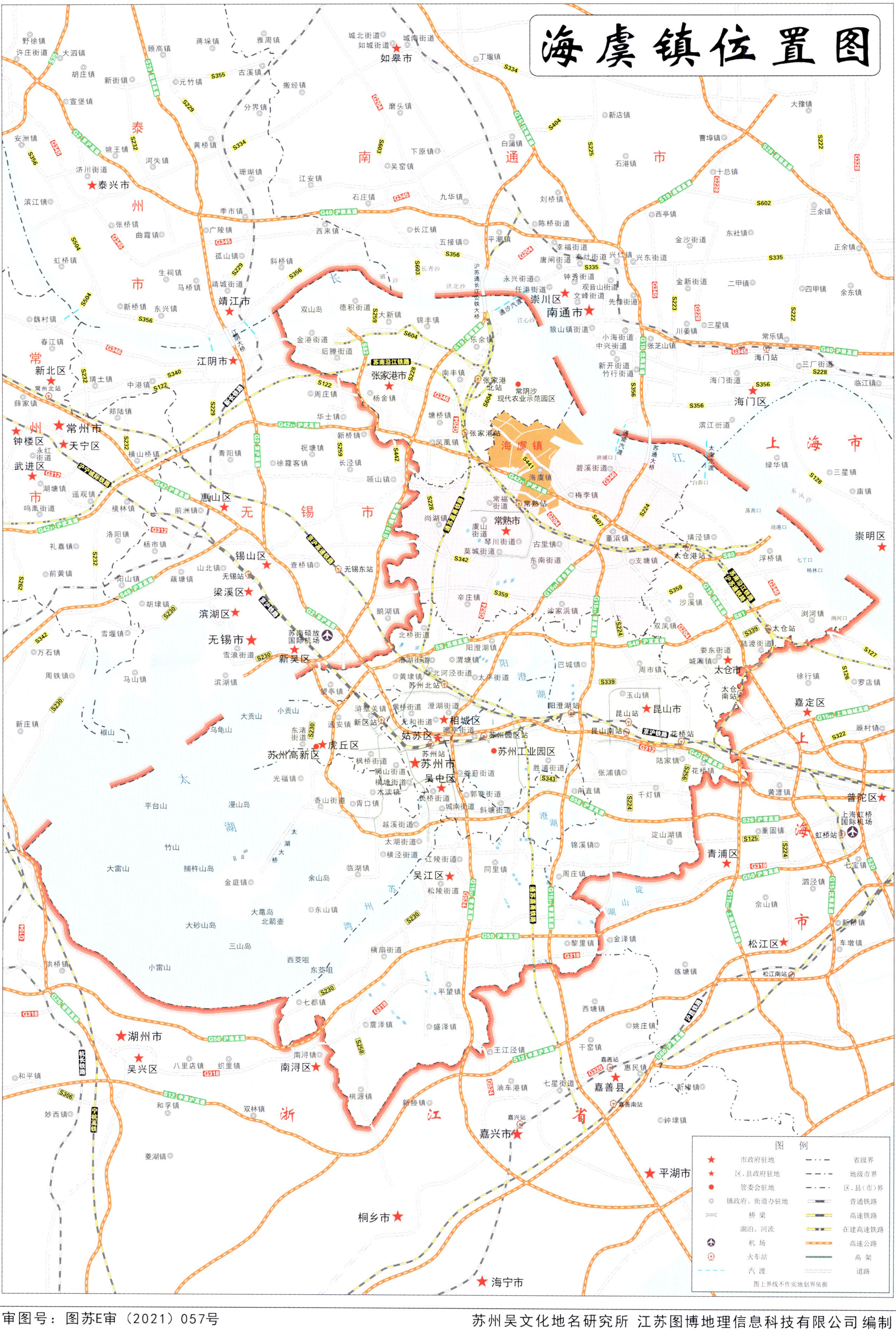

审图号：图苏E审（2021）057号

苏州吴文化地名研究所 江苏图博地理信息科技有限公司 编制

目　录

contents

中国共产党海虞镇委员会

海虞镇人民代表大会

海虞镇人民政府

中国人民政治协商会议海虞镇工作委员会

群团组织

法治·军事

江苏常熟新材料产业园

工 业

农 业

服务业

文体旅游

经济管理

镇村建设

教 育

医疗卫生

民　生

场·村·社区

附　录

特别报道

常熟市海虞镇以党建引领基层治理“红网”工程作为基层党建“书记项目”——

先锋网格力量奏响基层治理“最强音”

基层治理是国家治理的基石。只要找准“方向”，蓄足“能量”，激活党委、政府联系服务群众的“神经末梢”，就能不断提升治理效能。

为进一步突出政治功能，发挥组织优势，构建党建引领社会治理新机制，今年，常熟市海虞镇党委把实施党建引领基层治理“红网”工程作为镇党委基层党建“书记项目”，将党组织设置与“网格化”管理相融合，为百姓提供社会保障、文化教育、医疗卫生等多项便民服务，依托“小网格”，筑起党群连心“微堡垒”，撬动基层治理“大格局”。

做优一个“管”字突出服务功能，以精细管理实现问题解决“不出格”

“以前我们遇到难题没什么头绪，现在家门口有了‘红色先锋站’，任何困难都可以联系网格党支部。村里环境一天比一天好，生活一天比一天舒心，心里真是说不出的高兴。”七峰村村民王先生说。

今年9月，苏州市中国农民丰收节在七峰村铜官山开幕。这个山清水秀、焕然新生的小村庄在全市惊艳亮相，成为炙手可热的“网红打卡地”。

一幅乡村“田园画”背后离不开细致的“雕琢”。今年以来，从农村生活垃圾治理，到农村水环境提升，从村庄功能布局，到铜官山景观提升工程推进，七峰村无论大事小事、急事难事，都在支部网格“红色先锋站”中得到了有效解决。

“我们将原来的7个网格结合区域特征、村民户数及党员规模等因素，优化整合为4个网格，将党建网格和社会治理网格相对应起来，明确各自网格内的‘红色先锋站’兼具社会治理服务站功能。”七峰村党委书记程刚介绍。“红色先锋站”成立以后，成为网格党支部的活动阵地。在这里，网格员巡查值守，同百姓群众紧密联系，掌握网格内各类信息情况，有效回应民意。

这样的“红色先锋站”，在海虞的网格党支部如雨后春笋般涌现。

今年，海虞镇全力推行镇党委统一领导下的党建“网格化”管理，科学设置75个党建工作网格，构筑以“村（社区）党委 + 网格党支部”为核心，“社会治理网 + 民生服务网”为侧翼的“红色网格”。在此基础上推进一个网格党支部一个“红色先锋站”建设，把“红色先锋站”建成党员群众家门口的支部工作站、民情收集站、矛盾化解站、综合治理站和文化服务站，全面打通服务群众“最后一公里”，实现服务管理“零距离”。截至目前，海虞镇建成“红色先锋站”72个，通过达标示范型考核验收20个。

“通过健全网格党支部组织体系、整合组织资源，全镇形成了‘镇党委全面领导、党委书记亲自挂帅、村（社区）及网格党支部主体实施、各部门通力配合’的工作机制。将新时代基层网格治理触角向全域延伸，拉近了党群距离。”海虞镇人大副主席、海虞镇“两新”党工委书记窦卫东说。

依托智慧海虞网格化服务管理指挥平台，海虞镇推行“3+5+X”网格化管理服务标准，全面推广“行动支部”工作法，按照“一网格一行动”“一网格一特色”原则，建立工作日坐班、节假日值班、错时服务等制度，实现需求在网格发现、信息在网格采集、隐患在网格排查、环境在网格维护、服务在网格开展，做到“网联百家门、网牵百家情、网解百家难、网暖百家心”。

立足一个“民”字加强队伍建设，以“红色初心”涵养“为民情怀”

“早上好，我是福山社区第三网格党支部书记徐敏朴，请问最近垃圾分类工作落实情况怎么样？”一本民情记录册、一组分类垃圾袋，加上一句真切的叮咛，是徐敏朴工作的标配。每天早上7时30分，他和同事们准时开启“格中生活”，一个店铺挨一个店铺走访，一户人家接一户人家宣传，将群众的问题、需求一一记录及时反馈。

围着网格内的“一亩三分地”转，“包干”居民身边的大小事。徐敏朴说：“在‘红色网格’工作中，多用一分心思，群众就多一分便利，我们也会多收获一分信任。”

基层党员干部深入“红色网格”，增强了党员们的责任感和使命感，大家争当基层治理“排头兵”，全面提升了辖区社会治理水平。“环境越来越好，很多问题得到了解决。对于不少我们没注意到的情况，他们也能提前为我们考虑。”对于身边的改变，海虞镇的老百姓纷纷竖起大拇指。

目前，海虞镇配备各级网格长100名、督导员86名、管理员370名、信息员566名、巡查员135名。在此基础上，海虞制定各类人员管理服务清单，全面实现全科网格、全能队伍、一岗多责、一员多能目标；建立人员薪酬补贴与考核绩效挂钩机制，开展乡土人才培育三年行动计划，组建“五会三团”基层自治队伍，全面整合社会各类资源，营造“大事一起干、好坏大家判、事事有人管”的治理氛围。

海虞镇党委副书记倪烨敏说，想要真正实现“书记项目”成效最大化，既要搭好“一长四员”综合管理队伍的骨架，更要加强网格党支部书记的培养，以“头雕效应”激发“群雁活力”，用“红色初心”涵养“为民情怀”。

为不断巩固网格党支部书记培育成果，海虞镇建立星级网格党支部评价工作机制、网格党支部书记鼓励激励机制等，动态调优网格书记队伍和书记人选。依托镇党校，建立健全网格党支部书记定期培训增能机制，通过线上、线下相结合的形式强化选树培优。常态长效推动“不忘初心、牢记使命”主题教育，创新党员教育形式、内容，推动网格内扎实落实月度主题党日、文艺党课、结对共建、老党员送教上门等活动。

紧扣一个“融”字推动多网融合，以共治共享汇集“最强合力”

4月15日，海虞镇汪桥村的议事大厅里，参会成员你一言我一语，好不热闹。这是汪桥村正在召开的“6+X”民主议事会。

“‘6’指的是村党员、企业在职党员、老干部、村民代表、社会组织、志愿者等人群，‘X’则代表相关事项的利益方。”汪桥村党委书记钱晓东告诉记者，这次议事会围绕即将在全村实施的文明有“礼”管理办法征求意见，这是一项关系村民利益的大事，怎么实施、由谁实施、细则如何制定等全都由村民自主决定。经过半天热烈讨论，办法成功敲定。

“说实话，我们这些退休老同志都挺热心的，谁家有事都会管一管、帮一帮，但是在网格党支部成立之前，我们也只是‘打打零工’，效果不大。”汪桥村一位村民说，是“红色网格”把大家凝聚在一起，做好事的氛围更浓、“底气”更足了。

2020年以来，海虞镇在22个村（社区）推行“6+X”（社区为“8+X”）民主议事制度，通过支持人民群众更广泛、直接、有序地参与基层事务的决策、管理和监督，提升基层治理能力和水平。如今，党员干部主动作为，全员踊跃参与，基层治理“一盘棋”被充分激活。志愿巡逻队、老年文化队、居民议事会……在网格党支部的引领下，越来越多的“乡贤”“能人”主动参与到基层治理中来。

“基层治理不能仅靠党组织单打独斗，要有效整合各种资源，凝聚起各方力量，尤其是要发动群众参与到治理过程中来，实现基层党建带‘群建’、带‘社建’。这样才能更有效地满足群众的多元化需求，推动基层治理和谐有序。”海虞镇党委书记朱惠明说，“不仅如此，紧扣一个‘融’字，推动多网融合也是重要着力点。”

“书记项目”实施以来，海虞镇以党建网格与治理网格“两网融合”、自治法治德治“三治协同”的基层社会治理体系建设为抓手，深化推进“五进网格，助力赋能”工程，推动基层党建网、社会治理网、民生服务网等多网融合，增强基层网格党支部党建功能、发展功能、自治功能

和服务功能。

通过多网融合，基层治理合力成指数级增长。“行动支部”、党员志愿者队伍，带动群众积极参与疫情防控、党建惠企、农村人居环境整治、千村美居、垃圾分类等志愿服务行动，真正做到“小网格作战、全区域推进”。

（原载2020年12月29日网易新闻频道）

常熟海虞以农业产业项目建设为主引擎，擦亮农业特色品牌，打造靓丽“江南无忧小镇”——

一个农业产业强镇的现代化追求

今年9月21日，2020年苏州市中国农民丰收节开幕式在常熟市海虞镇七峰村铜官山举行，一场农民自己的节日让“铜官山”三个字迅速升温，一跃成为“网红”基地，仅国庆期间就吸引游客超7万人次。

这是海虞镇发展农文旅融合优质产业化项目的新手笔。今年5月，全国农业产业强镇建设名单出炉，海虞镇成为苏州地区唯一入选乡镇。

近年来，海虞镇围绕“产业优、生态优、配套优、文化优、服务优”的发展目标，全力打造“江南无忧小镇”。去年，全镇农业产值达4.74亿元，农产品加工业产值突破20亿元大关，农村居民人均可支配收入3.56万元。

作为苏州市率先基本实现农业农村现代化示范镇之一，高质量建设农业产业强镇，将始终是海虞高质量推进农业农村现代化的最强支点。

“特色品牌”唱响海虞农业产业强音，增产拓销端牢乡村“金饭碗”

清晨，第一缕阳光驱散了笼罩在海虞镇七峰村铜官山的薄雾，眼前是一片500多亩的茶园，这其中也有村民窦祥龙的200多亩。

“生态茶已成了七峰村的支柱产业，一公斤1600元至2000元，品质好的甚至可以卖到每公斤4000元。”海虞茶叶有限公

司总经理窦祥龙说。

30年前还“坐拥绿水青山、深陷贫困泥潭”的七峰村，如何摇身一变，成了村民的“绿色银行”？

窦祥龙给出了答案。“茶树种植是七峰的传统产业，以前茶农是‘各自为政’，为了改变这一情况，海虞镇政府将连年亏损的三个茶厂合并重组为海虞茶叶有限公司。”窦祥龙回忆，面对“品牌多，规模小，不能形成合力”问题，公司推动品牌整合，确立“沙家浜”茶叶品牌，让七峰的茶叶产业，走上抱团式、集群式的发展道路。受铜官山云雾滋养的“沙家浜”牌茶叶，以外形细嫩、色泽翠绿、汤色嫩绿明亮著称。甫一面世，就在第八届江苏省食品博览会上获得金奖。伴随荣誉而来的是蜂拥而至的订单，200多户茶农因此收入大幅提高。

铸精品创优势，打造优质农业产业特色品牌，七峰村打了一个漂亮的“翻身仗”，这也成为海虞镇推进农业产业强镇的制胜法宝。

近年来，海虞镇积极推进农业品牌战略，重点围绕高产量、高附加值、高科技含量的“三高”标准，加速农业品牌培育管理，着力开拓高端农产品消费市场。通过鼓励和引导企业争创知名品牌，提高品牌知名度，扩大市场影响力。目前全镇通过绿色食品认证的有虞盛大米、沙家浜绿茶、沙家浜白茶、双燕庄葡萄、郑家桥葡萄、沁园葡萄、金鸡墩水蜜桃等7个品牌。

以品牌农业为主导，海虞持续推动绿色农业转型发展，成功打造1.17万亩省级绿色优质农产品基地，力争到今年年底，实现绿色优质农产品基地面积占耕地总面积的80%以上。

海虞全面开展品质农业建设，构建新型农业经营体系。作为常熟市粮食主产区，海虞镇现有优质水稻种植面积近4万亩，粮食生产基本实现全程机械化，拥有1家国家级示范合作社、1家省级示范合作社，顺利完成苏州市农作物品种综合测试基地新品种展示与示范工作。稳固农业“压舱石”，端牢乡村“金饭碗”。2019年，海虞镇实现农业总产值4.74亿元，其中稻米产值1.44亿元，奶牛产值1亿元；农产品加工业产值达20.79亿元。

抓好项目建设“主引擎”，按下农村产业发展“加速键”

在海虞镇福山农场，乒乒乓乓的敲击声不绝于耳，这片近19万平方米的土地上，一座座楼房拔地而起，令人新奇的是，这些“高级公寓”的未来主人是15万头生猪。

“我们引进了国内一流的智能温控、湿控系统和完善的粪污处理系统，采用最先进的除臭系统配置，为生猪营造良好的生长环境。”常熟德康农牧有限公司工程经理汤小亮介绍，今年4月，德康集团15万头生猪养殖项目在海虞镇落地，项目总投资4亿元，将建成全省规模最大的楼房式生猪循环养殖基地，实现生产养殖智能化、食品全程可追溯化、市场经营信息化，

预计2021年4月完工进猪。届时将有效推动海虞低效农业向高效农业、传统农业向现代农业转变，大幅提高常熟乃至苏州地区生猪稳产保供能力。

近年来,海虞镇逐步积蓄产业富强“发力点”，扎实抓好项目建设“主引擎”。2020年，海虞镇持续推进农业产业强镇项目建设，共11个建设主体18个项目，一、二、三产协同发力，主要包括：发展农田水利灌溉设施、肉牛养殖基地、稻米烘干中心等工程，提升优质稻米的生产能力，完善牛类养殖的产品类型；购置粮食保鲜设备、农产品追溯检测设备、粮食烘干设备及相关辅助设施，提高稻米加工效率和品质；建设农耕文化体验和农产品展示展销中心，拓展营销渠道，完善稻米物流配送体系。

海虞镇党委副书记倪烨敏介绍，海虞还将深挖农文旅融合的优质产业化项目，合理适度引导各类入股方式，拓展村级集体及农民增收渠道。协同推进工业载体提质更新和新兴产业集群培育，继续推进“零地增长”“三优三保”和村级工业用地整优等工作，加强存量土地“腾”“退”“盘”“改”工作，推动低效土地再开发。通过老旧载体改造提升，进一步扩容楼宇资源空间。招引优质项目落户，推动生产性服务业引领制造业向中高端迈进。

海虞镇党委副书记、镇长须亚军说，引进一个项目，壮大一个产业，带富一方百姓，重大项目建设是实现海虞农业产业强镇高质量发展的“顶梁柱”；海虞将在现有基础上提升产业集聚度，完善产业生态圈，进一步壮大村级资产规模。

以“五优”创“无忧”，建设宜居宜业宜游“新农村”

如今，即便是非周末节假日，铜官山的游人也是络绎不绝。来客有常熟本地的，也有很多是周边县市的，不少客人已是反复“打卡”。

作为海虞镇重点乡村产业发展项目，铜官山“网红”基地以“丰收铜官山、共享常熟田”为主题，集美丽田园、茶园、果园、花园和农民新家园于一体。在铜官山，“千村美居”工程成为农旅融合发展的新命题。在改善人居环境的基础上，海虞镇利用当地优越的自然条件打造乡村旅游特色产业，这里融入了稻谷茶叶、南沙古城等元素，因地制宜划分了四个功能区，错位布局了共享茶亭、花影隧道、稻田栈道等40多个特色点位。此外，村里还鼓励有条件的农户共建美丽庭院，并进行民宿等营业性场所改造。

“道路宽敞了，河道清澈了，房子也亮了，村民之间客客气气，日子过得非常舒心，原来年轻人不想回乡下，现在看到这幅美景都愿意回来创业。”山脚下的村民纷纷称赞。

一座铜官山，实现了海虞品牌打造和项目推进的有机结合，更是海虞打造“江南无忧小镇”的靓丽缩影。

海虞镇党委书记、新材料产业园党工委书记朱惠明说，以“产业优、配套优、生态优、文化优、服务优”的“五优”创“江南无忧小镇”是海虞不变的追求，全镇紧扣“产业兴旺、生态宜居、乡风文明、治理有效、生活富裕”的总要求，全面完善乡村振兴保障机制，加快农村产业提质增效，推进美丽乡村提档升级，建设宜居宜业宜游“新农村”，努力走出一条富有海虞特色的农业农村现代化之路。

瓜果菜地、特色小景、文化展馆、村民舞台……通过“千村美居”工程，一幅幅宜人的乡村美图在海虞呈现。因此，海虞镇获评“苏州市特色田园乡村建设先进集体”。

做志愿、赚积分、兑奖品，海虞镇在常熟全市首创文明有“礼”积分管理模式；同时持续健全“两网三治”基层社会治理体系，建立村民（居民）议事“开放空间”，形成“6+X”或“8+X”村（社区）议事模式，一套套基层善治体系在海虞成型。

冬藏春发，踏步农业农村现代化的新征程，海虞将坚定走农业产业强镇之路，以“五优”创“无忧”，谱一阕示范引领农业农村现代化的雄浑交响。

（原载 2020 年 12 月 14 日《苏州日报》）

奏响美丽乡村“交响乐”

——常熟海虞镇以基层共建共治共享提升村民幸福感

小桥流水，绿树葱葱，清风拂面，统筹建设的基础设施，精心打造的生态美景……在江苏常熟海虞镇走一走、逛一逛，这样的景象随处可见。今年以来，海虞镇通过推动自治、法治、德治相融合，打造了基层共建、共治、共享的社会治理格局，大大提升了村民们的幸福感。

群策群力　打造美丽宜居新农村

走进虞南村叶家宅基，映入眼帘的是一处处农宅外墙的彩绘、篱笆围起的菜园、砖瓦铺成的小路，充满着田园气息。在村庄入口处有一块特殊的空地，青砖铺筑的小路复古又独具特色。这里原本是村民家的辅房，虽然不是违章建筑，却影响了村

民出入和村容村貌。在启动环境整治提升工程后，村里争取到了这户村民的支持，顺利拆除了这处辅房。

虞南村叶家宅基共有20多户村民，村中绿树掩映，小河潺潺穿村而过。村里的建设赢得了村民的支持，大家纷纷让出了河边的自留地，在沿河新添了一条步道。从此，村民们有了一个小型的健身场所。村民叶传连说："现在每天要散步，原来河里很脏、很臭，水草、垃圾漂满水面，现在不一样了，乱搭乱建都拆了，清爽得不得了，心情也舒畅了许多。"

文明有"礼"　擦亮乡风文明新底色

乡风文明既是乡村振兴的重要内容，也是乡村振兴的重要推动力量。前不久，汪桥村文明有"礼"积分管理细则正式发布。细则规定，村民可以通过文明乡风、文明新风积分前往村文明有"礼"积分兑换点进行等比例金额的实物兑换。通过"小积分"助推"大文明"，汪桥村村民自主管理水平不断提升，形成了共治、共享的幸福汪桥新格局。

要实现村民自治，自然少不了村民志愿者的参与，"益起来"携手家园志愿行动让汪桥村的人居环境长效治理有了队伍保障。"护绿""金乡邻""农建""绿主妇""净美家园"五大行动支部应运而生，行动支部每周都会组织村干部、村民志愿者、保洁员等对游园、村道、河道坡岸等地的卫生死角进行集中清扫，通过群策群力实现村庄环境净化、绿化、美化。

手起笔落　勾勒乡村亮丽风景线

日前在肖桥村钱家庄，党员群众正忙得热火朝天，他们一个个化身"艺术大师"，通过手中的画笔为家乡增色添彩。目前，肖桥村钱家庄的"千村美居"建设工程接近尾声，为了激发村民们参与村庄环境优化提升的自觉性和主动性，肖桥村村委会组织了这次"我为乡村添颜色"主题墙绘志愿活动，希望通过党员群众一起参与，凝聚起美丽乡村建设的强大合力，为美丽肖桥增颜值、提气质、添风采。

在专业绘画老师的指导下，大家拿起笔和刷子，一同上墙勾勒、着色。有的人小心翼翼地点涂着，生怕画错了位置；有的人一看就有一定绘画功底，下笔沉着顺畅。不一会儿，醒目的"廉洁"大字、舒展的枝丫、葱绿的嫩芽便在大家的笔下慢慢呈现，洁白的墙面一下子有了生气。

（原载2020年5月21日《苏州日报》）

“文化优”扮靓全国特色小镇

——从“送文化”到“种文化”公益课堂

近日，2020年常熟市海虞镇新时代文明实践品牌项目“海乐万家”百姓公益课堂火热开课。经过一年的成功探索，“海乐万家”已成为海虞镇新时代文明实践的一块闪亮招牌。

作为全国特色小镇，海虞镇一直把“文化优”作为发展目标，不仅将丰富多彩的文化活动送到百姓家门口，更是不断探索，走出了一条用“送文化”来“种文化”，最终实现镇域文化繁荣兴盛的良性循环之路，在春风化雨中坚定了海虞百姓的“文化自信”。

就地取材+“点送单” 文化“送”进心坎里

夜幕降临，铃声响起，300多名学员根据自己的报名分组，依次进入“海乐万家”百姓公益课堂开始学习，舞蹈房内卖力拉筋的阿姨，乒乓球台前挥洒汗水的大叔，宣纸上挥毫泼墨的小伙……来自不同地方、不同行业、不同年龄段的学员们个个兴趣盎然，学得十分投入。

“战友啊战友，亲爱的弟兄，待到春风传佳讯，我们再相逢……”在声乐演唱培训班，陶敏裔吐字清晰、声情并茂的一段练习曲，赢得了同伴点赞，她骄傲地说：“能表现得这么好，是因为我现在可是二年级学生了。”原来，陶敏裔是去年朗诵班的优秀学员，在近三个月的学习中，她培养了良好的语言习惯，语言表达技巧得到了显著提高，不仅如此，人也变得举止得体、自信大方。满满的收获让陶敏裔意犹未尽，今年开班信息一发布，她又兴致勃勃报了门声乐课：“去年学习效果很好，唱歌我也感兴趣，所以今年毫不犹豫又报了，这个课真的蛮好，既丰富了业余生活，又增长了知识。”

文化为民，文化惠民。秉承着这样的宗旨，“海乐万家”百姓公益课堂从设立之初，便采用闭环“点送单”模式。通过广泛的走访调查，收集市民的各类需求，在此基础上，挖掘本地已有资源，开设相关课程，形成“群众点单、所站接单、志愿送单、社会评单”的闭环服务模式。去年第一期开设舞蹈、国画、摄影等十大课

程，开展活动80多场次，每周定时定点授课，共有153名学员圆满结业。

“小时候没有这样的条件，现在有机会享受这样的文化惠民活动，真是求之不得。”“在自己家门口就能跟着名家学习，明年再办，我也要跟朋友们一起来！”在一期班的结业典礼上，歌舞、朗诵、太极……学员们精心准备的节目轮番上演，现场掌声不断。优异的学习成果让越来越多的市民跃跃欲试，对新一期公益课堂翘首以盼。

“我们在去年的基础上，根据百姓的需求不断完善课程设置，保留去年的十大课程，新增设旗袍、爵士、水彩、剪纸、诗词五个班级，同时增加课时安排，充分满足市民的精神文化生活需求。”海虞镇政法和社会事业局（文体）负责人章利亚说。

本土大师+“名外教” 文化“种子”结“硕果”

“国画画线条的方法大致分为三大类……”在书画名家海虞汇客厅一期工作室，授课老师庄剑刚正在进行国画基本功教学。年近六旬的庄剑刚主攻山水画，其作品曾多次参加国内展览。

作为土生土长的海虞人，庄剑刚一直想为家乡做点什么，“海乐万家”百姓公益课堂为他提供了一个施展才华的平台：“我很乐意无偿为大家上课，人们为兴趣爱好努力学习，这是好事，我一定要把课上好，让大家能够学到实实在在的东西。”

像庄剑刚这样的老师，在“海乐万家”比比皆是。2018年，海虞镇开始进行“新乡贤”和“乡土人才”推荐评选活动，截至目前，共评选出文体艺术、生产生活技术、经营管理服务、特色产业四大类乡土人才近800人，其中文体艺术类超200人。

以乡土人才为主的师资队伍让“海乐万家”百姓公益课堂品牌项目有了实际抓手。“乡土人才留得住、干得好，他们是公益课堂能够持续开展下去的‘压舱石’，只有让这些项目扎下根，才是真正把文化的种子‘种’入乡村大地，让它能够发芽、开花。”海虞镇党委委员周雯霞说。

有了“压舱石”，还要有“加油枪”，乡镇已成熟的文艺工作者数量有限，为满足百姓的多样化需求，海虞镇主动对接常熟市文化馆，争取专业师资，采取“普及培训与提高培训结合、现场授课与教学成果展示结合、阶段培训与日常辅导结合”的形式提高公益课堂培训质量。目前，常熟市文化馆专业教师、各领域有关专家和社会艺术人才正不断地加入“海乐万家”师资队伍。

“现在班上学员的作品越来越好，技巧基本都掌握了，只要勤练习，出师指日可待。”创意剪纸培训班主讲老师崔艳华欣喜地说，学员学会了，可以回家教孩子、教朋友，这样剪纸艺术就能更好地得到传承和发扬。

正如崔艳华所期待的一样，文化“种子”结硕果，从而不断培养新生文化力量，

是“海乐万家”百姓公益课堂“种”文化的最理想状态。“每一期会评选优秀学员作为重点培养对象，希望通过这种方式，让文化人才队伍越来越壮大，以此辐射更多人群，让海虞的文化建设有源源不绝的内生动力。”周雯霞说。

镇村联动＋常态化　文化兴盛全域开花

今年7月，章利亚接到了香桥村“求助”，村里希望镇文化站帮忙策划一次暑期阅读活动，在与活动负责人叶彪充分沟通后，章利亚为他们确定了“红色主题绘本课程”。

“村里文化资源有限，本来还在愁怎么办，没想到一声‘招呼’，镇上来了好几个活动队帮忙，一问原来是‘海乐万家’的老师和学员们。”叶彪说，当天围绕既定主题，水彩班的教做绘本，剪纸班的教做手工，大家还一起排了情景剧，活动非常成功。

以点带面，多点开花，是“海乐万家”百姓公益课堂的推进目标。海虞镇总面积109.97平方公里，总人口14万，下辖村（社区）22个。场所固定的公益课堂若不能辐射更广人群，终将变成一小群人的“自娱自乐”，为此，海虞精心探索“镇村联动”模式，在镇新时代文明实践所开展文化课程培训的基础上，邀请专家学者和学员团队通过远程教学与现场授课的方式，为村（社区）实践站提供培训和活动指导，同时随时“接单”，帮助各村（社区）居民结合实际、突出地域特色，开展文化活动，真正打通服务群众的“最后一公里”。

“让公益课堂成为百姓充电增能的日常‘加油站’，同时围绕公益课堂开拓更多互补性的文化活动，让百姓更有参与感、获得感和幸福感，让文化富有成为海虞全面小康的精神动力。”周雯霞说。

（原载2020年9月9日《苏州日报》）

聚力“战疫情”　全力“拼经济”

——海虞镇吹响高质量发展争先进位集结号

“海虞镇将紧扣‘三增三进’目标，牢牢把握高质量发展要义，凝聚合力‘战疫情’，精准施策‘拼经济’，努力交出‘大战大考’‘三增三进’高分答卷。”3月20日，海虞镇党委书记、新材料产业园党工委书记朱惠明在接受记者采访时说。

打桩机轰隆作响，机器声、敲打声不绝于耳……当天上午8点半，朱惠明来到汪桥村老旧工业区（点）更新改造项目工程现场，目之所及皆是一派火热的忙碌景象。这片土地曾是一处以轻纺织和机械制造为主的小型企业集聚区，大部分厂房建造于20世纪90年代，产出效益低又存在大量安全隐患，占用了海虞镇宝贵的发展资源。为有效发挥汪桥村及周边良好的区位优势，海虞镇计划投资5亿元将其改造为汪桥小微产业园，规划建设高标准厂房17多万平方米。根据安排，一期工程将于今年11月完工，引进项目包括装备制造、汽车零部件、机械轻工等中高端制造业和配套物流仓储产业。

正在现场研究细化规划方案的汪桥小微产业园更新项目负责人钱晓东，见到朱惠明后连忙上前，向他汇报最新进展。朱惠明叮嘱道，工程建设一方面要围绕安全生产，加强检查，排查安全隐患；另一方面要抓好工程质量，把进度提上去。钱晓东表示一定会在保障安全的前提下抢抓进度，也希望党委、政府在后续房屋验收等相关手续方面给予更大力度的支持，让产业园能早日出租，早日产生新的经济效益。

简短交谈几句后，朱惠明又匆匆赶到上海三爱富科技有限公司常熟基地的新项目建设现场。这一项目在不增加用地指标的前提下，经过批准在自有土地上实施改建、扩建，增加生产和研发用建筑，提高产出水平，增加产出效益。项目计划于今年12月建成投产，届时可年产1100吨聚酰亚胺材料。这种材料主要用作柔性有机发光显示屏的基板材料，对智能手机、AR眼镜等可穿戴电子产品的便携化发展具有重要意义。在现场，上海三爱富科技有限公司常熟基地总经理吴君毅提出，希望政府能帮助企业加快同系列产品及相关配套项目的落地投产，进一步延伸产业链。朱惠明了解情况后，当即表态：“你们放手干，

有问题只管找我，我来负责协调。”

该项目是2020年市级重点产业项目，也是“零地增长”扩建项目。朱惠明表示，今年新材料产业园将紧扣高质量发展主题，落实“三个一”要求，招大引强氟材料、助剂涂料等主导产业和生物医药“一号产业”，确保全年引进10亿元投资项目2个以上，利用外资6000万美元，实现园区产业链集聚度超过90%；狠抓药明康德、吴羽等26个在批项目审批和大金新材料、旭化成等34个在建项目建设，确保重点产业项目落地开工、按期投产，全年完成工业投资25亿元；加快三爱富、富士莱等科创平台建设，强化安全环保本质监管，守护产业园规范化发展“生命线”，推动产业园高质量发展“进位次”……这些“计划表”“作战图”无不展现了海虞镇加快发展、争先进位的决心和信心。

围绕市委提出的“三增三进”发展目标，今年，海虞镇严格落实“外防输入、内防扩散”各项举措，发挥“3+5+X”社会治理作用，全面织牢疫情“防控网”，推动企业实质性复工复产。同时，优化“两强两优”路径措施和“一城三园”载体布局，提速工业载体更新改造。通过开展“营商环境创新年”活动，力争新材料、生物医药、智能装备等“1+5”特色产业招商有新突破，确保全年引进区域性总部2家、亿元投资项目10个以上。2020年，海虞镇将推动119个260亿元产业投资项目建设，确保26个市级重点项目百分百开工，全年完成工业投资超过35亿元。在严守安全底线、环保红线的前提下，推动全镇有效投入、财政收入“进级次”，全市综合考核位列“第一等次”。

（原载2020年3月27日《常熟日报》）

构筑产业高地　描绘小康画卷

——海虞镇创新实干推动经济社会发展稳中有进

“海虞镇将按照市委扩大会议精神要求，紧扣高质量发展主题和‘三增三进’目标任务，集中精力抓经济发展，做强苏虞生物医药产业园，做优中新海虞花园城，做新智能制造产业园，全力推进‘千村美居’工程和农村人居环境整治，努力实现经济社会发展稳中有进。”海虞镇党委书记、新材料产业园党工委书记朱

惠明接受采访时说。

打造经济社会发展“强大引擎”

正在建设中的大金新材料（常熟）有限公司项目是日本大金集团在常投资建设的增资项目。该项目占地240多亩，总投资30亿元，主要从事含氟新材料产品的研发、生产和销售。目前，厂房主体建筑的桩基施工已基本结束，地下结构部分建设将在未来两个月内完工，预计明年年底可正式投产。届时，这座国际领先的智能化新工厂预计可带来15亿元的年产值。

大金新材料（常熟）有限公司项目是海虞镇正在推进的重点项目之一。当前海虞镇正处于高质量发展爬坡过坎的关键期，围绕市委扩大会议提出的要求，在下阶段工作中，海虞镇将着力推进总投资78.68亿元的26个市级重点项目建设，继续在项目建设中跑出“加速度”，释放新活力。海虞镇将继续加快老旧工业区更新改造，建设材料科技、智能装备、绿色制造等一批“1+5”特色载体，全年启动25万平方米以上的标准厂房建设。依托新材料产业园优先引进龙头型、总部型、补链型工业项目和重点科创型项目，依托特色小微园区探索无地招商、中介招商、以商引商。

构筑创新融合发展“产业高地”

总投资2亿元的七洲绿色科技研究院项目6月底在常熟苏虞生物医药产业园开工建设，计划建设2500平方米的高规格研发实验室，主要从事生物医药、植物保护剂及新材料领域内的技术开发、技术服务、技术咨询等。下阶段，海虞镇将紧扣常熟“3+5+4”产业发展规划，推动大金、三爱富、七洲、富士莱、丽源医药和华益同位素研究院等企业单位的特色“双创”平台建设，加快推动药明康德、美莱医药等签约项目的落地、开工、投产，尽快形成新的经济增长点。

海虞镇将在淘汰传统行业低效产能的基础上，加快海虞纺织科技产业园建设，缩减印染企业建设用地规模，推动传统产业“转型蜕变”。启动产业园主导产业链专项规划研究，扎实推进“一园一策”规范发展和“一企一策”专家现场检查工作，持续推进“智慧园区”建设，争创国家级绿色园区、生态工业园区，提升园区综合管理水平。

描绘乡村振兴最美“小康画卷”

近年来，海虞镇七峰村上山巷全力推进特色田园乡村建设，大力实施铜官山山体修复，在村庄环境上紧紧围绕“乡土、自然、生态”的建设理念，做好村庄基础设施建设，重塑优美田园景观。日前，江苏省第三批次特色田园乡村名单公布，海虞镇七峰村上山巷上榜。

上山巷的榜上有名是海虞镇深挖自身亮点、打造农村宜居“桃源”的缩影。下

阶段，海虞镇将加快推进“千村美居”工程建设，深化农村人居环境整治，规范“三定一督”居民小区生活垃圾分类投放，落实长效管护机制，全面提升人居环境水平。下半年，海虞镇还将充分挖掘当地自然资源和历史遗存，深入实施“丰收铜官山、共享常熟田”“网红”基地景观提升工程，推进党群服务中心、乡村振兴学院和共享农庄等重点项目建设。

此外，海虞镇还将高标规划，加快推进中新海虞花园城项目的房屋征收搬迁和基础设施建设，加快海洲二期、聚福二期、海盛家园、海新家园等城乡一体化小区建设，着力打造宜居宜业的精致海虞。

（原载 2020 年 8 月 28 日《常熟日报》）

让乡愁乡情乡趣重回乡土

——海虞镇七峰村“千村美居”工程建设纪实

今年国庆中秋“双节”期间，市民出游热情持续释放。和以往出远门不同，这个假期，许多市民选择走进“家门口”的旅游景点，乡村游、文化游、家庭游成为旅游新亮点。

作为假期最火爆的乡村旅游目的地之一，七峰村铜官山景区备受本地城镇居民和外地游客的青睐。今年以来，在推进“千村美居”工程建设的过程中，海虞镇以苏州市中国农民丰收节开幕式落地为契机，深挖历史文化积淀，规划全域旅游路线，打造“丰收铜官山、共享常熟田”景观提升及“研学游网红打卡基地”，推进农文旅产业深度融合。如今，铜官山景区已成为常熟乡村旅游的新样板。

铜官山又名常熟山，海拔 43 米，山体面积 315 亩，是福山境内的七山之一。2018 年，七峰村启动铜官山特色田园乡村建设，融入农民丰收节“节日元素”、稻谷茶叶“特产元素”、海棠花红“红色元素”、南沙古城“历史元素”、中唐古音“文化元素”、千村美居“人居元素”、勤政为民“廉政元素”七大元素，为推进农文旅融合发展奠定了坚实基础。

随着“千村美居”工程的启动，七峰村在改善人居环境的基础上，充分利用铜官山良好的生态环境和优越的自然条件，着力打造农文旅融合发展的特色乡村旅游

目的地，让原生态村落呈现崭新面貌，也让更多人共享生态福利。短短几个月，观光栈道、乡村振兴学院、共享茶亭等基础设施陆续建成投用，花影隧道、稻田栈道等40多个特色点位精彩亮相。村里还鼓励有条件的农户共建“美丽庭院”，并对民宿等营业性场所进行改造。谈及村里的变化，七峰村村民周品华感慨良多：“道路宽阔了，河水变清了，房子也亮堂了。看到这样的美景，不少年轻人选择了回乡创业。”今年9月，铜官山这幅秀美的“乡村画卷”拉开了农民丰收节的帷幕。作为2020苏州市中国农民丰收节的主会场，铜官山景区吸引了虞城市民及周边城市游客的目光。据统计，在国庆中秋“双节”假期，铜官山共迎接游客7万多人次。尽管那几天村民们忙得团团转，但节后算算收入，一个个都喜不自禁，真正享受到了收获劳动果实的欢乐。

位于铜官山南麓的同观山庄是常熟市海虞茶叶有限公司打造的共享农庄，与铜官山相映相衬。今年4月，常熟市海虞茶叶有限公司开启同观山庄建设。按照农旅融合的思路，公司精心优化茶园设施和茶树品种，加大农庄体量，打造园林景观。在此基础上，公司还增加了农庄的住宿功能，真正让游客吃在农家、住在农家。今年10月，在铜官山景区“网红效应”的带动下，农庄迎来第一批游客。

“本地城镇居民和外地游客都来体验这里的田园慢生活，如果旅游体验满意，他们回去之后就会口口相传，吸引更多游客前来‘打卡’。在此过程中，同观山庄的知名度、影响力得到了较大提升，本地特色农产品得到了更好的推广并收获了不少‘回头客’，销售额也是节节攀升。”常熟市海虞茶叶有限公司总经理窦祥龙说，“双节”长假以来，乡村旅游成为本地城镇居民和外地游客消费的新热点，其中农庄度假是颇受游客喜爱的旅游产品。与此同时，“沙家浜”品牌茶叶和虞盛大米等本地特色农产品也开始由“种得好”向“叫得响”“卖得好”转变。

编后

走进铜官山，一幅蒸蒸日上的现代田园图画在眼前徐徐展开。“千村美居”工程让这个原本世世代代以开山采石为生，生态环境遭到破坏的村庄焕发出勃勃生机，越来越多的年轻人开始回乡创业，乡村振兴的号角已经吹响。这个承载着最美乡愁的世外桃源，也正吸引更多市民和游客走进去、留下来。在不远的将来，常熟定会有越来越多的“铜官山”，让乡愁乡情乡趣重回乡土。

（原载2020年12月10日《常熟日报》）

大事记

1月	5日	海虞镇亮相全国特色小镇高质量发展论坛。
	11日	海虞镇第五届人民代表大会第七次会议召开。
	19日	海虞镇召开2019—2020年度党员冬训动员大会。
	23日	海虞镇召开新冠肺炎疫情防控工作会议。
2月	3日	开始封村封路，设立新冠肺炎疫情防控卡口，招募志愿者24小时轮流值勤。
	24日	海虞镇4个项目入选苏州市百个重点志愿服务项目名单。
	26日	截至24日，全镇共募集新冠肺炎疫情善款182.41万元，捐物142批次。
3月	6日	海虞镇召开镇（产业园）重点骨干企业“战疫情、拼经济”座谈会。
	14日	助力企业抢回“失去的时间”，海虞镇一季度常熟市级重点项目全面开工。
	30日	海虞镇举行镇（产业园）一季度重点产业项目推进会，美莱医药、吴羽粘剂等9个重点产业项目集中签约，投资总额38.4亿元。
4月	8日	海虞镇召开“331”专项行动推进会。
	9日	《常熟日报》报道：中新海虞新城中新路项目完成清零。
	27日	2020年度中新海虞土地招商推介会在中新海虞花园城项目接待中心举行。
5月	26日	海虞镇入围全国农业产业强镇建设名单，是苏州市辖区内唯一入围乡镇。
	29日	大金新材料（常熟）有限公司在常熟新材料产业园举行一期项目主体工程奠基典礼。
6月	28日	苏州外国语学校常熟校区开工仪式在海虞举行。
7月	2日	七峰村上山巷被命名为江苏省第三批次特色田园乡村。
	24日	市委书记周勤第到海虞调研经济和社会发展工作。

8月	15日	海虞镇举行基层党建“书记项目”推进会暨海棠讲坛活动。
	22日	海虞镇第五届人民代表大会第八次会议召开。
9月	7日	2020年常熟市重点产业项目三季度集中开工（竣工）暨常熟药明康德新药开发有限公司奠基仪式在海虞镇隆重举行。市委书记周勤第、市长焦亚飞等出席活动。
	8日	海虞镇启动文明有“礼”积分管理模式，与常熟市新合作常客隆购物广场有限公司签订“文明有‘礼’积分平台管理系统合作协议书”。
	8日	海虞镇位列2019中国百强镇名单第79名。
	15日	“强国有我”主题巡讲展示活动全省启动仪式暨海虞镇专场活动在汪桥村新时代文明实践站举行。
	16日	市委书记周勤第到七峰村铜官山调研苏州市中国农民丰收节开幕式活动筹备情况。
	18日	新华网信息：循环农业+文旅融合——海虞镇探索全面小康新路径。
	21日	2020年苏州市中国农民丰收节在海虞镇七峰村铜官山开幕。苏州市委副书记朱民讲话，常熟市委书记周勤第致辞。
10月	1日	海虞新天地商业广场开业。该广场是集酒店、购物、餐饮、娱乐等配套功能于一体的街区式城市综合体。
	12日	市人大常委会机关党总支到海虞开展“走进美丽乡村　助力乡村振兴”主题活动。市人大常委会主任杨崇华等一行51名党员参加。
	15日	江苏高科技氟化学工业园（江苏常熟新材料产业园）被列入2020中国化工园区30强和潜力10强名单。在30强名单中位列第16。
	22日	市委书记周勤第率市发改委、财政局、规划局等部门负责人到海虞镇调研。
	29日	苏州市产业技术研究院同位素技术研究所签约暨启动仪式举行，落户江苏常熟新材料产业园。
	30日	江苏高科技氟化学工业园（江苏常熟新材料产业园）通过省化

工园区规范化管理合规认定。

11 月 7 日 “生物医药常熟论道”常熟金秋生命健康产业发展论坛在常熟国际会议中心举行，由海虞镇新材料产业园承办。

12 日 海虞镇新时代文明实践所成为常熟市唯一入榜的苏州市首批新时代文明实践示范所。

13 日 海虞镇与常熟农商银行党建共建签约暨普惠金融服务点揭牌仪式在海虞镇铜官山乡村振兴学院举行。

13 日 《新华日报》报道：海虞镇结合“331”专项整治行动，由政府出资为 32 户老年人租用公房安装智能燃气切断报警器。

18 日 常熟新闻网报道：海虞镇全力冲刺四季度，打赢收官战。

12 月 2 日 《新华日报》报道：常熟海虞镇“331”行动助力社区共治。

7 日 2020 年海虞镇首届企业户外运动嘉年华在铜官山开幕，70 多家企业 500 多名健身爱好者参加活动。

11 日 海虞镇 2020 年“海乐万家”百姓公益课堂结业汇报展演暨第三批“乡土人才”“星级文明户标兵”颁奖仪式，在镇文化大礼堂举行。

17 日 “时代新人 筑梦前行”苏州时代新人说活动在海虞镇铜官山乡村振兴学院举办。

19 日 中央电视台 CCTV4 中文国际频道《中国新闻》栏目报道：江苏七峰村如何从开山采石的“穷村”发展成为美丽田园乡村。

28 日 中共海虞镇第四次党员代表大会第六次会议召开。

29 日 网易新闻报道：海虞镇以党建引领基层治理“红网”工程作为基层党建“书记项目”。

海虞镇概览

自然地理

【位置面积】 海虞镇位于常熟市北部。北滨长江，东与梅李镇接壤，南与古里镇、常福街道毗邻，西与张家港市塘桥镇交界。中心位置为北纬31°49′，东经120°48′。东西最大距离约11.5千米，南北最大距离约18.2千米，地势南低北高，系长江三角洲冲积平原。地面高程吴淞基准点海拔西北部最高为7.0米，东南和北部沿江最低2.0米。境域总面积109.97平方千米。

【地质地貌】 海虞镇境域地层属江南地层区，属于地壳相对稳定的构造单元。土壤主要有2个土类（潮土、水稻土），3个亚类（灰潮土、渗育型水稻土、潴育型水稻土），7个土属（灰沙土、潮沙土、乌沙土、黄泥土、灰黄泥土、白土、堆叠土），有河底夹沙土、乌泥心黄泥土等16个土种。境域为长江三角洲沿江平原，水网交织，土地肥沃。西北部古有9座山丘，大致分两列延伸，沧桑变迁，今尚存殿山、铜官山、西山；铜官山最高，海拔43米，底面积约21公顷。

【江河水系】 海虞镇系滨江平原，河港交叉。长江流经境域北境，长约9.8千米。境内有望虞河，为流域性河道，境内长6.5千米，入江口置有水利枢纽花庄闸。有常许河、北福山塘、耿泾、海洋泾等市级河道4条，境内总长35.05千米，均为通江河道。有芦浦塘、崔蒲塘、曲塘泾、安乐塘、横塘、南小塘、萝卜泾、新泾、大坍塘、迈步塘、大皇塘等11条镇级河道，总长40.95千米。村级河道122条，总长160.37千米。6级生产河未做统计。

【气候气象】 海虞镇滨江近海，属北亚热带海洋性气候，四季分明，季风明显。1月份最冷，7月份最热。常年平均无霜期242天。日照充足，雨量充沛，全年日照时数8月份最多，2月份最少，6月份是梅雨季节，全年降水最多。

建置区划

【建置沿革】 中华人民共和国成立后，1950年3月，常熟县县以下建立区乡制，海虞境内时有周行、渔坝、王市、昙花、龙墩、福山、邓市、肖桥、福堡、郑桥、武安、太平、崔蒲等小乡。1956年3月，小乡并中乡，时有周行、王市、福山、邓市、

肖桥乡。1957年9月并建大乡，时有周行、王市、福山3乡。1958年10月，以乡建立人民公社。1983年恢复乡建制。1985年、1986年、1992年，福山、王市、周行先后撤乡建镇。1999年6月21日，江苏省民政厅苏民行〔1999〕32号文件批准，撤销王市、福山、周行3镇建制，以原3镇行政区域设立海虞镇，镇政府驻王市集镇，下辖46个行政村。6月23日，市委、市政府决定，国营常熟市棉花原种场保留牌子，成建制隶属海虞镇。6月28日，海虞镇挂牌成立。镇政府下设王市、福山、周行3个街道办事处。2020年，海虞镇辖2个街道办事处、1个棉花原种场、17个行政村、5个社区。

【名称由来】 海虞镇名称以古县名得名。西晋太康四年（283）置海虞县，县治设在虞山镇。隋开皇九年（589）海虞县并入常熟县，县治在铜官山南沙城。

【行政区划】 1999年6月，海虞镇下辖46个行政村。同年8月26日，调整部分村行政区划，工农、香桥等12个行政村分别合并为6个行政村。2003年4月3日，将徐桥等8个村并为4个村。4月26日，又将建新等14个村并为8个村。2004年9月21日，又将河口等12个村合并为6个村。2011年8月22日，再次调整村行政区划，将新州等12个村调整为5个村。至此，海虞镇下辖17个行政村，直到2020年行政区划未变。

人口资源

【人口】 海虞镇建镇初期，2000年11月1日零时，全镇常住总人口98588人。江苏常熟新材料产业园建立后，境域内人口分布发生变化，聚福、邓市、河口等村人口向海虞镇中心镇区海福新城集聚。至2020年末，海虞镇户籍户数25762户，户籍人口8.99万人，暂住人口5.52万人。海虞镇历来以汉族人口聚居为主，改革开放以后，随着新市民人口的增加，少数民族人口也有增加。

【自然资源】 海虞镇境域总面积109.97平方千米，耕地面积3467公顷。海虞镇盛产水稻、小麦、油菜及各种瓜果蔬菜，有银杏、榉树、朴树、榆树、梧桐等古树名木。无公害绿色农产品虞盛大米、“沙家浜”茶叶知名度较高。长江水域的鲥鱼、刀鱼、河豚、海白虾等是海虞镇有名的地方特色水产品。内河[illegible]青鱼、草鱼、花鲢（鳙鱼）等，[illegible]枚举。境内福山古称七峰，有[illegible]、殿山、西山等7座山丘，今[illegible]座。铁黄沙是海虞镇特有的长[illegible]资源。

风土习俗

【方言】 海虞方言属吴语系统虞北话，是一种较为独特而又颇具代表性的吴语次方言。语音显得古朴厚重，语汇丰富，具有形象、生动、通俗的地方特色。

【宗教】 海虞境域宗教主要有佛教、道教、基督教、天主教。信仰佛教、道教的人居多数。佛教活动场所主要有周行弥陀寺、花庄福海禅寺和殿山福江禅寺。民众佛道兼信，逢朔望日进寺庙烧香拜佛。基督教聚会点有 5 处：东泾教堂、河口教堂、创新教堂、恩光教堂、新华教堂。

【民俗】 清明、七月半、除夕，有祭祀祖先的习俗。除夕还有掸悬尘、守岁等习俗。五月初五端午节，家家户户都要裹粽子。七月初七有吃油氽巧果的习俗。八月十五赏月吃月饼，九月九重阳敬老、登高、吃重阳糕。正月十五吃元宵，二月二吃撑腰糕、小孩剃虫豸（理发）。还有六月廿四、十二月廿四及正月半祭灶神，正月初五迎财神等习俗。婚丧嫁娶等礼仪，约定俗成，名目繁多，不胜枚举。三月廿八福山东岳庙会，是海虞镇福山地方传统庙会节场，由宋迄今，有近千年历史。福山庙会是融宗教、民俗、娱乐等为一体的综合性社会活动。海虞男性老年人有早上上市进茶馆喝早茶的习惯。

中国共产党海虞镇委员会

综 述

2020年，中国共产党海虞镇委员会（以下简称“镇党委”）坚持以习近平新时代中国特色社会主义思想为指导，深入贯彻党的十九大和十九届历次全会精神，全面落实市委各项决策部署，紧扣市委“促发展、补短板、解难题、精管理、抓落实”15字工作主线，团结带领全镇党员、干部和人民群众，众志成城战疫情，统筹推进疫情防控和经济社会发展各项工作，守住人民安全生命线，稳住经济发展基本盘，各项事业取得新的进展。

全年实现地区生产总值107.76亿元，比上年略有增长；财政总收入26.2亿元，比上年增长11.3%。规模以上工业总产值230.3亿元，企业开票销售收入380.8亿元，一般公共预算收入11.66亿元。实际到账外资5600万美元，比上年增长18.5%。全社会固定资产投资49.26亿元，比上年增长39.4%；工业投资35.5亿元，比上年增长70%。全年新开工市级重点产业项目24个，位列全市第一。全镇高新技术产业、战略性新兴产业增加值占规模以上工业比重分别达到37%和53.9%。

社会事业持续发展，人居环境全面提升，七峰村上山巷和福山村寺前2个省级特色田园乡村建成，“千村美居”工程启动，涉及130个自然村4756户，80个自然村完成验收。民生实事工程进展顺利，教育、卫生、养老、文化等公共服务设施建设全面推进。社会保障体系更加完善。

基层党建工作创新发展。镇级书记项目“红网”工程带动村（社区）党组织书记认领“千村美居”、基层治理等党建项目。党建工作体系优化提升，组织、纪检、宣传及群团等工作协调推进。2020年，海虞镇入围全国农业产业强镇建设名单。

重要会议

【中共海虞镇第四次党员代表大会第六次会议】 12月28日，中共海虞镇第四次党员代表大会第六次会议召开。会议的主要任务是深入贯彻习近平新时代中国特色社会主义思想和党的十九大及十九届历次全会精神，全面落实市委扩大会议决策部署，回顾总结2020年工作，研究部署2021年以党建引领全镇经济社会发展的目标任务，动员全镇上下凝心聚力促发展，奋力前行开新局。镇党委书记朱惠明向大会做《初心永擎谋新篇　勇毅前行开新局　全面推动美丽海虞高质量发展走在前列》的

12 月 28 日，中共海虞镇第四次党员代表大会第六次会议召开

工作报告。

【村庄美居“233”专项行动动员大会】 1 月 20 日，海虞镇村庄美居“233”专项行动动员大会召开。会议总结 2019 年工作情况，部署 2020 年工作任务。动员全镇上下进一步统一思想，敢担当、勇攻坚、善落实，推动村庄人居环境优化提升，凝心聚力打造“无忧小镇”海虞农村特色样板。计划年内完成“233”村庄优化提升 130 个。镇党委副书记、镇长须亚军主持会议。镇党委书记、新材料产业园党工委书记朱惠明发表讲话。

“233”（两创建：创建无违法建设村、创建无“散乱污”村；三优化：优化农村住房空间、优化村庄基础设施配套、优化村庄整体风貌；三提升：提升村庄整体环境、提升村民自治能力、提升村庄用地节约集约水平。）

1 月 20 日，海虞镇村庄美居“233”专项行动动员大会召开

【新冠肺炎疫情防控工作会议】 1 月 23 日，海虞镇新冠肺炎疫情防控工作会议召开，传达市防控部署会议精神，要求全镇上下认清严峻的疫情形势，建立严实的防控体系，实行严密排查举措，采取严格的隔离手段，执行严肃的工作纪律，做好疫

4月18日，海虞镇基层党组织书记例会召开

情防控工作。要求各村（社区）、各单位加强舆论引导，提高群众自我保护意识，加强疫情期间值班值守，有情况随时上报。

【基层党组织书记例会】 4月18日，海虞镇基层党组织书记例会召开，会议确立海虞镇2020年及以后三年工作最鲜明的导向——围绕“三增三进”新目标，实施“五争攻坚”（产业争强、建设争速、治理争效、民生争优、党建争先）行动，全力谱写海虞高质量发展新篇章。

【冲刺四季度工作会议】 10月17日，海虞镇（新材料产业园）冲刺四季度工作会议召开。镇党委副书记、镇长须亚军部署四季度工作，要求迅速转入冲刺状态，落实重点工作，奋力开拓拼出高分成绩，夺取全年工作“双胜利”。镇（产业园）领导班子成员、机关部门负责人、村（社区）党组织书记等参加会议。镇党委书记、新材料产业园党工委书记朱惠明做总结讲话。

【书记抓党建专项述职会议】 12月26日，海虞镇基层党组织书记抓党建工作专项述职会召开，镇党委书记、新材料产业园

12月26日，海虞镇落实党风廉政建设责任制述责述廉述意识形态报告会召开

党工委书记朱惠明进行抓党建工作专项述职，重点围绕“五重五强”三年计划、“红网”工程书记项目、“海棠蓓蕾”培育工程等特色项目和工作成果做全年总结。会上，与会人员对镇党委、基层党组织抓基层党建工作、领导班子、中层干部年度考核等进行测评，以责任落实加强领导班子、干部队伍建设，推进基层党组织建设。

（镇党政办供稿）

组织工作

【概况】 2020年，海虞镇组织工作围绕提升基层党组织组织力，增强政治功能，牢固树立党建引领经济社会综合发展理念，为推进全镇各项工作凝聚合力。

【完善党建工作体系】 2020年，海虞镇落实“五聚焦五落实”三年行动第二年计划，探索“五领”工作模式，完善“282”工作体系，推进政治建设等8个方面的工作，推动基层党组织主动对标，因时而进，强化抓好基层党建工作的责任感、使命感。推进“两网三治”中“两网融合”进程，狠抓党建网格化建设，推动《海虞镇“3+5+X”网格管理服务规范化工作意见》落地，督促村（社区）健全“3+5+X”工作机制，规范管理服务标准，促进全镇基层社会治理“共建、共治、共享”工作。

【强化党建“第一责任”】 2020年，海虞镇健全党委书记抓基层网格党支部建设机制，强化“书记抓党建”项目化推进机制。制定并组织实施2020年度书记项目方案，及时更新镇网格党支部书记数据库，开展镇级网格党支部主题党日评选活动，评选精品主题党日10个。督促村（社区）结合“千村美居”“233”工程、垃圾分类等中心工作，建立行动支部并常态化开展支部活动，建立行动支部99个，开展活动2000余次，表彰命名镇级行动支部标兵10个。

【提升党委统领能力】 2020年，海虞镇调整社会治理网格化管理制度，实行联系领导月度党建调度制度、党支部联系点制度，明确联系领导对联系点党建督查的内容和方法，落实联系领导党建责任4张清单，将“一岗双责”落实到各个条块领域和各基层党组织。着力推进“互联网+党建”进程，2020年，通过镇智慧党建平台下发通知118个，部署任务80项，每月分类型、分领域定期下发党建工作指导意见。

【基层组织建设】 2020年，海虞镇按照“三强三优三规范”要求，开展全镇党群

服务中心自查提升工作。提升镇级党群服务中心1个、村（社区）党群服务中心22个，新建铜官山党群服务中心，评定示范型党群服务中心10个。深入推进红色先锋站全覆盖建设工作，完成全镇72个先锋站建设，通过示范型达标验收先锋站20个。贯彻党支部工作条例，推进党支部“标准+规范”建设，调整网格党支部75个，整建制转移支部2个，调整党组织书记178人，全年组建“两新”党组织118个。七一期间，评定各领域先进基层党组织20个、优秀“领头雁”11人、五星级党组织书记10人、优秀党务工作者10人、优秀共产党员165人、星级支部62个。修订村（社区）党组织“先锋指数+”考评激励办法，建立年度党建工作考核指标体系，结合镇智慧平台日常工作考评，做到严在平时、考在日常，提升战斗力。

【党员教育常态化制度化】 2020年，海虞镇常态推动“不忘初心、牢记使命”主题教育，疫情期间倡导各基层党组织充分利用“学习强国”学习平台、视频会议、微信空中课堂等吸引党员自主参与、主动学习。落实月度主题党日活动，组织开展“学习贯彻苏州市委十二届九次全会和全市开放再出发大会精神”“夺取双胜利　奋勇当先锋”“垃圾分类　党员先行”“学习贯彻全国两会精神”等主题活动9期，开展主题党日活动2000多场，申报市级主题党日观摩点6个，录用1个。编印并下发《党建工作文件汇编》《党支部书记实务手册》等党务工作实用性材料。依托镇党校，开展网格党支部书记培训3次、党支部书记集中轮训1次。依托各区域党建工作站，开展“两新”党支部书记、党员培训20次。

【党员发展工作】 2020年，海虞镇根据“控制总量、优化结构、提高质量、发挥作用”的要求，做好发展党员工作。经过排摸、审核，确定拟发展65人，初审后筛选出43名发展对象（另加1名疫情防控一线发展对象）。全年转正党员44名，储备积极分子180名。

【党建宣传】 2020年，海虞镇围绕抗疫网格党支部书记、党务员队伍、行动支部、党建引领乡村振兴、海棠蓓蕾、主题党日等开展主题宣传15次。村、社区每周开展党建活动宣传1次，每月开展综合性党建工作宣传1次。注重通过上级媒体宣传党建工作。全年被上级各类媒体录用宣传信息22条，《党的生活》杂志和《苏州日报》各刊登信息1篇。

【建强行动支部】 疫情期间，海虞镇及时成立疫情防控靠前指挥、综合协调、人员防控等10个行动支部，明确成员名单及行动方向。8月，在“书记项目”推进会上，结合机关支部所辖部门工作领域、岗位职责，成立“双十”行动支部（建立10个支部、每个支部形成10项工作服务清单），建成“一支一档”，破解党建工

作与中心工作“两张皮”现象。

【落实融合机制】 2020年，海虞镇建立联系领导一岗双责制，压实党委治党管党责任，促使全镇党建工作走上规范化、制度化轨道。通过视频会议、现场调研等形式落实基层党组织书记月度例会制，每月定期交流、部署全镇党建和中心工作，推进党建和中心工作融合。健全基层党建工作经费保障机制，全年用于各类党建工作支出经费共317万元，其中市级下拨82万元，镇级承担235万元。

【机关工作人员平时考核】 2020年，海虞镇出台《关于进一步加强海虞镇机关工作人员平时考核工作的实施意见》等文件，印发《海虞镇机关工作人员考核工作手册》，做到人手一本、按实按时填报，每月以科室为单位上报考勤表。完善《海虞镇机关事业工作人员考核办法》，立足考准考实，考出动力、压力和积极性。

【干部管理】 2020年，海虞镇做好公开招考工作，加强村党组织书记后备人才选拔培养，按上级组织部门要求，开展“海棠蓓蕾”培育工程，选拔出4名特岗副书记人选进行挂职锻炼。规范人员个人事项报告填报、个人事项变更等上报工作，并建立个人申报负责制，对护照等证件实行专人专库台账化管理。做好干部人事档案专项审核工作，补充完善本镇22个村、社区全部工作人员档案库，做到一人一档案，形成镇、村（社区）档案管理长效机制。日常做好干部数据信息维护分析工作，建立中青年干部信息季报制度，全面掌握中青年干部配备情况，保持干部队伍合理梯次结构。贯彻新修订的《干部任用条例》，推行“五突出五强化”选人用人机制，落实激励干部担当“1+N”系列文件的精神，激发干部干事创业积极性。严格按上级规定选拔47名干部，其中35周岁以下年轻干部31名，并做好1名优秀海外专业人才的试用期满考核和日常考核管理工作。

（镇组织人事和社会保障局供稿）

纪检·监察

【概况】 2020年，海虞镇纪律检查委员会（以下简称“镇纪委”）紧扣“三个一以贯之”要求，深化全面从严治党，开展廉政宣教，强化作风建设，健全完善监督机制，加强巡察督查，严肃执纪问责，全面推进党的建设。

【作风建设】 2020年，镇纪委紧盯重要时间节点，常态化开展“四风问题（形式主义、官僚主义、享乐主义、奢靡之风）”

专项督查，发现8起违反工作纪律的情况，相关人员提醒谈话8人；开展窗口作风效能专项督查2次，违纪人员提醒谈话2人；每季度联合相关部门开展行政村三务公开、民主管理、三资管理等工作专项检查；开展疫情防控、党员干部“宅前屋后三包”、安全生产、重大项目、污防攻坚、“千村美居”、垃圾分类等12项专项监督。坚持问题导向，突出监督重点，提出监督建议34条，发出监督建议书1份，督促限期整改。

【巡察整改】 2020年，镇纪委根据市委巡察组对海虞镇9个村（社区）巡察整改情况反馈单，督促所涉及的村（社区）班子领导具体落实整改并上报整改完成情况。制定《海虞镇政府采购会审制度（试行）》《关于完善镇公共资源交易管理工作的意见》等制度，推进廉政建设。配合市委巡察办开展龙墩、河口2个村巡察整改“回头看”专项督查。根据市委巡察办要求，组织开展府东村、新州村、聚福村、徐桥村、郑家桥村等5个村巡察整改专项督查，推进整改主体责任落实。镇纪委先后接待并配合苏州市纪委常委、市委巡察办主任施华和省委第二巡察指导督导组领导到七峰村铜官山调研。

【执纪问责】 镇纪委运用监督执纪“第一种形态”开展廉政谈话47人次，集中训廉191人次，任职谈话116人次，履责约谈3人次，提醒谈话50人次，警示谈话6人次，诫勉谈话1人次；运用“第一种形态”处置问题线索，涉及谈话函询5人次。年内党纪立案27件，处分党员28名。办结信访举报18件。

【廉政宣教】 2020年，镇纪委将廉洁文化与铜官山地方特色文化相结合，打造铜官山廉洁文化宣传阵地。评选出8个村（社区）“廉洁文化示范点”。依托“i海虞”微信公众号，推送廉洁纪律提醒、廉政漫画线上展、各类廉政教育活动等，厚植廉洁文化底蕴。邀请苏州市“新乡贤”陆文龙宣讲廉政小故事、向领导班子赠送廉政书籍等，营造“我要廉”的良好氛围。承办“清风常熟·漫笔绘廉”廉政漫画大赛，以“小”漫画传递“大”能量，打造廉洁文化传播新模式。组织参加市纪委举办的“廉音汇”廉政时评、“碧水琴川”廉政诗词大赛、“明责任、勇担当、葆本色”党纪法规知识竞赛等活动，并获一等奖、三等奖和优秀组织奖各3个。

【纪检监察队伍建设】 2020年，镇纪委织密权力监督网，选优配强村（社区）纪委书记（纪检委员）、村（居）务监督委员会成员、廉勤监督员186名，建立镇、村（社区）、网格党支部三级廉勤监督机制，发挥党内监督、民主监督和群众监督合力；修订完善19张小微权力清单流程图，分为村务公开、工程采购、三资管理等8大类，规范基层权力运行，夯实基层治理基础；印发履责纪实手册和

11 月 19 日，海虞镇举办 2020 年纪检干部综合业务培训班

廉勤工作日志，实现廉勤监督工作痕迹化管理；坚持廉勤监督工作例会、定期坐班、分析研判等制度。年内先后组织村（社区）纪委书记（纪检委员）赴常熟市辛庄镇常南村、沙家浜镇横泾村以及浙江省德清县、杭州市等地参观考察，学习借鉴特色做法和先进经验；赴苏州市干部政德教育基地——况公祠、苏州市党风廉政警示教育基地开展廉政教育，提高纪检干部廉洁从政、为政以德素养。全年组织开展村（居）务监督委员会专题培训 3 期，402 人次参加。培训内容涉及财经纪律、纪律处分条例、村务监督委员会职责和监督内容、加强小微权力监管等。

（镇纪委供稿）

宣传工作

【概况】 2020 年，海虞镇宣传工作依托“海润万家”多维理论宣讲课堂、“学习强国”学习平台等载体开展大众化理论宣教，“海润万家”多维理论宣讲课堂入围苏州市“众说学习”理论宣讲重点项目；落实文明城市常态长效管理，全域推行“8+X”（“6+X”）民主议事制度，开展镇级“百名星级文明户标兵”“乡土人才”等典型选树活动，“企业监管”行动支部获评 2020 年度苏州市时代新人；探索建立村（社区）新时代文明实践“一站多点”模式，扩充“千村美居”特色点位为新时代文明实践点，镇新时代文明实践所被评为苏州市首批新时代文明实践示范所，海福新城社区新时代文明实践站被评为苏州市乡村振兴先进集体。

【“海润万家”多维理论宣讲课堂】 2020 年，依托海虞“先锋送讲”品牌，下设“夜间课堂”“先锋课堂”“空中课堂”，通过微宣讲、微故事、微文艺、微传播等组合式多维党课，用群众想听、爱听、听得懂的方式，把新思想、新政策、新精神播撒进群众的心田。“夜间课堂”结合疫情防控、垃圾分类、全面小康等主题在海虞各村（社区）举办文艺专场演出 10 余场，通过音乐快板、戏曲表演唱等群众喜闻乐见的形式宣传党的新思想、新理论。“先锋

课堂”依托全镇22个村（社区）77个全域治理网格，打造“主品牌+子品牌”镇村联动宣讲模式。通过宣讲平台开展我身边的小康、《习近平谈治国理政》第三卷等主题宣讲50场。此外，在疫情防控期间，“先锋课堂”在微信公众号推送相关微信100多期，阅读量约25万人次。“空中课堂”以有线广播系统为载体，开设《海虞好声音》广播栏目，由海虞先锋送讲团成员结合热点话题录制音频节目，每天早、中、晚3个时段开展15~20分钟广播宣讲，将党的创新理论、疫情防控、文明创建等内容传播给海虞百姓。

【“学习强国”沉浸式体验】 2020年，镇党委依托党建网格，与各基层党组织及下属网格党支部建立三级联动的网格化管理模式，通过网格联动对全镇85个学习管理组3795名学员进行日常管理，全年日均活跃度稳定在90%以上。除组织学员利用“学习强国”学习平台自学外，还组织开展“学习强国”线下交流会、徒步集字、强国擂台赛等活动。9月，“学习强国”江苏学习平台线下系列活动——“强国有我”主题巡讲展示活动在海虞镇汪桥村正式启动。共有128篇稿件被该平台录用，短视频《苏作家具　匠心传承》入选全国平台推荐位，展示海虞匠人苏作红木技艺；海虞翠冠梨、水蜜桃、爱心葡萄等的丰收图景登上苏州平台、全国平台，展示海虞农业农村发展成果；铜官山、七峰茶叶、文明驿站、“两网三治”等纷纷亮相平台，展示“海虞经验”。海虞镇党委获评2020年度常熟市“学习强国”学习平台学用示范党组织、优秀供稿单位。

【文明城市常态长效管理】 2020年，海虞镇坚持“一把手”责任制，及时调整文明城市常态长效管理工作领导小组，设立16个专项小组和工作专班。建立常态化第三方测评、每周重难点报送、每月联合督查、定期曝光4项长效管理机制，推进文明城市创建过程中的重难点问题整改落地。实施“三百+”专项行动，常态化开展“百姓路长”认领路段、“百姓楼长”包干楼道、“百姓河长”属地巡查工作，将常态巡查与“评时”全员冲刺相结合，提升乡镇面貌。全年召开文明城市点评交办会5次，专项推进会8次，组织实地督查10次，推送“创建两连冠”专题微信23期。海虞镇顺利通过全国文明城市国家级复评，常熟市文明城市创建重点督办项目——“8+X”（“6+X”）民主议事制度在市级专项考核中获得一等奖，《志愿“加多宝”提升文明范》工作案例入选市全国文明城市常态化工作十大创新案例，14个单位、14个行政村、4个社区分别获得新一届常熟市文明单位、文明村、文明社区称号。

【民主议事会助推基层治理】 海虞镇按照有阵地、有队伍、有调研、有规则、有监督、有评比等“六有”标准，推行村“6+X”、社区“8+X”民主议事制度，出台“8+X”

民主议事制度工作方案，制定兼具广泛性、开放性、实效性的议事规则。先后召开全镇性工作部署会议1次，举行实务培训活动1次，基层民主议事会76次，参与群众2万余人，其中30多次议事会所议议题得到有效决议。前期走访调研共搜集到群众意见建议500多条，其中涉及人居环境300多条、民生保障100多条、社会管理50多条，《江南时报》《常熟日报》等主流媒体深入报道海虞“8+X”民主议事制度。《“6+X”民主议事制度吹响垃圾分类“集结号”》《海福新城以居民议事会为抓手探索拆迁安置小区治理经验》等稿件被“学习强国”学习平台录用。海虞镇民主议事制度获得常熟市文明城市创建重点督办项目专项考核一等奖。

【新时代文明实践】 2020年，海虞镇打造新时代文明实践全域阵地，建设镇级新时代文明实践所1个、村（社区）新时代文明实践站22个、新时代文明实践点11个，实体化运行新时代文明实践所志愿服务协调中心。镇实践所获评苏州市首批新时代文明实践示范所，海福新城社区新时代文明实践站被评为苏州市乡风文明建设先进集体，铜官山乡村振兴学院和魔方她空间被评为常熟市新时代文明实践活动点。全年实施新时代文明实践微宣贯——服务高质量发展“五微必至”行动900多次。充实镇村联动6大菜单，持续推广“群众点单”与“志愿者接单”模式，组织引导志愿者，开展全覆盖、分众化、菜单式公益帮扶等文明实践活动500多次。整合资源创新推出“市民馆长”镇村联动阅读推广计划、《海虞好声音》广播栏目、“海乐万家”百姓公益课堂第二季等特色项目，《元元翠翠拉家常》方言情景剧：走出文明实践新乡路、铜官山乡村振兴学院、“市民馆长”镇村联动推广计划分别入选第四、五季《文明实践在常熟》新时代文明实践创新案例。

【提升志愿服务水平】 2020年，海虞镇“益起来”志愿服务联盟持续壮大，线上线下招募志愿者，全镇注册志愿者人数约3万人，累计服务时长约190万小时。创新“志愿+”提升“文明范”，弘扬“海虞妈妈”志愿服务品牌，通过“文化走亲”形式，与对口帮扶乡镇共同成立“海虞妈妈”爱心驿站，并定期开展文艺演出、爱心捐赠等活动，让“海虞妈妈”走出海虞、走向全国，传承并发扬“海虞妈妈”精神，帮助更多孤贫儿童。以学促行，宣传推广“苏州时代新人”海虞镇企业监管行动支部、最美战“疫”志愿者等先进事迹；因地制宜打造倡导文明旅游的“美丽铜官山”、建设美丽乡村的“益起来”携手家园行等多个有标签有亮点的乡风文明志愿服务岗。组织实施苏州市重点志愿服务项目“传递爱　益起帮”镇弱势女性创业就业“点亮”行动，进一步做优“海虞文明驿站”、“海乐万家”百姓公益课堂、“海福金乡邻　文明进一步”的“七个一”志愿服务、“民间文艺助力乡村发展”等市

重点志愿服务项目。

【提升媒体传播力】 2020年，海虞镇丰富“i海虞”微信公众号内涵，围绕疫情防控、生态环保、安全生产、“千村美居”、文明创建等党政中心工作主动发声。推送“战‘疫’先锋”“创建‘两连冠’”“冬训先锋课堂”“人居环境整治”等专栏，全年推送信息575条，其中3条阅读量过万。强化传统媒体宣传，共有270篇报道见诸市级以上各大报纸，其中江苏省级媒体采用12篇。同时利用智慧社区平台、《海虞好声音》广播栏目营造全方位、立体宣传氛围。以决胜全面小康为主题，以海虞镇入围全国农业产业强镇建设名单为契机，挖掘基层人物、头雁风采、小康故事，展现海虞镇农业强、农村美、农民富的建设全景。紧扣七峰村铜官山特色田园乡村项目提升，借助《苏州新闻》黄金档专题报道、“今日头条”自媒体微博、《常熟日报》头版等媒体做好乡村旅游典型传播，七峰村作为百村脱贫典型登上央视新闻。

［镇党政办（宣传）供稿］

统战工作

【概况】 2020年，海虞镇统战工作根据新时代统一战线新要求，面对新冠肺炎疫情形势，侧重做好宗教活动场所、侨界、新的社会阶层等疫情防控宣传、指导工作，抓好宗教场所安全隐患排查整治。组织基层统战干部学习培训，开展慰问侨眷工作，凝聚统战力量。

【宗教场所疫情防控】 1月24日，为落实上级关于疫情防控期间宗教场所暂停开放的要求，村（社区）民族宗教网格管理员，分别对弥陀寺、福海禅寺、福江禅寺、东圣道观等宗教活动场所（包括民间信仰点）进行走访，张贴暂停活动的通知公告，做好取消春节香汛活动的宣传和解释工作。6月，召开宗教场所负责人会议，传达上级关于恢复开放宗教活动场所的相关要求，明确海虞镇宗教领域有序开放和疫情防控工作平稳开展。

【年度统战工作会议】 4月，召开年度统战工作会议，学习习近平总书记在中央统战工作会议上的讲话精神，总结回顾上年镇统战工作，安排部署2020年工作任务，解读《海虞镇宗教活动场所安全工作专项整治行动工作方案》。

【基层统战干部培训】 8月，镇统战部门组织全镇村（社区）统战干部外出培训，学习考察浙江有关地区民族宗教管理、基

4月17日，海虞镇2020年统战工作会议召开

层侨联组织建设、新侨侨务示范等方面的成功经验和先进举措。

【持证宗教场所财务专项审计】 6月，邀请第三方审计公司专项审计福江禅寺、福海禅寺、弥陀寺、东圣道观、东泾基督教堂、河口基督教堂、新华基督教堂、恩光基督教堂和创新基督教堂等9个持证宗教场所的财务情况。审计结束后，通报财务审计情况，提出相关注意事项和做好持证宗教场所财务规范化建设的意见。

【宗教活动场所安全隐患专项整治】 1月，镇党政办（统战）牵头，消防办、安监办、供电所、海虞派出所、福山派出所、周行派出所等职能部门联合行动，专项检查弥陀寺、东圣道观、福海禅寺和福江禅寺等4个宗教活动场所春节香汛安全。8月，镇党政办（统战）联合镇消防办、安监办、供电所、执法局、文体办等职能部门深入福江禅寺、福海禅寺、弥陀寺、东圣道观、东泾基督教堂、河口基督教堂、新华基督教堂、恩光基督教堂和创新基督教堂等9个宗教活动场所，开展夏季安全及清缴宗教非法出版物专项检查。10月，组织新华基督教堂消防栓和东圣道观安全隐患整改检查验收，并上报检查结果。

【慰问侨眷】 1月，开展“金鼠迎春　爱暖侨心”新春走访侨眷活动，先后慰问聚福村陆建江、望虞村王增福和香桥村刘利萍的家眷。9月，重点走访汪桥村徐熙恒、陆宇辰，南塘社区夏坚，徐桥村刘亦凯、邵尘臻，龙墩村严振龙的家眷，送上节日

的祝福和侨联大家庭的温暖。

【统战人士重阳节活动】 10月，镇党政办（统战）联合镇妇联、镇政法和社会事业局（文体）开展“登幸福山顶　享美好生活”重阳登铜官山活动。侨眷、新的社会阶层人士等统战人士聚集铜官山乡村振兴“网红”基地，共同登高庆祝重阳佳节。

[镇党政办（统战）供稿]

党校工作

【概况】 2020年，中国共产党海虞镇委员会党校（以下简称“镇党校”）共举办培训班12期，培训1175人次。其中，主体班2期，培训188人次；联办班10期，培训987人次。镇党校组织先锋送讲团进村（社区）、企业等地开展宣讲活动52次，培训近千人次，宣讲内容包括学习贯彻习近平新时代中国特色社会主义思想，党的十九大精神，十九届二中、三中、四中、五中全会精神以及党的重大理论政策等。

【党校教育培训】 2020年，镇党校举办公文写作能力提升培训班、青年干部能力提升培训班，培训188人次。承办“5·10训廉日”主题活动以及2020年海虞镇垃圾分类知识竞赛，培训75人次。苏州市中国农民丰收节之前，抽调20名青年干部成立志愿讲解服务队，保证丰收节开幕活动顺利进行。联合镇组织人事和社会保障局、镇纪委、镇农村工作局、镇妇联、镇人武部等部门开办相关业务培训班8期，共培训700多人。

【先锋送讲团进基层】 2020年，镇党校组织先锋送讲团到各村（社区）、企业，以先锋站、新时代文明实践站等为载体，开展“七一送讲”、常熟市“听党话、感党恩、跟党走”宣讲、党的政策理论宣讲等活动52场次，近千人参加活动。

【打造“文艺党课”宣教新载体】 2020年，海虞镇利用党校平台，打造“夜间课堂”“文艺党课”宣教新载体。收录“空中课堂”疫情相关党课内容3篇；排演《元元翠翠拉家常》防疫系列方言小品7集；排演“垃圾分类”“安全生产”等为主题的文艺党课；利用世界环境日、安全生产月专场演出，普及科学文化知识，在各村（社区）排演文艺党课10多场，近千人观看。

（镇党校供稿）

老干部工作

【概况】 2020年，镇党委下设老干部党总支1个，总支下设王市、福山、周行3个支部，共有退休老干部94人。各支部有固定的活动场所，有乒乓球、棋牌、桌球、阅览等活动室及室内门球场。各支部每月组织开展党日活动，通过学习交流、建言献策等，进一步调动激发老干部爱党爱国的责任情怀，为推动大美海虞建设贡献智慧和力量。

【落实老干部待遇】 2020年，镇党委关心退休老干部生活，组织老干部外出参观学习1次，邀请老干部代表列席镇党代会、人代会，组织老干部召开半年度、年度工作通报会，参与冬训学习，为全体老干部订阅《常熟日报》和《银潮》杂志。组织健康体检1次（三年组织大体检1次），为老干部安排生日蛋糕，慰问因病住院的老干部，并为退休老干部排忧解难。

（镇组织人事科供稿）

海虞镇人民代表大会

综 述

2020年，海虞镇人民代表大会主席团（以下简称“镇人大主席团”）凝聚代表力量，激发履职活力，结合市代表小组活动，依法履行职责，主动担当作为，聚焦“千村美居”工程、垃圾分类、文明城市、安全生产、污染防治、重点工业项目、老旧工业载体更新改造、网格化社会治理等重点工作，组织开展专项督查13次，听取和审议政府部门工作报告11项，通过实地走访、现场视察、听取汇报、点评交办等多种形式，监督政府抓好各项工作落实。

重要会议

【概况】 2020年至2021年初，海虞镇第五届人民代表大会第七次会议、第八次会议、第九次会议先后召开。会议主要议程：听取并审议通过镇政府工作报告、人大主席团工作报告、年度财政预决算报告等，并通过人事任免决定。

8月22日，海虞镇第五届人民代表大会第八次会议召开

【镇五届人大第七次会议】 1月11日，海虞镇第五届人民代表大会第七次会议召开。会议审议并通过镇政府工作报告、镇人大主席团工作报告、《海虞镇2019年财政预算执行情况和2020年财政预算（草案）的报告》。大会依法补选苏剑峰为镇人民政府副镇长。大会收到各类意见建议6件，其中涉及村镇建设4件、农业农村1件、科教文卫1件，并转交镇政府相关职能部门办理。

【镇五届人大第八次会议】 8月22日，海虞镇第五届人民代表大会第八次会议召开。会议审议并通过镇人民政府半年度工作报告，明确下半年奋斗目标，动员和组织全镇广大干群以奋发向上的精神状态、勇往直前的担当精神、锲而不舍的工作热情，奋力拼出海虞高质量发展新天地。大会通过关于接受王诚辞去海虞镇人民政府副镇长职务的请求的决定。

【镇五届人大第九次会议】 2021年1月10日，海虞镇第五届人民代表大会第九次会议召开。会议审议并通过镇政府工作报告、镇人大主席团工作报告、《海虞镇2020年财政预算执行情况和2021年财政预算（草案）的报告》，确定海虞镇2021年度政府民生实事项目。镇长须亚军在政府工作报告中，回顾2020年工作及“十三五”全镇经济社会发展情况，提出“十四五”发展目标和2021年工作安排。动员全镇上下统一思想、凝聚力量、开拓创新，奋力谱写海虞镇“高质量走在前列”新篇章。大会补选余振荣、钱敏蕾为镇人民政府副镇长。大会收到代表建议、批评和意见6件，其中涉及村镇建设1件、工业经济1件、民生事业3件、社会治理1件，并转交相关职能部门办理。

意见建议办理

【概况】 2020年，镇人大主席团以“提高代表满意率”为着力点，增强代表意见、建议办理实效，完善代表意见建议处理、反馈、落实机制。建立督办管理台账，对代表提出的意见、建议，逐件研究、筛选、整理后，提交相关部门办理，办复率100%，切实做到“事事有回应、件件有落实”。

【建议督办】 镇四届五次党代会、五届人大第七次会议及年终老干部通报会共收集代表意见、建议25条。镇五届人大第七次会议收集建议6条，代表统一接待日收集建议12条，镇人大主席团向镇政府集中交办，并由镇党委书记牵头督办，分管领导提交，具体职能部门负责落实，解决问题。办结、办复率100%。镇人大主

席团承办市十五届人大第四次会议第92号建议“关于在乡镇基督教活动场所增设消防栓的建议”，督促有关部门在东泾教堂、新华教堂、河口教堂安装挂壁消防箱，加装水表组和倒流防止器，在创新教堂安装消防增压泵，在恩光教堂建设消防取水码头以消除安全隐患。

代表履职

【概况】 2020年，镇人大主席团构建代表履职“三级联动网络”，以人大代表之家为中心，延伸村（社区）、企业人大代表工作站，联动海虞法庭代表联络点，实现群众有地方“说事”、代表有地方“理事”。出台《海虞镇人大关于加强和规范人大代表履职平台建设的意见》，规范1个人大代表之家和20个人大代表工作站，常态化开展履职学习、接待选民等活动，实现代表从“能服务、能履职”向“服务好、履职好”转变，形成辐射更广泛的民情联系网。

【统一接待日】 8月31日，镇人大主席团开展2020年度人大代表统一接待日活动，11名人大代表与12名选民代表、8名镇

8月31日，海虞镇人大代表统一接待日活动

相关职能部门负责人共聚一堂，面对面认真交流心声。选民代表们踊跃发言，就医疗、卫生、教育、集镇建设、房屋征收拆迁、大环境整治等热点、难点问题提出12条民意和诉求，希望政府及相关部门给予关注并加以推进。对选民代表们提出的建议和意见，镇相关职能部门负责人当场一一回应。

【群众意见征集】 2020年，镇人大主席团发挥人大代表密切联系群众的优势，依托人大代表之家、人大代表工作站、人大代表联系点等履职平台，通过微信网络、问卷调查、调研走访、座谈约谈等多种形式，广泛听取代表和群众对民生实事的意见、建议。向社会各界印发《关于征集2021年政府民生实事建议项目的公告》，征集意见、建议32条，内容涵盖教育文化、社会保障、人居工程、健康养老、医疗卫生、交通出行、生态环境、公共安全、公共服务等9个大类。征集民生实事建议项目55个，每个项目都有推荐理由、概算资金、估算工期及可行性分析。

【专题座谈】 4月30日，镇人大主席团召开专题座谈会，听取垃圾分类情况汇报、产业园环境保护工作情况和安全生产工作情况汇报。11月6日，听取审议“千村美居”长效管理、村级老旧工业载体更新改造工作情况汇报，并就进一步做好相关工作提出意见、建议。听取海虞镇人大主席团《关于实施民生实事项目人大代表票决制工作的意见》的实施办法，并就2021年民生实事项目提出意见、建议。

【市人大常委会专项调研】 7月22日，市人大常委会主任杨崇华带队到海虞镇进行“代表评营商、助力最舒心”专项调研，实地考察苏州富士莱医药股份有限公司、常熟市滨江化工有限公司、江苏特别特服装有限公司3家企业。调研组召集海虞镇相关部门负责人和企业家代表召开座谈会，8家企业负责人反映在项目审批、环评安评、责任关怀、劳资关系等方面存在的梗阻，提出优化营商环境的意见和建议。杨崇华针对企业反映的问题，要求海虞镇相关部门精准对接服务，能解决的问题及时予以解决，不能解决的问题要认真梳理汇报给调研组，以报送市委、市政府。

【代表述职】 按照《市、镇人大代表向选民述职制度》的要求，镇人大主席团安排一个月时间将92名代表按选区分组，由选区人大联络员负责，组织选区内市、镇两级人大代表完成述职工作，实现届内代表述职完成率100%。

监督视察

【概况】 2020年，镇人大主席团组织市人大代表和镇“两代表一委员”（党代表、人大代表、政协委员）每季度开展集中视察、调研和代表评营商以及政府工作评议等活动。

【代表视察】 4月30日，镇人大主席团成员，各代表组正、副组长，部分人大代表、党代表和政协委员视察港龙香语华庭、苏威特种聚合物（常熟）有限公司、新材料产业园大气环境监控“天网”。镇（产业园）分管领导及部门负责人汇报垃圾分类、环境保护和安全生产等工作情况，接受建言献策。11月6日，镇人大代表视察七峰村铜官山高家宕“千村美居”点位，参观月季花卉种植基地、乡村振兴学院、南沙古城墙、摩崖石刻等，现场听取相关负责人的汇报。随后，代表们到徐桥小微产业园视察村级老旧工业载体更新改造项目。最后到镇联动指挥中心，视察一体化智慧海虞集成指挥平台运行情况，听取网格化社会治理工作的相关介绍。市人大常委会副主任朱兴元以人大代表身份参加活动。

4月30日，海虞镇人大代表、政协委员视察活动

【代表评营商】 7月22日至8月16日，镇人大主席团组织30名市人大代表和95名镇人大代表走访企业，了解营商环境存在的问题和不足，收集企业生产经营中遇到的影响营商环境的案例，填写“代表评营商助力最舒心”代表进企访企工作登记表，并完成“苏州调查管理系统”电子问卷填写。125名市、镇两级代表和80家企业负责人填写营商环境满意度测评表。

【组织代表评议】 8月，镇人大主席团组织市、镇两级人大代表依法依规对市财政局等7个部门进行专项评议，在肯定部门工作成绩的同时，对提升政府部门行政服务效能提出意见和建议。

（镇党政办供稿）

海虞镇人民政府

综 述

2020年，海虞镇人民政府（以下简称“镇政府”）在镇党委统一领导下，全力筑牢新冠肺炎疫情群防群治阵线，动员全民打好新冠肺炎疫情防控攻坚战，全镇未发现确诊病例。在扎实抗疫的同时，积极推进复工复产，规模以上企业4月全部复工，经济社会保持健康稳定发展。城乡融合协调推进。中心镇区有序建设，新天地商业广场竣工开业，中新路全线贯通，海盛家园、海新家园交付安置。被撤并镇整治提升三年行动收官，聚福佳苑二期、海洲新城二期完成建设。130个自然村启动“千村美居”工程，94个自然村完成建设。2个特色田园乡村项目通过省级验收。环境品质得到提升，空气质量优良率达86%，PM2.5浓度控制在每立方米31微克以下。民生福祉不断增进，文教卫生硬件设施和社会保障体系不断完善，文明实践活动常态化推进，海虞镇新时代文明实践所被评为苏州市首批新时代文明实践示范所。海虞镇入围全国农业产业强镇建设名单。

政府实事

【概况】 2020年，镇政府召开镇长办公会9次，讨论议题59个，审议案件104个，重点聚焦镇各实事工程的推进情况、安全生产工作开展情况及相关工作实施方案审议，切实优化发展环境、改善城乡面貌、发展民生实事，为建设“美丽海虞”提供强力支撑。

【经济发展】 2020年，全镇实现地区生产总值107.76亿元，工业总产值266.2亿元，一般公共预算收入11.66亿元；完成全社会固定资产投资49.26亿元，比上年增长39.4%；完成到账外资5600万美元。全年新开工市级重点产业项目24个，开工率218%，位列全市第一；签约吴羽锂电池黏着剂、凯虞CDMO等22个项目，总投资超60亿元；储备阿科玛聚酰胺等在谈重点项目40个。新材料产业园化工园区规范化管理通过省级认定，并连续8年位列“中国化工园区前20强”。汪桥村、徐桥村、棉花原种场被列入第一批市级老旧工业区更新改造试点，全年开工建筑面积15.15万平方米。苏州同位素研究所揭牌成立，丽源医药、七洲科技等科创平台落户苏虞生物医药产业园。出台《海虞镇（产业园）关于支持激励企业“抗疫

9月21日，2020年苏州市中国农民丰收节在铜官山开幕

情、稳增长、促发展”若干政策实施意见（试行）》，新增市场主体1346户。创设“魔方商学院”，电商园全年新增商户38家。净增高新技术企业12家，新增产学研项目16个，新增省级科技副总项目6个、硕士（副高）及以上高层次人才35人。柴荣霞博士团队获评常熟市双创领军人才。瀚海新材料、世名化工获评苏州市技术转移体系建设项目。三爱富中昊获评苏州市自主品牌大企业和领军企业先进技术研究院，华大新材料获省级企业技术中心认定。28家企业获“机器换人”智能化项目补贴400多万元，江南玻纤等8家公司入选市级工业互联网企业，大金氟化工入选市级智能制造示范企业，华益科技同位素一体化开发车间获评苏州市示范智能车间。3家企业入选常熟市“零地增长”试点企业。

【社会事业】 2020年，全镇实现农村房屋搬迁签约234户、交房238户，企业搬迁签约4家、拆除8家，江苏南沿江城际铁路等8个搬迁项目扫尾清零。完成土地复耕复垦37.87公顷。海虞新天地商业广场竣工开业，中新路全线贯通，海盛家园、海新家园交付安置。落实被撤并镇整治提升实施项目25个，三年行动实现收官。聚福佳苑二期、海洲新城二期完成

建设。开展“三清一改”行动，清理河塘沟渠2284处、生产生活垃圾10万吨。聚力“千村美居”普惠工程，全年开工130个自然村，完成94个自然村建设工作。七峰村上山巷和福山村寺前建成江苏省特色田园乡村。海虞镇获评“苏州市特色田园乡村建设先进集体”。行政村生活垃圾分类设施全覆盖，15个住宅小区完成“三定一督”生活垃圾分类。新建生活污水收治管网8千米，完成153家工业企业和64个村庄的生活污水收治工作，惠及农户2688家。新建高标准农田213.33公顷，建成省级绿色优质农产品基地780公顷，完成省现代生态循环农业试点项目。入围全国农业产业强镇建设名单。村级资产收入稳步提升，签订租赁合同8660万元，比上年增长4.66%。德康农牧、福砺生物、家景美肉牛等3个项目落户。“丰收铜官山、共享常熟田”景观提升，“研学游网红打卡基地”和乡村振兴学院等项目建成投用。9月21日，2020年苏州市中国农民丰收节开幕式在铜官山举行。

【人民生活】 2020年，海虞初中迁建、高中改扩建工程进入收尾阶段，福山中学二期建成投用，苏常外国语学校幼儿园项目主体建筑封顶，过渡校区正式开学。全镇16个社区卫生服务站标准化建设达标率100%，新建健康小屋8个，实现村（社区）健康小屋全覆盖，完成汪桥社区卫生服务站提升性改造。周行思亲苑二期、安抚中心建设完工。构建审批“联网联办”模式，行政审批办件效率提升70%。公积金扩面新增开户142家单位1696人，外来职工参保率达80%。审批各类救助事项121例，发放生活救助金953万元。镇医养中心项目开工建设，村（社区）日间照料中心实现全覆盖，完成家庭适老化

7月24日，海虞镇举行“海乐万家”百姓公益课堂开班仪式

改造80户，80周岁以上老年人居家养老服务率达81%。举办食品安全宣传活动4次、食品安全知识讲座6次，完成521家企业职业病危害风险等级分类。开展新时代文明实践活动500多次，海虞镇新时代文明实践所被评为苏州市首批新时代文明实践示范所。“海乐万家”百姓公益课堂开设课程150课时，“市民馆长”阅读活动举办16场次，九君艺术馆正式开馆。成功举办“无忧海虞活力乐跑”企业户外运动嘉年华、“匠心苏韵”海虞苏作红木家具文化50年成果展和“时代新人 筑梦前行”苏州时代新人说等活动。

【社会管理】 2020年，开展“331”联合执法专项行动62次，实施停电、查封178家，拆除有消防隐患建筑3.06万平方米，整改“9+1”场所3964家。坚守安全生产红线，在28个重点行业领域检查企业4181家（次），发出整改意见书4000多份，整改率95%。市、镇两级“挂牌督办”的8个隐患完成整改，省委危化品安全生产专项巡视和常熟市安全生产第一督导组反馈意见全部落实整改。开展第三方安全监管服务，完成重点企业隐患诊断服务64家、标准化质量运行审计79家。新材料产业园通过全省首批化工园区合规性认定，完成“一园一策”“一企一策”提升整治，消防特勤站、“智慧园区”项目建成投用，区内化工企业“五位一体”信息化平台建设全部完成。帮扶20家大气污染企业完成整改，全年PM2.5浓度控制在每立方米31微克以下，空气质量优良天数达86%。3条生态美丽河湖建设、铁黄沙80公顷绿化种植、王市污水处理厂提标改造、2个不规范垃圾填埋场整治、73家危险废物专项整治单位达标建设全部完成。新材料产业园“一企一管、明管排放”工程有序收尾，大气环境监控预警系统建成投用。提升综合执法治理水平，全年立案874件，结案842件，处罚金额219万元。建成全镇治安面社会技防监控点位57个、沪通铁路护路联防监控点位19个。践行社区治理创新改革，实现村（社区）“一门受理、区域通办”，22个村（社区）实现“智慧社区”平台全覆盖，健全完善村（社区）“6+X”和“8+X”议事制度，民主决策程度不断提高。

（镇党政办供稿）

生态环境保护

【概况】 2020年，海虞镇坚定不移推进环境保护工作。重视环保政策法规宣传，引导企业、公民自觉履行环境保护责任；改善大气、水、土壤环境，确保危险废物

5月22日，海虞镇召开人居环境整治暨生活垃圾分类工作推进会

管理规范化；履行环境监管职责，处罚企业5家。

【环保宣传】 2020年，镇政府召开污染防治攻坚暨生态环境保护工作大会，130人参会，签订责任书50份。组织环保专题培训6场，培训534人，涵盖企业、村（社区）以及环保第三方服务公司，内容涉及排污许可证登记管理、环境违法案件典型案例分析、《固体废物污染环境防治法》解读、"环保自检自纠"管理平台使用、挥发性有机物综合治理等多个方面。镇环保信息被常熟环保信息月刊、"i常熟环保"微信公众号等各级媒体录用12条，其中"荒山变成网红打卡点！江苏常熟海虞镇七峰村靠什么成功转型？"在《中国环境报》设有专栏。引导村（居）民主动参与生态环境建设，举办"美丽中国，我是行动者"的"6·5"世界环境日文艺专场表演。建立环保志愿者服务队，开展志愿活动3次。

【大气污染防治】 2020年，海虞镇PM2.5平均浓度为每立方米31微克，低于全市的每立方米31.7微克，空气质量优良天数比例为86.1%，高于全市的85%。完成大气监测站点验收，顺利移交监测站统一维保，联合属地落实巡查制度，确保周边

无扬尘、油烟等大气问题。完成2家企业挥发性有机物收治、治理验收，完成2家企业生物质锅炉颗粒物排放整治、改造验收，完成16家生态环境部臭氧帮扶企业整改。

【水污染防治】 2020年，“国省考断面”望虞河江边闸以及北福山塘福山闸1—12月均值达标率为100%，均达到III类水质。根据《太湖地区城镇污水处理厂及重点工业行业主要水污染物排放限值》规定，完成王市污水处理有限公司提标改造，引导新州、顺达两家污水处理厂开展第三方治理，提升污水处理水平。开展境内望虞河及入河支浜1千米范围内排污口核查及溯源性分析，排查支浜10条，完成排放口溯源性分析49个。

【危险废物及木器台板印染行业专项整治】 2020年，落实77家产危废单位规范化管理达标建设专项行动，规范危险废物产生、收集、贮存、转移、处置等环节的管理，完成率100%。全镇165家木器台板企业实施专项整治，其中工业企业53家，个体商户52家，无证无照60家。对全镇18家印染企业、4家污水处理厂以及5家后整理企业进行排查整治，出动检查人员103人次。督促20家危化品使用单位编制环境应急预案。

【土壤污染防治及污染源排污许可清理整顿】 2020年，海虞镇完成海军农场简易填埋场、福隆保洁有限公司内简易生活垃圾填埋场综合整治。完成土壤污染重点监管单位隐患排查整治10家，地下水及土壤监测数据达标率100%。清理整顿企事业单位进入固定污染源排污许可系统614家，镇区在产单位完成许可证登记工作416家，完成企业排污许可证申领工作9家。

【环境监管】 2020年，镇综合执法局二中队配合市生态环境局、镇环保办和污防办开展各类执法、双随机检查等210次，受理环境案件45起，其中自查案件7起，结案38起，其余流转2021年继续办理。全年环境案件处罚金额26.28万元，到账罚金52.3万元（含上年流转）；移送市生态环境局案件线索4条，其中2条为涉刑案件线索，并报送8起环境案件典型案例。

［镇综合行政执法局（环保）供稿］

信访工作

【概况】 2020年，镇信访工作以确保社会稳定为重点，坚持群众路线，从源头上预防和减少信访问题发生，健全和完善领导干部接访机制，畅通和规范群众诉求

表达渠道，及时就地解决群众合理诉求，全力化解矛盾纠纷和信访突出问题。

【信访受理】 全年接待群众来访382批次1401人次，接收群众来信47件。其中国家级10件、省级6件、苏州市级7件、常熟市级24件。来电32件，部门信箱88件。上级转交办信访办结回复率达到100%。

【化解积难案件】 2020年，海虞镇按照“一件积案、一套班子、一个方案”要求，全年共化解信访积案13件。做好初信初访的受理、转送、督办等工作，初信初访办结率达100%。

（镇信访办供稿）

档案工作

【概况】 2020年，海虞镇档案馆建筑面积约900平方米，设有办公区、馆库区、查阅服务区、陈列展示区4个功能区域，配备安全监测、恒温恒湿、目录集存、电子查询4大管理系统。至2020年末，馆藏文书档案、会计档案、基建档案、设备档案、实物档案及特殊载体档案等各类档案资料8万多卷（件、册）。陈列展馆以文字、图片、实物、多媒体等多种形式展示海虞经济社会发展的成果。

【档案利用服务】 2020年，海虞镇档案馆全年接待查阅利用档案者324人次，借阅档案466卷（件），以独生子女档案、再生育档案、婚姻档案、建房档案、动迁档案、退伍军人档案等民生档案为主。当事人查阅利用相关档案，维护合法利益。

（镇档案馆供稿）

行政审批

【概况】 2020年，海虞镇行政审批局（以下简称“镇审批局”）率先在全市开创“一窗通办式”综合受理审批服务新模式，统一受理、集中办理287项行政许可和各类公共便民服务事项。实现“一网融合、一号受理、一窗通办、一站服务”。办事区分为综合服务区、税务服务区、网上办事区和24小时自助服务区。

【“一件事”套餐】 2020年，镇审批局梳

理餐饮企业开办、项目建设在内的套餐式（40个主题式）服务指南，2个海虞特色套餐业务，形成导服式、精准化、跨部门的套餐式引导。

【“全链通”平台】 2020年，镇审批局完善“企业开办专窗”功能，压缩企业开办时间，提高0.5个工作日开办完成率，支持多种方式灵活办理企业，推行企业注册登记全程电子化政务服务。实现“零费用”完成工商登记注册、公章刻制备案和办理涉税业务、社保业务、银行预约开户等一站式服务，提升市场准入的便利化程度。

【“不见面”审批服务】 2020年，镇审批局结合“不见面”审批服务需求，配套完善江苏政务服务网、微信小程序、24小时自助服务区、移动终端机、邮政寄递、自助取件柜、全程代办、帮办等多种“不见面”应用方式。287项行政审批和公共服务类事项全部实现“不见面”审批服务。

【项目审批规范化】 2020年，镇审批局对建设项目初拟业务流程进行内部论证并书面征求各相关部门意见，形成切实可行的业务操作规范。通过批前指导、容缺受理、并联审批、实时流转、限时办结等途径为投资项目提速增效。同时，加大项目跟踪管理力度，会同职能部门共同研究协调报建过程中出现的问题，制定整改和解决方案。对重大的、特殊的审批问题，不断完善集体决策制度。

【首张“不见面”审批个体工商户营业执照】1月6日，镇审批局发出首张“不见面”审批个体工商户营业执照。龚先生从网上申报到进入审批系统，仅半小时，就成功领到营业执照。申请人只需上网登录江苏市场监管网站，进入“服务”模块，之后进入网上登记系统注册用户，进行名称申报、填报信息、上传材料等。如审批通过，就可以通过快递方式，领取到营业执照。

【首张手机App注册的个体工商户营业执照】 3月6日，“江苏市场监管”手机App上线，镇审批局发出首张通过手机App注册成功的个体工商户营业执照。当天下午1：45，张先生通过“江苏市场监管”手机App，完成注册、申请材料填报后不到1小时，就成功办理了个体工商户营业执照。手机App申请无须再到窗口递交纸质材料，中心提供EMS邮寄和24小时自助取件柜取件等方式领取营业执照，实现无接触办理、“让数据多跑路，让群众少跑腿”的目的。

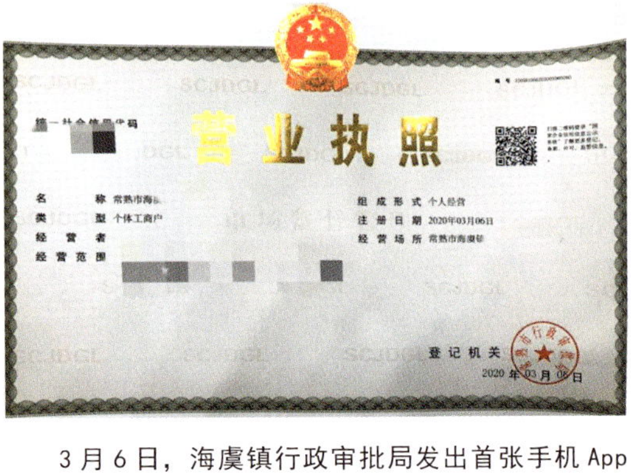

3月6日，海虞镇行政审批局发出首张手机App注册的个体工商户营业执照

【一窗受理，集成服务】 2020年，镇审批局深化“一窗受理，集成服务”。建立不动产登记集成服务平台，实现交易、纳税（缴费）、登记、水电气网络有线电视等业务全流程一窗办理，优化一人受理、一套材料、一网申请模式，不动产登记不超过3个工作日。

【“互联网+不动产登记”网上申报】 2020年，镇审批局配合苏州建设“互联网+不动产登记”网上申报大厅，实现全城通查、全城通办、网上查解封。开展“互联网+资金托管、银行贷款”集成服务，在政务服务中心设立存量房交易资金托管便民服务办理点。

【推行“一窗综办”和自助服务新模式】 2020年，海虞镇实行“一枚印章管审批”。镇审批局率先在全市推行“一窗综办”新模式，实现“综合窗口、全科服务”改革目标。综合一窗设置15个窗口，主要办理人社、市场监管、卫生、计生、市民卡、新市民、公积金、文广新、城管等16个部门的202项服务事项；综合二窗设置6个窗口，主要办理不动产登记、银行、保险、综合代办等34项服务事项；税务综合窗口设置6个窗口，主要办理税务局的58项服务事项。审批中心每日平均办件量约为500件，办结率100%。同时纵向延伸村（社区）便民服务，招录“全科社工”44名充实基层队伍，实现59项公共服务事项家门口办理。村（社区）便民服务中心每月平均办件量约为4000件，办结率为100%。网上办事区和24小时自助服务区供群众自主办理各类网上业务。自助服务区提供驾驶证综合受理制证机、行驶证年审自助机、交通违法处理自助机、交警专用智能证照机、社保查询、市民卡办理、税票验证等自助设备，提供41项自助服务。

【打造青年服务品牌】 2020年，镇审批局依托学雷锋志愿站、青年先锋岗，由青年轮流担任审批中心服务大厅“一站式引导员”，为办事群众提供咨询、办事引导、应急服务等事项。党团结合，共同打造“五心”（热心、细心、耐心、爱心、放心）服务先锋党建品牌和“青锋服务”团建品牌。

（镇行政审批局供稿）

新市民事务中心海虞分中心

【概况】 2020年，常熟市新市民事务中心海虞分中心（以下简称“分中心”），坚持新冠肺炎疫情防控和窗口服务工作两不误，开展微信公众号线上办理积分申请，

全年受理积分入学、入医、入市民卡申请2895人。做好“安居超市”积分管理，完成出租居住房屋复检2010户。常年组织开展形式多样的各类教育培训和文化活动，丰富新市民业余文化生活。组建新市民志愿服务团，注册599人，开展各类志愿活动416次。

【疫情防控】疫情防控期间，分中心在做好服务窗口疫情防控的同时，通过“i海虞”微信公众号及时告知新市民网上咨询及办事须知，公布分中心窗口电话，引导鼓励新市民通过中心门户网站、市中心微信公众号等线上渠道办理积分申请相关业务，确保疫情防控期间新市民服务“不打烊”、业务“不断档”。同时，加强服务大厅疫情防护工作，要求确需前来服务大厅的新市民准备好相关材料，减少陪伴人员，按引导人员指引，分批有序到窗口办理业务，即办即走。结合疫情排摸防控工作，推进新市民自主申报工作。对接辖区派出所做好“三封信”的分发宣传，确保《告全市出租房屋房东的一封信》和《告全市企业集宿出租人的一封信》分发至辖区所有出租房屋房东和集宿单位，压实房东、用工企业和新市民居住信息自主申报的主体责任。

【积分申请】2020年，分中心共受理积分申请2895人。积分入学申请514人，507名新市民子女获得准入资格，准入率98.64%。积分入医申请1657人，准入1272人，准入率76.77%。积分入市民卡申请724人，723人取得准入资格。完成出租居住房屋复检工作2010户，复检率达100%。

【积分政策宣传】2020年，分中心创新宣传形式，全方位、多渠道开展新市民积分管理政策宣传，提升新市民积分政策的覆盖面和知晓率。综合窗口工作人员在做好窗口服务的同时，做好日常宣传。对接辖区各学校（幼儿园）负责人组织新市民学生家长开展积分管理政策培训，介绍新年度积分管理政策内容，对政策调整部分着重进行解释。利用乡镇大型活动契机，在人流量大、新市民较集中区域开展积分管理政策街头宣传活动。对接各村（社区）、辖区派出所，组织联络员、社区辅警，把宣传触角向企业、学校、社区、农村、家庭延伸，做到无死角。利用报纸、微信公众号、微信群、短信等平台宣传报道民生政策、新市民先进典型和新市民服务管理工作成效，形成“报纸有版面、电视有栏目、广播有声音、网络有专栏、手机有内容”的全媒体宣传格局。

【出租房屋管理】2020年，分中心以积分管理为切入点，推进“331”专项整治工作。做好出租房屋信息采集登记及备案勘察，对照《常熟市出租房屋租赁登记积分备案程序规定》，严格把关，组织专职人员和辅警对申请积分管理的新市民租住房进行实地检查，对不符合备案条件的出

租房屋要求整改或搬迁，引导新市民选择合法、安全的出租房屋居住。配合做好“安居超市”工作。发挥镇村联动机制，及时排查整治出租房安全隐患，规范房屋出租秩序，为新市民提供放心住所。

【新市民教育培训】 1月7日，分中心、综合执法局、周行中学联合开展2020年海虞镇新市民（企业职工）“安全生产、积分管理”知识培训。100余名企业负责人及安全生产员、300余名新市民家长参加。4月8日，分中心以全省第六届“4·8”司法日活动为契机，在镇初心广场开展新市民法治宣传活动，现场解答新市民咨询的各类问题，并发放宣传资料100余份。5月6日，联合南塘社区组织开展“党建引领新时尚　垃圾分类我先行”主题活动，辖区内8组新市民家庭参与活动。5月30日，联合镇妇联、镇政法和社会事业局（文体、爱卫）共同开展“垃圾分类　童心同行”——海虞镇庆六一亲子活动，共有16组新老市民家庭参加。同日，分中心、镇政法和社会事业局（文体、爱卫）、镇总工会、镇党政办（宣传）联合举办“家庭‘圾’先锋　分类新时尚”——2020年海虞镇垃圾分类知识竞赛，42组新老市民家庭参加。7月，举办《中华人民共和国妇女权益保障法》知识讲座，新市民妇女30余人参与活动。发动辖区内新市民参与7月30日至8月5日举办的常熟市第四届“学好常熟话，争当守法文明新市民”一站到底挑战赛线上初赛，然后择优选拔代表队参加市级线下比赛，最终进入决赛并获得一等奖。8月，开展“虞城无诈”专项行动。深入辖区村（社区）、市场、工地，依托各类融合活动开展防诈骗讲解宣传10余次，发放宣传单1500余份、《致广大新市民的一封信》1000余份，督促签署防诈骗告知书2000余份。发动辖区内新市民参与10月16—22日“看常熟”App开设的2020年常熟市“学习强国”新学员学用挑战赛，并选拔新市民组成分中心代表队参加市级线下比赛，海虞代表队出线进入决赛，获得市级优秀奖。

【新市民业余文化生活】 春节前后，分中心组织新市民开展“福娃写春联”“手工灯笼DIY”“清廉颂家风”“暖心慰问”等活动。组织新市民开展植树活动、净家园环境清理志愿活动。4月，组织开展“爱生活爱孩子”新市民亲子阅读活动，通过微信发布阅读打卡活动的形式常态化开展亲子绘本阅读活动。暑假期间，分中心与海福新城社区联合开展为期两周的“童心向党　快乐成长”七彩的夏日夏令营活动。7月，30多名新老市民到七峰村开展“寻海虞新农村　访美丽铜官山”新时代文明实践志愿活动。7月26日，联合福山社区组织开展“荷你相廉　清凉一夏”主题活动，10组新老市民亲子家庭参加活动。8月22日，组织15组新老市民亲子家庭在海虞图书馆开展团扇手工制作活动。联合王市社区组织开展“我们的节日·七夕”主题活动。12月2日，组织新市民志愿

者家庭开展“放飞梦想　走进科普”文明驿站开放日活动。

【组建新市民志愿服务团】 2020年，分中心依托海虞镇文明驿站平台，组建新市民志愿服务团，共注册599人，开展各类志愿活动416次。联合镇党政办（宣传）建立志愿者团队星级积分管理制度，开展“优秀志愿者”“服务之星”评选活动，对获评者予以表彰。

（新市民事务中心海虞分中心供稿）

综合行政执法

【概况】 2020年，镇综合行政执法局（以下简称“执法局”）组织开展镇容镇貌、环保、安监、卫生、废旧物资等各类检查共计1.74万次，责令整改7267件。举办各类专项整治活动78次。受理各类来信来访51件，“12345”办理425件。数字化城市管理监督指挥系统上共办理事件8417件，部件212件。全年累计立案行政处罚案件1029件，其中城管883件、环保45件、安监65件、劳动8件、住建规划6件、卫生11件、文广新5件、农林1件、水利4件、国土1件，结案1027件（含2019年立案的案件），到账处罚金额约276万元。1起劳动案件移送公安机关，3起案件申请法院强制执行，未有行政复议和行政诉讼情况。执法局获评常熟市镇域综合执法工作先进集体，“法严情暖”行动支部被表彰为“战斗先锋”，“嵇某某擅自占用城市道路”行政处罚案卷获评2020年度市城市管理行政执法十大典型案例。执法局获苏州市表彰的有2人，获常熟市表彰奖励的有5人。

【疫情防控】 年初新冠肺炎疫情期间，执法局在G346交通要道设管控卡口，采用“5+2”“白加黑”工作模式轮流值勤。每天参与疫情防控值勤近90人次，连续奋战60余天，检查各类车辆5.8万余辆、8万余人。4名执法人员主动申请到苏州火车站参与疫情防控工作。

【专项整治】 2020年，开展文明城市复审迎检“小微”执法、市容环卫“门前三包”专项执法行动。累计清理“牛皮癣”广告500多处，停机违法号码81个。查纠乱停车8000余起，贴单处罚3580起。在重点区域划定1300多个机动车和非机动车停车位。联合公安交警、建筑管理部门，开展建筑垃圾（工程渣土）运输处置专项整治行动，查处工程车抛撒滴漏、带泥行驶和乱倒建筑垃圾44起，处罚金额4.82万元。

“法严情暖”行动支部在交通要道设疫情防控管控卡口

【生活垃圾分类执法】 6月1日,《苏州市生活垃圾分类管理条例》施行。执法局开展“垃圾分类　党员先行”主题党日、签订党员垃圾分类承诺书等活动,党员带头参与垃圾分类。镇局联动开展生活垃圾分类行政执法工作,下半年处罚垃圾分类违规行为280起,处罚金额1.6万元。

【队伍建设】 2020年,围绕“建铁军、出铁拳、办铁案”的目标,抓好执法队伍“硬”素质,塑造蓝色执法铁军形象。开展执法业务培训,学习综合执法相关法律法规。开展廉政教育,杜绝办关系案、人情案。全年开展廉政谈话28人次、任职谈话5人次。

【解决拖欠务工人员工资】 8月,执法局帮助222名务工人员讨回惠康劳务拖欠的256万余元工资,务工人员代表给执法局赠送感谢信和“廉洁公正　司法为民”锦旗。

【人民路被命名为“市容管理示范路”】 常熟市发布《关于命名2020年度乡镇市容管理示范路的通报》(常城管办发〔2021〕4号),海虞镇人民路被命名为2020年度乡镇“市容管理示范路”。

(镇综合行政执法局供稿)

中国人民政治协商会议海虞镇工作委员会

综 述

中国人民政治协商会议海虞镇工作委员会（以下简称“镇政协工委”）构建以政协工委为基础、政协委员为主体、社情民意信息员为骨干的社情民意联系网，将22个村（社区）划分为9个区域，每个区域配备1名政协委员、1名政协联络员，每个村（社区）配备1名社情民意信息员。建立“1+9+22”工作体系，组织政协委员参与联系村（社区）管理，结合“6+X”“8+X”民主议事制度，帮助解决群众关心、社会关切的热点难点问题。

参政议政

【概况】 2020年，镇政协工委积极参政议政，发挥协商民主重要渠道和协商机构的作用，在全市率先建立“有事好商量”协商议事室，打造参政议政履职平台。聚焦“千村美居”长效管理，以汪桥村为试点，推行文明有“礼”积分管理模式。通过实地考察调研，民主协商，为镇政府制定《海虞镇农村人居环境（“千村美居”）长效管

海虞镇2020年人大代表、党代表、政协委员一季度专题活动

4 月 30 日，海虞镇人大代表、政协委员视察生活垃圾分类投放点

理综合考核机制（试行）》提供依据。

【首个“有事好商量”协商议事室】 2020 年，镇政协工委建立全市第一个“有事好商量”协商议事室。全年开展基层协商议事活动 5 次，主题涵盖污水收治、垃圾分类、“千村美居”长效管理等民生实事工程。进行“有事好商量”协商议事室优化升级，在铜官山、铁黄沙等“网红打卡点”挂牌设立“有事好商量”协商议事室。新建村（社区）“有事好商量”协商议事室 22 个，实现村（社区）协商议事载体全覆盖。利用新峰美术馆、苏作红木展示馆、九君艺术馆、书画名家汇客厅和江岸艺术团等海虞特色文化资源，开辟政协工委活动新的阵地。

【文明有“礼”积分管理】 2020 年，镇政协工委聚焦“千村美居”长效管理中出现的重建轻管、重突击轻长效、“千村一面”等“难点”“堵点”问题，镇政协委员开展分片区专题视察，走访村民群众，收集社情民意，为协商议事精准把脉。4 月 30 日，镇政协工委召集政协委员、职能部门负责人、村民代表举行协商议事会，在听取各方利益相关人意见后，决定以汪桥村为试点，创设文明有“礼”积分管理模式，运用积分考核、兑换实物等方式，鼓励村民主动参与“千村美居”长效管理，改善农村人居环境。全镇 166 个三星级康居乡村、“千村美居”验收村庄全部推行文明有“礼”积分管理模式。

【政协委员助力疫情防控】 新冠肺炎疫情期间，镇政协工委组织政协委员配合镇党委、镇政府做好疫情防控工作。政协委员带头做好卡口排查、政策宣传、防疫知识科普等工作。组织苏州智澜供应链管理有限公司调整生产方案，培训工人赶制可水洗重复利用的全棉质针织口罩，以成本价提供“爱心口罩”3.2万只，发给全镇22个村（社区）3万多名60周岁以上的老年人。政协委员王振国、瞿仁忠、孟学军组织企业向武汉和海虞镇捐款26万元。

调研视察

【概况】 镇政协工委坚持“不调研不协商”原则，围绕每次协商议题，组织政协委员到群众中了解实情，听取群众意见、呼声。2020年，组织政协委员实地视察调研港龙香语华庭等27个点位，召开座谈会，听取各部门分管领导专题汇报，研究协商解决问题的思路和措施。

【视察活动】 4月30日，镇政协工委开展专题视察活动，组织委员先后实地视察港

4月30日，镇政协委员视察苏威特种聚合物（常熟）有限公司

龙香语华庭、苏威特种聚合物（常熟）有限公司、新材料产业园大气环境监控“天网”等相关点位。在随后召开的座谈会上，委员们认真听取和审议了镇垃圾分类情况、产业园环境保护工作情况和产业园安全生产工作情况等汇报，并积极建言献策。11月6日，镇政协工委组织委员实地走访视察七峰村铜官山高家宕“千村美居”点位，参观月季花卉种植基地、乡村振兴学院、南沙古城墙、摩崖石刻等，现场听取相关负责人的情况汇报。随后，委员们到村级老旧工业载体更新改造项目——徐桥小微产业园视察，了解项目更新改造情况。最后，委员们到镇联动指挥中心，现场观看一体化智慧海虞集成指挥平台运行情况，并听取网格化社会治理工作的相关介绍。

【建言“千村美居”长效管理】 2020年，镇政协工委以“千村美居”长效管理为年度工作重点，组织政协委员参加相关会议、调研活动8次，80人次参与。结合《常熟市“千村美居”长效管理考核实施方案》和海虞镇镇情民意，为镇政府制定出台《海虞镇农村人居环境（“千村美居”）长效管理综合考核机制（试行）》提出可行性意见和建议。11月6日，镇政协工委再次召开“千村美居”长效管理专题协商议事会，聚焦三星级康居乡村、“千村美居”验收村庄文明有“礼”积分管理模式推进情况。委员们建议同步聚焦一般村庄，下好“先手棋”、打好“提前量”，将文明有“礼”积分管理细则纳入各村户代表会议，着力出精品、管长远，实现“千村美居”长效管理前置，确保建管并重。至年末，全镇17个行政村452个自然村中，166个三星级康居乡村、“千村美居”验收村庄全部推行文明有“礼”积分管理模式，激活“千村美居”长效管理“一池春水”。

学习交流

【概况】 2020年，镇政协工委与浙江省嘉善县政协、海宁市政协、常熟市政协妇联界别组等开展学习交流活动3次。

【外省市政协到海虞学习考察】 6月23日，浙江省嘉兴市嘉善县政协副主席陆才华带队到海虞镇考察美丽乡村建设工作，市政协副主席吴国华，市政协城乡建设委员会主任陈向忠、副主任秦卫东及镇政协工委领导参加考察。考察组先后到龙墩村香塘桥、七峰村铜官山和福山村寺前等“千村美居”特色点位，与相关村领导进行现场交流。9月18日，浙江省嘉兴市海宁市政协副主席郑进良带队到海虞镇考察城乡一体化等方面工作，市政协副主席吴国华、市政协城乡建设委员会主任陈向忠

及镇人大主席团领导参加考察。考察组先后到七峰村铜官山、福山村平巷花海等“网红打卡地”，了解海虞镇特色田园乡村建设工作。

【联合开展学习交流活动】 9月24日，市政协妇联界别组与镇政协工委联合开展学习交流活动，市政协城乡建设委员会领导参加活动。委员们到常熟市海虞茶叶有限公司、七峰村和福山村“千村美居”工程现场视察。随后，举行“学习交流、共谋发展”座谈会，镇政协工委介绍组织开展协商议事的经验做法，委员们围绕妇女在美丽村庄建设、垃圾分类中如何发挥作用等议题进行研讨。

（镇政协工委供稿）

群团组织

综 述

2020年，海虞镇各群团组织在镇党委领导下，结合自身实际，组织志愿者投入新冠肺炎疫情防控志愿服务工作；定期举办各类知识讲座，将理想信念教育、社会法治教育、反腐倡廉警示教育、道德教育相结合，引导干部职工弘扬劳模精神，鼓励爱岗敬业；服务和保障职工利益，帮助干部职工解决日常生活中最关心、最直接、最现实的利益问题；加强人文关怀和心理疏导，建立健全困难群众帮扶机制；开展各类文体活动，丰富群众业余文化生活。

海虞镇总工会

【概况】 2020年，海虞镇有基层工会243个，换届选举8个。镇总工会重点做好基层工会组织建设、职工权益保障、和谐劳动关系构建、困难职工帮扶、职工文体活动、劳动竞赛及劳动保护等工作。

【基层组织建设】 1月，迎新春工会干部座谈会在镇机关举行，20名基层工会干部参加会议。3月，召开推进会员实名制绑定工作会议。至年末，新增实名认证会员2300余人，累计实名认证会员1.28万人。11月，召开工会干部经审业务培训会，特邀常熟市总工会经审部专家授课，近70名基层工会主席参加。

【职工权益维保】 3月，镇总工会集体协商春季集中要约培训会召开，至4月下旬，共完成签订工资专项集体合同771份，涵盖企业595家，涉及职工2.7万人。

3月，海虞镇集体协商要约专项培训会召开

【职工普惠】 1月，镇总工会组织开展“子鼠贺岁　送礼新春”电影票、年货礼包派送活动，800余名工会会员报名参加。6月，组织开展“粽香情浓　情牵端午”职工普惠活动，200余名职工参加。

【劳动竞赛】 5月31日，镇总工会举行以“家庭‘圾’先锋　分类新时尚”为主题的垃圾分类知识竞赛，50余名选手报名参赛。6月，组织开展安康杯竞赛活动，145家基层工会报名参赛。6月15日至7月15日，组织开展“安全隐患随手拍　合保安康你我他”摄影作品征集活动，共收到摄影作品93幅，评选出获奖作品21幅，择优推荐参加市级评选。作品《不给事故留机会》《拦住、很安全》获得市二等奖，《我的兄弟呢》获得市三等奖。8月，举办海虞镇“守护平安　救在身边”应急救护技能竞赛，来自阿科玛常熟基地、大金氟化工（中国）有限公司、常熟欣福化工有限公司等12家单位的20名应急救护员参加比赛。9月25日至10月15日，举行镇“共建共治乡村美”PPT技能竞赛，25名职工报名参赛。

【慰问帮扶】 8月，镇总工会组织开展“夏季送清凉”系列活动，走访慰问常熟三爱富氟化工有限责任公司等3家企业一线职工1000余名，送上夏季降温物资。给6名困难职工子女申请并送上“金秋助学”助学金和慰问品。10月，走访慰问10名70周岁以上的劳模，送上重阳糕及慰问金。

【文体活动】 1月，镇总工会举办“海虞杯”迎新春职工乒乓球比赛，50多名乒乓球爱好者参赛。3月，以“疫战中　你最美”为主题，组织开展庆“五一”最美职工评选和摄影、征文比赛等系列活动。4月，开展“花样女神春日时光手作市场”艺术贴画DIY活动，10多名女职工参加。5月

8月，海虞镇举办“守护平安　救在身边”应急救护技能竞赛

4 月，劳模志愿者参加护学行动

30 日，“垃圾分类　童心同行”垃圾分类趣味活动在福山村平巷花海举行，30 多组亲子家庭、近 200 名志愿者参加活动。6 月，组织开展“开启诵读之旅　点亮书香人生”诵读比赛，35 名选手报名参赛。9 月 8 日，首届“中国梦·劳动美”职工书画作品巡展——海虞站，在书画名家海虞汇客厅拉开帷幕。市总工会副主席顾志强为巡展致辞，基层工会主席代表 50 余人参加。

【劳模志愿服务】 2 月，镇总工会组织 3 名劳模志愿者参与道路卡口值勤，入户宣传、排查等疫情防控志愿行动。4—5 月，组织 10 余名劳模志愿者开展春耕助力、护学行动和“五一大走访”活动，助力复产复工。7 月 30 日，组织开展“劳模进乡村”活动，全镇 30 余名各级劳模参加。

【劳模典型选树培育】 9 月 30 日，市总工会副主席毛书齐到海虞为“窦祥龙劳模创新工作室”授牌，并调研劳模工作室活动情况。镇总工会开展各级劳模申报工作，省部级劳模刘卫军成功申报全国劳动模范，刘晔、王文青、时朝阳、王魏、李健峰等 5 人成功申报常熟市级劳动模范。全镇开展文明岗（班组）、文明职工、工人先锋号评选表彰工作，获评江苏省工人先锋号 1 个、苏州市工人先锋号 1 个、常熟市五一文明岗（班组）2 个，苏州市“最美劳动者”39 名，常熟市文明职工 4 名。江苏特别特服饰有限公司、常熟市华博毛纺织有限公司获市“安康杯”竞赛优胜班组称号，常熟市三爱富中昊化工新材料有限公司工会被命名为苏州市模范职工之家示范单位，常熟市三爱富氟化工有限公司被授予苏州市集体协商三星企业。

（镇总工会供稿）

中国共产主义青年团海虞镇委员会

【概况】 2020年，中国共产主义青年团海虞镇委员会（以下简称“镇团委”）继续深化“海纳青 xin”团建品牌建设，推进团支部规范化建设，打好非公企业团建“百日战”，新建非公企业团组织35家。镇团委会同组织办、党校共同制订并实施青年干部培训计划。组织开展各类争先创优活动，加强青少年思想道德建设。镇团委获常熟市共青团工作先进单位称号。

【组织建设】 7月，镇团委召开镇团支部规范化建设工作推进会，传达《关于加强全市“智慧团建”系统规范建设工作的通知》精神。全年系统内团员、团干部、团组织录入进度和学社衔接率、对标定级率等多项指标始终动态保持100%。打好非公企业团建“百日会战”，梳理175家规模以上企业党建团建情况信息，新建35家非公企业团组织。

【思想建设】 5月，镇团委举办“助力三增三进　再创火红年代”青年干部讲坛活动。8月，结合镇基层党建“书记项目”推进会，开展“青年说”活动，3名青年代表结合自身岗位和具体事例展开演讲。7—10月，镇团委与镇党校、组织办共同制订青年干部成长培训计划，举办“绽放战疫青春　坚定制度自信”主题线上宣讲活动。9月，市少工委、镇团委组织市实验小学少先队员到铜官山乡村乐园实地寻访。镇团委发动机关、企事业单位、村、社区、学校、园区等的各类青年群体参与青年大学习，开展“学习有好礼　最潮手绘乡村文创单品免费送”线上活动，参学率始终位居全市乡镇板块前列。挖掘身边优秀青年团员典型，推进青年思想道德建设，5名青年获评“三新四创”先进团员青年。海虞行政审批局获评2019—2020年度市级“青年文明号”，团支部获评市“三敢三勇”团组织。镇综合行政执法局“法严情暖”抗疫青年突击队获评市先进青年集体（优秀一线抗疫青年突击队）。

【阵地服务】 2020年，镇团委围绕青少年假期自护，在海福新城社区青年之家开展为期6天的“童心向党　快乐成长”夏令营活动，活动涵盖家风传承、法治教育、历史寻访、城市发展、消防安全、禁毒讲座、团队协作、垃圾分类、分享心得等多个模块。9月，入驻“青年之家”云平台，发布活动16个，团员参与661人次。联系6个团组织、27名团干部和青少年参与“联青服务站”活动，打卡3次。依托苏青益筹平台，开展“童享阳光”一对一牵手关爱活动，慰问困境儿童3人；以“梦想小屋”结对关爱为纽带，构建“1+3+4+X”关爱服务体系，精准服务4户“事实无人抚养儿童”。“虞青无忧美丽乡村”

铜官山青年阵地入选苏州共青团助力农业农村现代化建设工作项目，推报铜官山作为省青商会《常熟市重点村居村情推介汇编》点位。

【“海纳青 xin”团建品牌】 “海纳青 xin”是海虞镇团委的团建服务品牌，有四个内涵：“海纳青心（信）”青年志愿服务平台、“海纳青❤”青年婚恋交友平台、“海纳青馨”青年公益培训平台和“海纳青新”青年创新创业平台。2020 年，镇团委围绕品牌开展各项活动。与常理工电信学院团委结对，共建“海纳青心（信）”点亮美丽乡村项目，组织志愿者 60 多名，先后赴汪桥村、海福新城社区、铜官山乡村乐园等地开展农村人居环境整治、文明啄木鸟和垃圾分类等志愿服务活动；联合市农业农村局团委开展铜官山“绘乡村画卷，展别 Young 青春”墙绘和志愿服务活动，设计制作“手绘乡村”文创产品青春赋能充电宝，获市级一等奖，“海纳青心（信）”手绘乡村志愿服务项目获评镇（街道）级项目；5 月，联合市行政审批局团委开展“政务服务青年行之常熟化”主题活动，把团建工作融入行政服务的各项工作中。围绕“海纳青❤”，联合福山社区举办“七夕寻梦缘　着我汉家裳”汉服文化节活动，有文创夜市、汉服知识讲解、汉文化知识问答、传统相亲小游戏等板块，为单身青年提供交友、联谊的平台。围绕“海纳青馨”和“海纳青新”，6 月和 11 月，分别在海虞电商园举办电商抖音方法论培训会、青年高质量发展培训会和青年创业政策解读会。

（镇团委供稿）

海虞镇妇女联合会

【概况】 2020 年，海虞镇妇女联合会（以下简称“镇妇联”）推进区域化建设，苏州富士莱医药股份有限公司和常熟华虞环境科技有限公司 2 家企业组建妇联。海虞电商园妇联主席、镇妇联副主席（兼）凌丽亚获江苏省最美基层妇联干部称号。“海虞妈妈”孤贫儿童关爱志愿服务团获评“苏州市三八红旗集体”，镇妇联获评“常熟市妇女工作先进集体”，海虞电商园妇联获评“常熟市三八红旗集体”，2 名妇女获评“常熟市三八红旗手”。

【三八节活动】 2020 年，镇妇联组织开展“三八妇女节四个‘心’关爱”活动，向基层妇女致以温馨的节日问候和美好祝愿，送上精心定制的“抗疫物资呵护礼包”。

【庆六一活动】 六一期间，镇妇联慰问全

镇35名成绩优秀的困境儿童，评比表彰10名“海虞镇十佳美德好少年”，举行“垃圾分类　童心同行”庆六一亲子活动，组织20组亲子家庭到福山村平巷花海听方言故事，在铜官山脚下参与垃圾分类亲子闯关游戏。

【“8·26”爱心助学】2020年，镇妇联举行“8·26”爱心助学活动，20家爱心企业捐赠爱心款5万元，资助32名困境未成年人。与受助学生一起参加“悦享童趣　创皂幸福”手工制作活动。镇妇联、关工委、市场监督管理局海虞分局等部门领导出席活动。

【妇女特色项目】实施2020年度特色项目——“提升‘她’修养　多彩‘虞美人’——海虞镇妇联‘SHE’助力基层妇女干部幸福成长计划”，从基层妇女干部身心健康、个体增能、自我实现3个方面入手，通过“S—智慧女性”“H—幸福女性”“E—优雅女性”3大版块，开展“花颜俏语　品味生活”“与爱同行　‘救’在身边”“美丽绽放　幸福成长”等主题活动9次，500多人参加活动。

【“海虞妈妈”八周年庆】5月12日，镇妇联举办“爱与坚守同行——‘海虞妈妈’孤贫儿童关爱志愿服务团八周年生日会”，特邀专业心理老师授课，邀请专业老师教服务团成员制作精油扩香片。“妈妈们”欢聚一堂，共切生日蛋糕，为自己庆生，

9月，“海虞妈妈”“一点点”实践站揭牌

为“海虞妈妈”祝福。

【“海虞妈妈”长坝爱心驿站】6月，“海虞妈妈”孤贫儿童关爱志愿服务团走进贵州思南县长坝镇，以志愿交流、文化走亲的形式开展扶贫帮扶，向长坝镇100名困难学生捐赠爱心校服资金1万元，成立“海虞妈妈”长坝爱心驿站。

【“海虞妈妈”“一点点”实践站揭牌】9月，“海虞妈妈”“一点点”实践站在海虞新天地商业广场“一点点”奶茶店揭牌。启用后，“一点点”奶茶店优先为“海虞妈妈”结对孩子提供社会实践岗位。

【中标苏州市百个重点志愿服务项目】2020年，镇妇联成功中标实施苏州市百个重点志愿服务项目——“传递爱　益起帮”海虞镇弱势女性创业就业“点亮”行动志愿服务项目，帮扶弱势女性群体“立体化”创业、就业。举办手工技能、母婴护理技能、家庭关系课堂、如何自主创业

苏州市美丽庭院示范组——汪桥村五组

等培训 14 期，受益人数 185 人次。

【“最美婆媳”过重阳】 10 月 24 日，镇妇联联合镇政法和社会事业局（文体）、镇党政办（统战）开展“登幸福山顶　享美好生活”——重阳登铜官山活动。镇健身爱好者、婆媳组合、侨眷和新阶层代表等集聚铜官山“网红”基地，共同登高庆祝重阳佳节。通过“足下生花”踢毽子、“脚踏实地”接力跑以及“婆媳情深”朋友圈打卡集赞等游戏，展现婆媳之间的默契配合，评出“最美婆媳”“最具人气好婆媳”等获奖者。

【创建苏州市美丽庭院】 2020 年，镇妇联重点指导汪桥村、龙墩村妇联开展创建“苏州市美丽庭院”活动，以创建作为切入点和突破口，弘扬家风优良、庭院洁净、室内整洁的文明风貌，以美丽庭院助推乡村振兴。2 个村 80 户家庭被评为“苏州市美丽庭院”，汪桥村五组被评为“苏州市美丽庭院示范组”，并作为村级唯一代表，出席苏州市美丽庭院建设现场推进会做交流发言。

（镇妇联供稿）

海虞镇科学技术协会

【概况】 2020年，海虞镇科学技术协会（以下简称“镇科协”）指导江苏中之盛环境科技有限公司成立企业科协，苏州池久节能电气有限公司建立“科技人员之家”。申报常熟市科技人员创新行动项目35项，推荐十佳创新团队和标兵各2个。江苏华益科技有限公司的余海华博士获评第四届常熟魅力科技人物。

【市企业科协科技创新券】 苏州池久节能电气有限公司、常熟市常吉化工有限公司、苏州紫澜实业有限公司和常熟市海虞橡胶有限公司等4家企业申请2020年度常熟市企业科协科技创新券，兑付资助金32.2万元。

【“科普123”助企行动】 8月31日至9月9日，由市科学技术协会、市应急管理局和苏州市常熟生态环境局联合举办的“科普123”助企行动——科普巡展活动在海虞镇举行。展板先后在常熟市常吉化工有限公司、常熟威怡科技有限公司、江苏华大新材料有限公司、苏州富士莱医药股份有限公司等4家企业进行展出，内容主要包括安全生产和生态环境保护两个方面。科普巡展进企业，帮助企业员工提升安全环保意识。

（镇科协供稿）

海虞镇归国华侨联合会

【概况】 海虞镇归国华侨联合会（以下简称“镇侨联”）成立于2015年5月。2020年，有会员39名。镇侨联助力招才引智，依法维护权益，弘扬中华文化，推动镇侨联工作实现新突破、展现新作为。镇侨联获评市2020年度“双五有”侨联组织。

【侨眷参观学习活动】 6月13日，镇侨联联合南塘社区开展“缤纷盛夏　美丽农科”参观学习活动，15名侨眷参加。侨眷们参观常熟农科所蔬果和园艺种植大棚，亲身体验园艺盆栽DIY，增加对现代种植技术的认识。

【镇侨联第二次代表大会】 12月18日，镇侨联第二次代表大会召开，出席代表25名。会议听取并审议海虞镇第一届侨联工作报告，选举产生镇侨联第二届委员会。孟学军当选为侨联主席。苏州市侨联副主席，常熟市委统战部副部长、市侨联主席、

市侨办主任王小民出席会议。

【参观王淦昌故居】 12月18日，镇侨联组织10名侨眷参观王淦昌故居，开展“走进基地、感知家乡、凝聚力量”主题活动，感受王淦昌的爱国情怀。

（镇侨联供稿）

海虞镇文学艺术界联合会

【概况】 2020年，海虞镇文学艺术界联合会（以下简称“镇文联”）有书画、摄影、故事、文学、音乐、舞蹈、戏曲、诗词（楹联）、民间文艺9个协会。各协会以繁荣文学艺术事业为中心，服务全镇工作大局，发挥组织、联络、协调、服务的职能，开展各项活动。

表1　　2020年镇文联荣誉一览

作品名称	艺术门类	荣誉	获奖者	颁奖、收藏、主办单位	获奖时间
《又是一年鱼满仓》	美术	江苏省全面小康主题优秀美术书法作品展	姚新峰	省委宣传部、省文旅厅、省文联	2020.9
《跑赢时间》	美术	江苏省抗疫主题美术书法精品展	姚新峰	省委宣传部、省文化和旅游厅	2020.4
《昆曲人物》	美术	戏曲百戏百人百画作品展	姚新峰	省文化和旅游厅	2020.5
《跑赢时间》	美术	收藏	姚新峰	江苏省美术馆	2020.8
《战疫一线》《凯旋而归》《鼓励》《跑赢时间》《出征》《致敬英雄》	美术	《融汇大爱、共克时艰》——战疫专题书画篆刻作品展	姚新峰	上海中外文化艺术交流协会	2020.6

续表

作品名称	艺术门类	荣誉	获奖者	颁奖、收藏、主办单位	获奖时间
《天伦之乐》	摄影	常熟市“千村美居”主题摄影展（赛）优秀作品奖	刘文忠	江苏省摄影家协会、中共常熟市委宣传部、苏州市摄影家协会、常熟市文学艺术界联合会	2020.8
《评弹早茶》	摄影	常熟市“千村美居”主题摄影展（赛）入选作品奖	刘文忠	江苏省摄影家协会、中共常熟市委宣传部、苏州市摄影家协会、常熟市文学艺术界联合会	2020.8
《百岁老人过重阳》	摄影	常熟市“千村美居”主题摄影展（赛）优秀作品奖	程志文	江苏省摄影家协会、中共常熟市委宣传部、苏州市摄影家协会、常熟市文学艺术界联合会	2020.8
《家有喜事》	摄影	常熟市“千村美居”主题摄影展（赛）入选作品奖	程志文	江苏省摄影家协会 中共常熟市委宣传部 苏州市摄影家协会 常熟市文学艺术界联合会	2020.8
《福山村史话》	文学	2020年苏州市十五次哲学社会科学优秀成果三等奖	陆文龙	中共苏州市委宣传部、苏州市哲学社会科学界联合会	
《我们必胜》	美术	收藏	姚新峰	苏州市革命博物馆	

表 2　　2020年镇文联著作一览

书名	艺术门类	作者	出版社	出版时间
《写意鱼类快速入门》	美术	姚新峰	江苏凤凰美术出版社	2020.1
《有你真好》	文学	徐月红	百花洲文艺出版社	2020.12

表 3　　2020 年镇文联作品一览

作品名称	刊物	作者	发表时间
《跑赢时间》	《江苏省抗疫主题美术书法精品展作品集》	姚新峰	2020.8
《战疫一线》《凯旋而归》《鼓励》《跑赢时间》《出征》《致敬英雄》	《融汇大爱、共克时艰》战疫专题书画篆刻作品集	姚新峰	2020.9
《致敬江苏援鄂白衣勇士》	《致敬江苏援鄂白衣勇士书画作品赠送活动特辑》	姚新峰	2020.4
对句作品： 喜嫁春风临小院，福乘新日耀新村。	《对联》2020 年第 1 期	邵利英	2020.1
对句作品： 户纳春风花吐蕊，堂盈瑞气鹊登枝。	《对联》2020 年第 1 期	邵利英	2020.1
对句作品： 《威武！山东号》 首秀海南，重器出鞘强国梦； 双巡域界，巨龙御敌震天雷。	《中国楹联报》	卢再兴	2020.1
对句作品：《贺家乡喜通铁路》 江南福地飞龙首，世上天堂聚客心。	《中国楹联报》	卢再兴	2020.6
对句作品： 柳弄丝弦春作曲，云铺宣纸雁描图。	《对联》2020 年第 6 期	邵利英	2020.6
对句作品： 夏晒功名荷举盏，春怀梦想柳扬鞭。	《对联》2020 年第 6 期	邵利英	2020.6
对句作品： 心田苦乐已耕种，福海浅深自忖度。	《对联》2020 年第 6 期	邵利英	2020.6
对句作品： 《贺北斗全球卫星导航系统布网成功》 北斗耀空，高光发自东方，真给力！ 全球定位，特色凝于重器，好拉风！	《中国楹联报》	邵利英	2020.7

续表

作品名称	刊物	作者	发表时间
对句作品： 春景宜人人共赏，网商兴市市常荣。	《对联》2020年第8期	邵利英	2020.8
对句作品： 十风五雨丰收岁，四里八乡勤奋人。	《对联》2020年第9期	邵利英	2020.9
对句作品： 江流澎湃汇沧海，峦嶂峥嵘岿峻崖。	《对联》2020年第9期	邵利英	2020.9
《小学生童心楹联社微信群上线啦》 （师生联作）	《当代对联教育》 （对联杂志增刊）（试刊号）	卢再兴	2020.10

【新春送春联】 1月，镇文联组织书画协会赴肖桥村、新州村、海福新城社区开展“金猪辞旧岁　玉鼠迎新春”送春联活动。书法家现场书写春联，给村民、居民送上新春的祝福。

【姚新峰中国画展】 5月，“感悟生活　情系笔墨”姚新峰中国画展在新峰美术馆展出，展期2个多月。画作贴近时代，以乡村、异域现实主义题材为主，将渔民、农人、朋友纯朴天真的言笑之姿请进艺术殿堂，刻画出各类民族特色的人物形象，凝聚了画家对生活和人生的感悟。

【“虞山雅集”四地书画笔会】 6月23日，泗洪、思南、青铜峡三地的领导和嘉宾，参观镇新时代文明实践所、常熟图书馆海虞分馆、书画名家海虞汇客厅、新峰美术馆等，并举行“虞山雅集”常熟、泗洪、思南、青铜峡四地书画创作交流笔会，现场互赠书画作品。

【常熟市“千村美居”摄影展】 9月18日，常熟市“千村美居”主题摄影展开幕式在镇新峰美术馆举行。江苏省摄影家协会主席、中国摄影协会理事许益民，苏州市摄影家协会副主席龚刚，常熟市委宣传

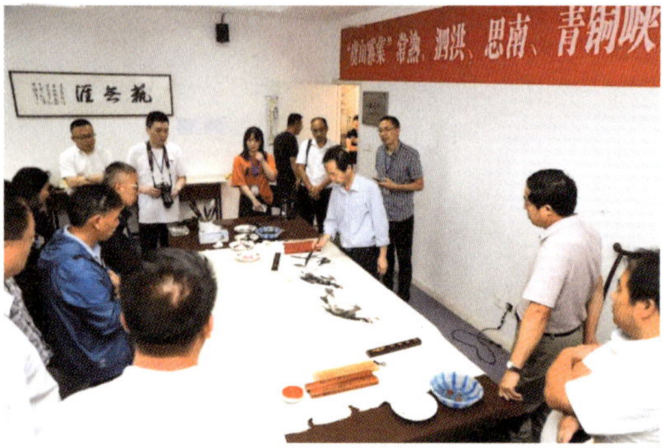

6月23日，“虞山雅集”常熟、泗洪、思南、青铜峡四地书画创作交流笔会在海虞镇举行

部副部长、社科联主席唐晓，镇党委副书记、镇长须亚军出席开幕式。摄影展由江苏省摄影家协会、市委宣传部主办，苏州市摄影家协会、市文联、市农业农村局、海虞镇党委承办，市摄影家协会协办。摄影展共收到近200名作者的作品2800余幅，入选展出60幅，评出优秀奖10幅、入选奖50幅，同时展出省级摄影家特邀作品24幅。

【庄剑刚中国画展】 9月27日，镇文联举办"问道虞山"——庄剑刚中国画作品展，展出山水画80多幅，600多人参观。开幕式上，市美术家协会与镇文联举行结对仪式暨海虞创作实践基地揭牌仪式。

（镇文联供稿）

海虞镇残疾人联合会

【概况】 2020年，海虞镇有持证残疾人1779人，其中，视力残疾187人，听力残疾64人，言语残疾5人，肢体残疾763人，智力残疾307人，精神残疾345人，多重残疾108人。共计一、二级残疾742人，三、四级残疾1037人。

【保障服务】 2020年，海虞镇残疾人联合会（以下简称"镇残联"）做好残疾人社会保障工作。33名残疾人享受聋人通信费补贴1.71万元，19名下肢残疾人享受残疾人机动轮椅车燃油补贴4940元，55名无业重度残疾人享受社会保险补贴近26万元，73名贫困精神病人享受免费服药，6名高中和高等教育阶段的残疾学生享受专项补贴7500元，603名就业年龄段内的残疾人免费享受团体人身意外伤害商业保险。春节、助残日等节日向困难残疾人家庭发放慰问金6.29万元。对17名0~18周岁残疾儿童补助24.64万元；为10名残疾儿童适配矫形器，为1名残疾儿童适配人工耳蜗，适配补助共3.72万元；为148名残疾人适配轮椅、拐杖、声光盲杖、护理床等；帮助12户困难残疾人家庭进行无障碍改造；减免11名贫困残疾人白内障手术费。海福新城社区成功创建残疾人社区康复服务示范点和残疾人社区康复体育示范点。在全国助残日等节日开展残疾人技能比赛、残疾人文艺节目展评、残疾人技能培训等活动。

【创建融合教育资源中心】 2020年，镇残联建立资源中心，推进融合教育，使特殊学生享有平等的受教育权利。海虞幼儿园、海虞小学、福山幼儿园、福山小学、福山中学、周行幼儿园、周行中学等学校融合教育资源中心创建通过验收。

（镇残联供稿）

海虞镇红十字会

【概况】 2020年，海虞镇红十字会开展“博爱送万家”项目活动，帮助困难家庭10户。组织初级救护员培训4期，经考核取得救护培训合格证书211张；开展普及性培训6期，405人参加。组织开展公益讲堂1期，25人参加。组织开展无偿献血活动3场，734名志愿者累计献血20.02万毫升，一次献血300、400毫升的比例达到61.72%。24名志愿者登记加入中华骨髓库。

8月28日，海虞镇红十字会联合镇总工会开展“守护平安　救在身边”应急救护技能竞赛

【钱蛟虎完成遗体捐献】 7月17日，安徽籍新市民钱蛟虎与市红十字会签署志愿捐献遗体申请书，自愿捐献遗体，8月7日凌晨去世后完成遗体捐献。

【职工应急救护技能竞赛】 8月28日，海虞镇红十字会联合镇总工会开展“守护平安　救在身边”应急救护技能竞赛，12家企业的19名选手参加技能操作比赛。

【志愿服务助力疫情防控】 疫情防控期间，海虞镇红十字会联合镇慈善会为全镇困难群众和60周岁以上老年人发放口罩。志愿者通过发放宣传折页、张贴告示、卡口值勤等途径全面助力疫情防控工作。福山幼儿园厨师邵玉祥自2月11日起每晚为各防控卡口值勤人员做免费夜宵，被市红十字会评为优秀红十字志愿者。

（镇红十字会供稿）

海虞镇慈善会

【概况】 2020年，海虞镇慈善会开展“助医、助学、助残、解困”等系列慈善救助活动，全年使用慈善基金137.72万元，2300多人受益。使用防疫基金108.1万元，并向捐赠单位和个人通报慈善基金使用情况，接受公众监督。

【慈善捐献活动】 新冠肺炎疫情期间，镇慈善会收到各类防疫捐款203.15万元，各类捐赠物资152笔。结合“9·5”中华慈善日开展慈善一日捐活动，共募集捐款19.38万元；开展企业慈善认捐活动，共有15家企业按协议认捐65.75万元。

表4　　2020年新冠肺炎疫情慈善捐献统计

填报单位：海虞镇

序号	捐款日期	捐赠组织或个人	捐赠品种（物资或现金）价值（元）	捐赠物资及资金的接收单位		说明	个人捐赠者身份
				单位名称及账号	接收日期		
1	2020.1.26	华诚沿江国际物流（苏州）有限公司	100000	常熟市慈善总会	2020.1.26	定向用于武汉	
2	2020.1.29	常熟福隆保洁有限公司	100000	常熟市慈善总会	2020.1.29	定向用于全市环卫工人	
3	2020.1.29	江苏特别特服装有限公司	100000	常熟市红十字会	2020.1.29	定向用于武汉	
4	2020.1.30	东泾基督教堂	50000	常熟市海虞镇慈善会 101280001019282343	2020.1.30	定向用于海虞镇	
5	2020.2.01	海虞镇弥陀寺	8300	苏州市兴福公益基金会“支援武汉”项目	2020.2.1		
6	2020.2.01	海虞镇福海禅寺	5300	苏州市兴福公益基金会“支援武汉”项目	2020.2.1		
7	2020.2.01	海虞镇福江禅寺	5500	苏州市兴福公益基金会“支援武汉”项目	2020.2.1		
8	2020.2.02	常熟海虞电子商务产业园有限公司	62550	常熟市慈善基金会 0145797071120100278931	2020.2.2	定向用于海虞镇	
9	2020.2.02	常熟海虞镇华恒服装整烫厂	10000	常熟市慈善基金会 0145797071120100278931	2020.2.2	定向用于海虞镇	

续表

序号	捐款日期	捐赠组织或个人	捐赠品种（物资或现金）价值（元）	捐赠物资及资金的接收单位		说明	个人捐赠者身份
				单位名称及账号	接收日期		
10	2020.2.2	肖桥村成健	500	常熟市慈善基金会 0145797071120100278931	2020.2.2	定向用于武汉	低保户
11	2020.2.3	河口村顾志锋	200	常熟市慈善基金会 0145797071120100278931	2020.2.3	定向用于海虞镇	党员
12	2020.2.3	河口村张良华	300	常熟市海虞镇慈善会 101280001019282343	2020.2.3	定向用于海虞镇	村干部
13	2020.2.4	王市社区周宗仁	200	常熟市慈善基金会 0145797071120100278931	2020.2.4	定向用于海虞镇	党员
14	2020.2.4	海虞镇河口基督教堂	20000	常熟市慈善基金会 0145797071120100278931	2020.2.4	定向用于海虞镇	

（镇慈善会供稿）

海虞镇关心下一代工作委员会

【概况】 2020年，海虞镇关心下一代工作委员会（以下简称“镇关工委”）开展青少年思想道德教育和各项关爱行动。新建海虞镇南塘社区关工委。

【法律知识进校园】 9月2日，镇关工委联合镇司法所到周行中心小学开展法律知识进校园活动。围绕“美好生活　法律相伴”主题，对具备民事权利能力和行为能力年龄段的学生，开展法律知识宣讲，讲解结合实例，通俗易懂。

【企业家爱心助学】 2020年，镇关工委联合镇妇联、民政开展慈善助学和“8·26”爱心助学活动，向全镇低保家庭、低保边缘家庭的61名学生发放特困家庭助学金9.37万元。20名企业家向全镇32名困境学生发放爱心助学金5万元，并现场开展

"悦享童趣　创皂幸福"手工制作活动。

【"汪桥"奖学金发放】 2020年，汪桥村关工委进行第二届"汪桥"奖学金发放，40余人参加。村党委书记向取得优异成绩的学生祝贺。获奖学生表示要感恩乡亲，勤奋学习，回报社会。

【七峰村"五老"工作站搬迁】 2020年，镇关工委搬迁七峰村"五老"志愿者工作站，完善硬件设施、各项制度，健全队伍组织，并正常开展各项活动。

（镇关工委供稿）

新的社会阶层联谊会海虞分会

【概况】 常熟市新的社会阶层联谊会海虞分会（以下简称"新联会海虞分会"）成立于2018年。2020年，有会员23名，分布在电子商务、红木家具、服饰贸易、文化传媒、社会组织、科技新能源等行业，是具有统战性、联谊性的非营利性社会组织。新联会海虞分会组织参观访问、座谈交流、创业分享、高企沙龙等活动共12次。

【助力小康微视频大赛】 8月，镇新阶层人士1人参加市级"助力小康　奋斗有我"微视频制作大赛，制作微视频《茶香映丹心》，并向上级报送。

【新联会海虞分会会长会议】 12月11日，新联会海虞分会召开会长会议，13人参加。会议商定设立联络联谊部、学习培训部、文创媒体部、公益活动部等4个工作部和1个秘书处及其人员分工情况，讨论2021年活动计划，明确活动主题。

【参观学习活动】 6月13日，新联会海虞分会组织镇新阶层人士到常熟农科所开展"缤纷盛夏　美丽农科"参观学习活动，感受现代科学农业技术的成果和农业科技进步给家乡农业发展带来的快速变革。

（新联会海虞分会供稿）

法治·军事

综 述

2020年，海虞镇加强法规制度建设，创新法治文化载体和法治宣传教育方式，建立海虞镇公共法律服务中心，推出《海虞法治文化 无忧小镇游览图》，设立法治文化特色产品展示区，开辟《民法典》宣传长廊，建设法治文创基地，开展省级民主法治示范村（社区）复核和申报工作，依托海报、传单、短信、电子屏幕、流动宣传车、评弹、广播、电视、报刊等载体，开展法治、安全生产、整治执法行动等方面的宣传。规范行政执法行为，提升执法的公信力和严肃性。推进智慧技防、集成指挥中心建设，形成法治建设和法治教育新常态。做好全民国防教育、民兵整组、征兵和拥军优属等工作。

政法及综合治理

【概况】 2020年，镇集成指挥中心组织并依靠公安机关、各部门、各单位、各村（社区）和人民群众的力量，加强对政法工作和社会治安综合治理等工作的统筹协调，推进平安海虞建设。

【扫黑除恶专项斗争】 2020年，推动海福新城社区“无黑社区”创建和七峰村铜官山区域扫黑除恶长效机制建设，全镇共受理涉黑涉恶线索46条，办结46条，办结率100%。

【“虞城无诈”专项行动】 2020年，海虞镇成立“虞城无诈”领导小组和工作专班，组建反诈话务中心、反诈宣传队伍。至年末，共发送反诈宣传短信37万条，发放宣传折页6万份、宣传年历5.5万份、宣传单1万份，悬挂宣传横幅20余条，布置易拉宝4套，利用“i海虞”微信公众号推送反诈宣传文章10余次，开展镇级街头宣传2次，全民参与“虞城无诈”答题近万人次。

海虞镇开展“红网”行动支部“虞城无诈”宣传活动

【禁毒工作】 2020年，镇集成指挥中心坚持“预防为主，综合治理，禁种、禁制、禁贩、禁吸并举”的禁毒工作方针，动员和依靠社会各界力量，开展禁毒宣传教育和创建（无毒社区）活动，打击毒品违法犯罪活动，做好禁种铲除工作，预防和遏制毒品蔓延。全年建档110份，开展禁毒宣传108次，发展禁毒志愿者36名。

铁路护路宣传

【智慧技防建设】 2020年，全镇新增社会面技防监控84只。至12月，共有社会面技防监控1938只，抓拍探头50只，技防入户1490套。新材料产业园智慧技防单元升级改造，为精准治理服务提供依据。

【校园周边环境整治】 2020年，多部门联合进行中小学和幼儿园周边环境综合检查，对12所中小学周边占道经营、店铺超范围经营及“三合一”现象等责令限期整改，取缔校园周边棋牌室和相关店铺6家。

【提升铁路沿线安全系数】 2020年，海虞镇开展沪苏通铁路沿线大环境综合整治行动，进行铁路护路宣传、排查安全隐患、启动沿线专项巡逻防控、新增技防监控点位等，提升铁路沿线安全系数。

（镇集成指挥中心供稿）

公安工作

【概况】 2020年，海虞镇发挥公安力量，抗击新冠肺炎疫情，开展各项治安防控工作，维护社会秩序，保障公共安全，保护公民人身、财产安全和公共财产安全，促进经济社会和谐发展。

【疫情防控】 新冠肺炎疫情期间，海虞镇依托科技力量，规范居家观察程序，切断传播途径。累计安装监控219只，实时监测居家隔离人员1063人，确保重点地区、关注地区赴常人员隔离到位。引导正面舆论，对个别发布不良言论者进行批评教育，对拒不执行人民政府在紧急状态下依法发布的决定、命令的予以行政处罚。

【社会维稳】 2020年，海虞镇完善社会

矛盾纠纷预警和研判机制，强化12个重大风险领域的研判分析。对涉及劳资、征地拆迁等引发的矛盾纠纷以及各类金融案件进行关联分析和研判，提前发出预警，从源头化解矛盾。全年完成21项重大事项、重大工程的社会稳定风险评估工作，未发生重大案件、重大群体性事件。

【打击刑事犯罪】 2020年，海虞镇坚持打防并重原则，开展扫黑除恶、禁毒攻坚、打击电信网络诈骗、破坏野生动物资源等违法犯罪专项行动。全年破获刑事案件132起，逮捕违法犯罪嫌疑人19人，拘留66人；破获行政类案件761起，处罚498人，拘留195人。

【筑牢安全防控墙】 2020年，镇集成指挥中心科学规划和布建视频监控探头，结合全市数字门牌建设，整合社区警务室与居委会、网格员等群防群治力量资源，打造群防群治新格局。开展电动车交通安全"百日整治"等执法行动，加强对宾馆、网吧、足浴、KTV等"九小场所"的突击检查和"三合一"重点区域隐患排查整治，加强易制爆危化品单位、消防重点单位的安全监管。

【基层公安基础建设】 2020年，海虞镇落实社区警务规范管理，强化社区民警、警辅捆绑考核制度，以外来人口登记量、质双提升为目标，提高信息采集率、准确度、完整性。健全警营内务管理机制，通过集体提醒谈话、民主讨论等形式提高警员政治思想觉悟和自我辨析能力。

（镇集成指挥中心供稿）

交警执法

【概况】 海虞交警中队管辖海虞镇17个行政村、新材料产业园、福山农场、海虞中心集镇、周行集镇、福山集镇，以及国道、省道、县道48千米，镇级公路52千米，村级道路200多千米。2020年，交警中队有民警10人（其中，路面值勤民警7人，事故、办案民警2人，其他1人），辅警30人（其中女辅警3人）。做好道路安全隐患排查、交通违法查处、道路交通安全宣传等工作。全年查处交通违法行为3.24万起，查处非机动车违法行为1.26万起。全年交通事故接处警3505起。

【道路交通安全专项整治】 2020年，海虞交警中队科学调整勤务模式，加大路面警力投入力度，开展飓风行动、蓝剑行动、电动车整治和渣土车整治等专项行动，严查酒驾醉驾、无证驾驶、货车超载超限、

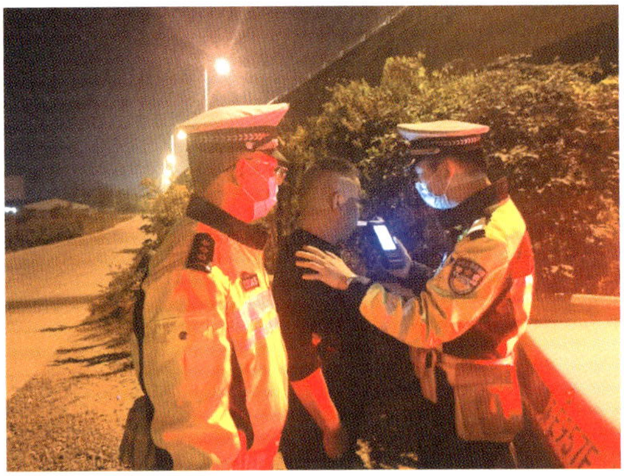

海虞交警中队开展飓风行动酒驾整治

查纠乱停车等专项执法行动

客车超员等突出交通违法行为。规范道路行车秩序，净化道路交通环境。全年查处交通违法行为3.24万起，扣留车辆1822辆，查获酒驾107起，查处危险驾驶55人，行政拘留40人，查处一般超载126起，查处非机动车违法行为1.26万起。全年交通事故接处警3505起，死亡事故9起，事故调解332起。

【施工车辆督查】 2020年，海虞交警中队加强对施工车辆管理，深入施工路段实地勘查，排查安全隐患，要求施工单位加强运输车辆安全检查，严禁超载、污损号牌、无放大号牌以及抛撒滴漏等交通违法行为，加强驾驶人员安全教育，预防和减少工程车辆道路交通事故的发生。

【电动车行驶安全宣传和整治】 2020年，海虞交警中队定期深入村、社区、企业、学校等开展"一盔一带安全守护行动"汽车、电动车行驶安全宣传活动，通过现场讲课、评弹话交通、安全宣传直播等形式，提高群众安全出行意识。在初心广场设立"一盔一带"安全宣传点，现场进行交通安全知识问答，向参与互动的群众赠送安全头盔。8月1日，在汪桥村村委会开展"一盔一带"交通安全宣传活动。联合常熟交警铁骑、巡特警和文明交通志愿者，在迎宾路人民路口等4个路口设置交通安全劝导点，开展"一盔一带"现场宣传及交通违法行为巡回整治。12月2日，在邓市村交通安全劝导站张贴宣传海报，发放交通安全宣传手册，宣讲佩戴"一盔一带"、行驶中大货车拐弯盲区等知识。至年末，共进行道路交通安全宣讲40余次，发放安全头盔590个。同时重点查处非机动车逆向行驶、闯红灯、在机动车道内行驶等各类交通违法行为。现场对违法人员开具警告处罚决定书。

【交通运输综合管理】 2020年，市第二交通管理中心海虞分所对20家相关企业

进行码头安全检查。每天1次县道检查，每周1次桥梁隐蔽部位检查和2次镇村道路检查。监督检查行政许可施工5起。全年联合巡查执法5次，清理摊点19个、堆积物3处计16立方米。配合镇文明城市创建工作，开展交通运输等专项安全整治。配合市中心所参加公路治超24小时值勤，高速公路出口防疫值勤，防猪瘟值勤，“二客一危”安全文明整治值勤，火车站防疫值勤及运政日常管理等工作。

（海虞交警中队供稿）

消防安全

【概况】 2020年，海虞镇消防安全委员会与各村（社区）、办事处及消防重点单位签订消防安全责任书，构建“全覆盖、无盲区”的工作网络。全年发生各类火灾、火警81起，同比下降28.32%。实际造成财产损失的有38起，同比下降26.92%。未发生“331”四类场所（“三合一”场所、出租房、“九小场所”、小微企业）的火灾事故。

【“331”专项整治行动】 2020年，镇政府制定《海虞镇2020年度“331”专项行动实施方案》（“331”中3指“三合一”场所、出租房、电动车这3类突出火灾隐患，2019年初，扩大至“九小场所”和小微企业；第二个3指对照执行的任务清单、履职清单和追责清单这3张清单；1指专项行动开展100天，后拓展为1000天），召开部署会及推进会，明确各单位工作职责，检查目标和重点。全年组织联合执法行动62次，对178家隐患场所实施停电、查封，拆除消防隐患3.07万平方米；拖移违停电动车769辆，警告102起，处罚13起；收缴过期、违规液化气钢瓶135个。整治平台录入“9+1”场所3964家，全部按时整改清零（其中小餐饮场所整改355家，安装联网式燃气切断报警装置395个，瓶改管5家，气改电28家），合规化改造率100%。3家镇级“重大隐患”挂牌督办单位完成整改并通过上级部门验收销案。126户整改公房实施查封、腾清措施，3户整体拆除；93户正常出租户中，32户由政府出资安装联网式燃气切断报警装置。对63起出租房消防违法行为及1起租赁房违法行为进行处罚。组织两轮“9+1”场所及“安居超市”出租房屋隐患整治集中督查。对22个村（社区）、335家单位的安全隐患进行督查和整改情况“回头看”。打造汪桥村村民委员会、琴川标准厂房、苏州其乐服饰有限公司3个“2+N”的集宿房疏导安置样板点。聘请苏州恒佳工程管理有限公司为汪桥村消防

安全试点施工第三方监管。

【常熟消防救援大队海虞中队】 由海虞镇人民政府投资建设，占地1公顷，建筑面积2378平方米，总投资1500万元。有编制35人，配备五十铃泵浦水罐消防车、五十铃水罐消防车、12吨泡沫水罐消防车、18吨泡沫水罐消防车、32米登高平台消防车各1辆，并配有侦检、防护、堵漏、登高、救生、照明、破拆等特勤器材。海虞消防中队担负海虞镇及周边地区火灾扑救、各类灾害事故抢险救援职责。多次被江苏省消防救援总队、苏州市消防救援支队评为岗位练兵先进单位。2月，中队获江苏省消防救援总队2019年度“十佳政府专职消防队”称号。5月，市申福奶牛场赠送“危难时刻显身手　赴汤蹈火为人民”锦旗。6月，获镇“先进基层党组织”称号。11月，获市消防救援大队2020年度队列会操“团体第二名”。

【消防安全宣传】 2020年，综合行政执法局印发消防宣传海报、传单1万份，制作拉挂横幅200条。通过微信、微博、电子屏幕、流动宣传车等形式开展消防安全宣传。在社区、企业电子屏幕播放消防安全提示，利用社区警务平台及联通短信平台向居民发送消防提示短信35万条。通过报刊、电视新闻、新媒体等平台宣传整治执法行动，共发表相关报道51篇，其中《新华日报》4篇、《苏州日报》5篇、《常熟日报》8篇、《常熟新闻》2篇、“引力播”32篇。

【消防检查及隐患整改】 2020年，镇消防办会同各派出所及相关部门检查消防重点单位、危化品企业、“三合一”场所、“九小场所”、人员密集场所等1.86万家次，发现火灾隐患2.35万处，当场整改1.79万处，处罚109家，罚款金额12.8万元。

【消防演练及消火栓建设】 2020年，综合行政执法局组织各小区、企业、中小学校开展消防知识培训及应急逃生演练12次。在泾湾路及海棠路新建15个市政消火栓。

［镇综合行政执法局（消防）供稿］

海虞法庭

【概况】 海虞法庭主要管辖海虞镇和常福街道的一审民商事案件。2020年，有干警18人（其中员额法官5人、法官助理2人、书记员7人、法警1人、专职人民陪审员1人、司机2人）。有审判法庭4个，调解室1个，人大代表联络站1个。新配备安检设施1套。

【民商事案件审判】 2020年，海虞法庭共新收各类民商事案件1474件，其中民事案件1147件、商事案件315件、请求确认人民调解协议效力案件12件。民商事案件结案1454件，其中民事案件结案1112件（其中涉少离婚案件41件）、商事案件结案330件（含上年未结案的）、请求确认人民调解协议效力案件12件，结案率98.64%。诉前调解收案566件，结案474件，结案率83.75%。

（海虞法庭供稿）

司法行政

【概况】 2020年，镇司法所开展普法与依法治理，普及公共法律服务；深化矛盾纠纷排查调处和非诉讼服务，保障基层和谐稳定；规范推进社区矫正和安置帮教，帮助特殊人群尽早回归社会。年末，被市司法局评为2020年度“优秀司法所”。

【依法行政】 2020年，海虞镇推进党政主要负责人履行法治建设第一责任人制度，常态化开展党委中心组学法、党政联席会议学法、中层干部任前考法、村（社区）两委干部旁听庭审等活动。领导干部年学法时间40学时，执法人员年学法时间60学时。对规范性文件、重大行政决策和重大执法决定实行法治把关。全年审核规范性文件2份，推动完成规范性文件清理工作5次，参与行政诉讼案件3件。审核镇综合行政执法局重大行政处罚决定，出具法治审核意见书67份，实地监督执法活动2次。全年接待省、苏州市法治建设调研7批次。

【法治宣传教育】 2020年，镇司法所推进普法阵地建设，绘制《海虞法治文化无忧小镇游览图》，挖掘法治特色产品，设立法治文化特色产品展示区，挂牌成立海虞法治文创基地，推出“法治海虞 无忧小镇”新LOGO标识。举行《民法典》“12·4”法律知识讲座，创演普法微视频《家有狗事》，在海福新城社区开辟《民法典》法治宣传长廊。将“8+X”“6+X”

12月3日，海虞镇执法人员在宪法广场举行宪法宣誓仪式

7月22日，常熟首个入驻文明驿站——海虞文明驿站周行站律师调解工作室揭牌启用

议事制度作为“援法议事”实践，完成1个省级民主法治示范村申报和12个省级民主法治示范村（社区）复核。开展“法律明白人”选树活动，充实基层普法力量。在司法日、国家安全日、国际禁毒日、国家宪法日等开展联动服务宣传活动，累计发放各种宣传材料5000余册（份）。

【公共法律服务】 2020年，海虞镇挂牌成立新材料产业园公共法律服务中心，服务园区企业。全年举办法治大讲堂1次，法治沙龙2次，出具法治体检报告6份。为讨薪务工人员办理法律援助申请6批次120人。完善村（社区）标准化司法行政工作站，持续推进一村（社区）一法律顾问制度，全年接待咨询2480人次，举行法律知识讲座88场次。

【人民调解】 2020年，镇司法所在周行新时代文明驿站成立律师调解工作室，每周六上午值班律师驻点开展调解服务；在镇公共法律服务中心设立非诉讼服务中心，并在各村（社区）同步建立非诉讼服务站，设立人民调解委员会。全年通过网格化非诉平台办理案件909件，调处矛盾纠纷328件，利用调解小助手软件录入案件1328件，无民转刑及其他矛盾激化的情况产生。

【社区矫正安置帮教】 2020年，镇司法所规范落实审前调查评估、社区矫正对象入矫解矫、排查走访、教育劳动、安置帮教衔接等各类工作制度。在春节、国庆、两会、党代会、进博会、扫黑除恶专项斗争等节点和活动期间落实24小时值班制，开展每日见面听声、定位监管、重点严管人员谈心谈话等活动，确保社区服刑人员在管在控。集中开展服刑人员政治思想和劳动教育13期。

（镇司法所供稿）

市场监督管理

【概况】 2020年，常熟市市场监督管理局海虞分局（以下简称“海虞分局”）重点做好食品药品监管、特种设备监管、企业信用和质量安全监管、知识产权保护等工作，全年行政执法立案144件，食品安全监管108户，检查药品零售企业40家，处置各类投诉举报412件，被评为海虞镇“新风杯”竞赛优胜单位。

【行政执法】 海虞分局全年立案144件，查处“三重一大”案件86件，占立案总数的60%。其中，食品类案件16件，占11%；特种设备类案件5件，占3%；广告类案件12件，占8%；药品药械类案件21件，占15%；产品质量类案件16件，占11%；无照经营类案件17件，占12%；移送公安10件，占7%；其他类型案件47件，占33%。开展成品油、商标侵权专项整治行动，全年罚没款入库1196.35万元。

【食品安全监管】 2020年，海虞分局开展食品生产经营单位“双随机一公开”检查工作，完成监管任务108户。进行节日食品、春秋季校园食品、疫情防控期间食品、小作坊食品、进口冷链食品和长江禁渔等10项专项安全检查，完成食品抽检任务394批次，其中常规监督抽检248批次、专项抽检100批次、评价性抽检46批次。经检测有10批次食品（餐具）不合格，均闭环处理。全年开展食品安全管理人员、从业人员和食品安全“两员”培训4期，培训600余人次。

【药品医疗器械监管】 2020年，海虞分局检查药品零售企业40家，立案处罚1家（销售过期药品1件），当场发放处罚决定书（警告）25份。检查医疗机构33家，其中乡镇卫生院3家、卫生服务站16家、民营医疗机构9家、卫生室（医务室）5家，立案处罚1家（销售不合格药品），当场处罚（警告）6家，责令改正10家。检查医疗器械零售单位（含备案）41家，批发单位（含备案）9家，医疗器械使用单位33家；立案处罚1家。

【特种设备安全监管】 2020年，全镇有739户特种设备使用单位，在用特种设备8197台（叉车832台、电梯843台、起重机510台、锅炉47台、各类压力容器5965台），另有在用工业管道约266.7千米。全年检查特种设备使用单位212户，排查隐患401条，全部落实整改。全年因不当使用特种设备立案的5起，查封、停用、报废设备8台。选取12个单位（1所敬老院、2所卫生院、3个大型商场超市、2所学校、4个特种设备重点使用单位）为年度日常监管检查对象。抽取25个涉危化品企业及特种设备重点使用单位

为苏州市日常监管检查对象。全年发现隐患69处，发放整改指令书32份，均整改完毕。

【质量安全监管】 2020年，海虞分局开展电动车专项整治，全年检查销售单位12家（次），立案查处4起（产品质量不合格及擅自销售未经强制认证产品），罚没金额10.65万元；没收违法电动三轮车、电动自行车各1辆。检查防疫物资质量，抽检民用口罩27批次，19批次合格，合格率70%；抽检熔喷布5批次，合格率100%。检查工业产品生产许可证企业14家，监管覆盖率100%。抽检副产盐酸、工业溴酸钠、浓硫酸、氢氧化钠等危化品18批次，全部合格。检查强制性认证获证企业11家，其中“双随机、一公开”企业3家，查处2起出厂销售未经认证案件，罚没款10.17万元。指导苏州富士莱医药股份有限公司成功获苏州市质量奖。

【企业信用监管】 全年综合监管市场主体41家，发现严重问题立案查处2起；发现较重问题16起，一般问题89起，轻微问题12起，做好被检查对象问题的闭环和归档工作。企业网站巡查监管全覆盖，完成巡查网站395个，实地检查网站网店经营户45户，检查网店675家，网站904个；网络违法案件立案9件，结案3件。完成房地产行业广告及格式合同条款规范专项整治，集体约谈经营业主；推广格式合同单位4家，处罚违反格式合同条款的个体经营户4户；培育苏州市守信用重合同企业17家。

【消费者维权】 2020年，海虞分局按时处置并反馈各类投诉举报424件。其中，处理全国“12315”平台投诉举报单149件，处理市局举报平台投诉举报单263件，处理通过来电、来信、来人等方式直接向分局反映的各类投诉举报单12件。投诉举报总办结率为100%。“3·15”主题宣传月活动期间，镇便民服务中心和10个行政村发放消费维权、消费提示、消费提醒、商业服务、复工问题等各类宣传海报540份。

【集贸市场管理】 2020年，海虞分局摸排、管控集贸市场、交易集散点、活禽交易场所、餐饮店、大型超市和药店等公共场所人员进出情况，发放口罩9800个，张贴各类防疫通告55份，张贴爱国卫生宣传画报26份。抓好文明城市复查迎检工作，检查核对各市场经营户证照，督促未办照的办照；每月对各市场管理方的索证索票收取装订情况进行督查。检查各市场垃圾分类工作落实情况及各点位垃圾桶的摆放位置。

（市场监督管理局海虞分局供稿）

联动中心

【概况】 2017年，海虞镇联动中心成立。整合原“12345”便民服务信息平台、数字化城管平台、企业监管平台以及综合治理平台，建立社会综合治理联动指挥中心、网格化服务管理中心两个部门，统一运行管理可视化指挥大厅（大数据分析室）以及巡查中队。2020年12月，根据行政体制改革要求升格为海虞镇集成指挥中心。

【交办工单按时办理】 至2020年末，镇联动中心共接收市级（以上）平台下派各类工单6946件，按时办理率99.8%，完成率100%。其中，常熟市“12345”热线工单5137件，占比74%；“寒山闻钟”论坛669件，占比9.6%；苏州市交办978件，占比14.1%；“省政风”热线、省平台交办等省级平台交办工单共116件，占比1.7%；“263”专线举报共22件，占比0.3%；市长热线24件，占比0.3%。共向相关职能部门派发任务单5666件（较上年上升50%），派发至二、三级网格4817件（较上年上升8.6%）。

【综合上报案件信息】 2020年，镇联动中心网格员信息综合上报各类信息工单共7.29万件，其中在三级网格内处置办理的

12月，海虞镇联动中心升格为海虞镇集成指挥中心

工单4.58万件，提交至二级网格处置办理的工单2.71万件，有效化解村（居）民各类初级社会矛盾纠纷878件。组织企业安全生产、消防安全、劳动保障、环境保护等检查9293次，向相关职能部门派发问题处办任务单1133件，按时办理率99.91%，完成率100%。累计收到上报及处理案件9724件，其中非机动车乱停放（占比77.59%）成为网格员日常巡查重点。对709家行业单位开展巡查1万多次，发现问题并上报工单67件，均已按时完成处置。收集社情民意5.15万件，现场直接完成回复反馈97.4%。其他类别上报中，特殊人群走访、“安居超市”、“三合一”群租房、重点区域、美居村庄及入户走访等类别工单共6.38万件。

【“安居超市”精准管理】 镇联动中心将出租房屋管理纳入网格化体系，构建出租房屋日常巡查、隐患上报、派单整治、核查验收等工作闭环。实施出租房屋五色管理，其中红、黄色为存在隐患房屋，网格员对其重点监督，督促整改，并核查验收。2020年，全镇出租房屋有8778户，推送安全隐患2361户，整改完成2361户。

【疫情防控】 2020年，镇联动中心全面摸排疫情风险地区赴常人员动态，实时跟踪，日查日报，做好隔离人员监测工作。开发海虞防疫登记平台，实现信息实时共享，平台累计录入并及时处理外来人员信息2.78万条。张贴宣传海报，发放疫情防控宣传资料4.33万册，制作疫情防控的广播节目。巡查、摸排出租户、居民户累计15.52万户次，巡查、排查企业外地往返员工2.13万家次，巡查各类经营场所累计1.86万家次。

（镇集成指挥中心供稿）

人民武装

【概况】 海虞镇人民武装部（以下简称“镇人武部”）负责民兵预备役工作。着重做好民兵组织建设、政治教育、军事训练和国防潜力的登记、统计工作。负责征兵工作，组织民兵参加社会主义物质和精神文明建设、维护社会治安。配合有关部门抓好全民国防教育和双拥共建等工作。2020年，获江苏省军区先进基层单位、苏州市武装部规范化建设先进单位、苏州市双拥模范镇、常熟市征兵工作先进单位、武装工作先进单位、民兵预备役基层建设先进集体、民兵基层建设先进集体、双拥工作先进集体等荣誉。

【征兵工作】 2020年，镇人武部贯彻执行《中华人民共和国兵役法》及上级有关

征兵工作要求，完成年度征兵任务。6月中旬，通过各种会议、微信公众号、横幅标语、宣传册、宣传画、宣传车等形式进行宣传，完成大学、高中、中专生网上报名工作。8月初，组织目测体检合格人员参加市站体检；9月初，召开新兵入伍欢送会。实现“零责任退兵”目标。

【民兵整组】 2020年，镇人武部根据市人武部民兵整组计划，印发《2020年海虞镇民兵整组工作的通知》等文件，成立民兵组织整顿领导小组。召开民兵整组对接会。完成基干民兵分队编建任务。技术岗位专业对口率83.3%，基干民兵党员比例39%，符合上级有关比例要求。增添应急储备装备，做好参加上级军事演习各项准备工作。开展民兵整组及人员潜力调查，做好年度退伍军人信息统计登记工作和民兵管理工作系统数据录入。更新完善民兵整组资料，江苏省军区、苏州军分区和市人武部进行现场点验和电话抽点。

【军事训练】 6月2日，镇人武部组织基干民兵参加常熟市2020年军事训练动员大会及点验训练。6月8日，组织基干民兵参加民兵教练员集训和民兵营长集训。8月21日，组织基干民兵教员赴海虞高中开展军训工作。基干民兵应急分队参加训练12天，在市手榴弹投掷、武装3千米越野、战术基础动作和轻武器实弹射击比武考核中获总成绩第一名和3个单项第一名。下半年完成苏州军分区专职武装干部集训和无人机侦察救援分队骨干集训。

【双拥工作】 2020年，镇人武部完成退伍军人信息统计登记和就业推荐，做好现役军人家庭八一慰问工作，组织上年入伍新兵的家属健康体检，联合退役军人服务站组织好退伍军人接站工作。

【应急连集中备勤轮训获优胜】 镇人武部民兵应急连获评市2020年集中备勤轮训优胜单位，并获教练员队列会操第一名。1名民兵战士被评为民兵应急连集中备勤轮训军事训练先进个人，1名民兵战士被评为民兵应急连集中备勤轮训优秀班长。

【配合政府做好重点工作】 2020年，镇人武部带领民兵、预备役士兵参加地方建设，完成各项急、难、险、重任务，组织民兵参与新冠肺炎疫情防控和防汛防台等工作，配合公安部门维护社会治安，组织民兵应急分队参加清明期间公墓安保、防台风值勤等活动。

（镇人武部供稿）

江苏常熟新材料产业园

综 述

江苏高科技氟化学工业园（江苏常熟新材料产业园，以下简称“园区”）位于常熟沿江产业带，东距国家一类口岸——常熟港18千米，南距常熟市区16千米、苏州市区58千米，交通发达。园区入驻企业70家，其中规模以上企业54家，是亚洲最大的氟材料生产及进出口基地，也是中国石油化工协会颁布的唯一的“中国氟化学工业园”和省内首个化工行业省级生态工业园区。2020年，高分通过省化工园区合规认定，被省应急厅评定为安全风险D类（较低风险）化工园区。连续8年（2013—2020）入围全国化工园区30强，并获中石化联合会2020年“绿色化工园区（创建单位）”称号。园区全年实现工业总产值158亿元，销售收入164亿元，财政总收入12.5亿元，一般公共预算收入6.3亿元，实际利用外资5600万美元，战略性新兴产业到账占比达100%，全年完成工业投资28.9亿元，占“十三五”期间工业总投资的32%。

开发建设

【概况】 2020年，园区进一步完善配套设施，提升综合承载力，完成基础设施投资2900万元。迁建集成指挥中心，持续创建“智慧园区”。投资7000多万元，建成市消防救援训练基地。

【金陵热电替代扩建工程投用】 该工程于2018年12月20日奠基开工，是常熟市“263”专项行动的重点减煤项目，总投资4.5亿元。2020年4月15日，每小时2×150吨全膜法化学除盐水处理系统项目通过验收。整个替代扩建工程竣工投用。

【两项污水处理工程竣工】 2020年，园区完成污水处理厂一期、二期提标改造验收，全年可处理污水总量526.8万吨。同时，加快污水集中池及配套明管建设，完成1、5号污水集中监控池工程建设，园区明管翻建工程全部完成。

【常熟消防救援训练基地投用】 常熟消防救援训练基地是苏州市首个县级消防救援训练基地。基地总投资7000多万元，占地1.3公顷，按照消防特勤站标准建设，有消防指战员45名，灭火抢险救援车10辆，各类灭火救援器材近3000套。于11

“智慧园区”一体化信息平台

月9日（消防日）投用。

【创建“智慧园区”】 2020年，园区持续创建“智慧园区”，迁建集成指挥中心，建立智慧安监环保、应急指挥、智慧能源及综合管理的一体化信息平台，实现对环境质量、污染源、企业风险源等要素的实时监控预警与跟踪。

【“智能化二道门”建设】 2020年，园区建设“智能化二道门”，是减少爆炸、火灾、有毒气体泄漏等安全隐患的有效手段。通过智能门禁系统，对进入生产区域的人员和车辆实行定位管控，分类统计出入生产区域人员和车辆信息，精确显示人员和车辆动态。实现报警、跟踪、巡检和作业管理等功能。

【企业“五位一体”信息化管理】 2020年，园区围绕风险分级管控和隐患排查治理体系、化工过程安全管理、安全生产标准化等，建设集重大危险源监控信息、可燃有毒气体检测报警信息、企业安全风险分区信息、生产人员在岗在位信息和企业生产流程管理信息等“五位一体”的安全生产信息化管理平台，强化安全风险分级管控和动态监测预警。

招商引资

【概况】 2020年，园区新签约吴羽、康羽、美莱、优科特、百赛飞等重点产业项目17个，总投资超60亿元，新兴产业投资比重在50%以上；储备兴业科技、艾迪药业等在谈意向项目30多个，涉及氟材料、电子化学材料、生物医药等领域，总投资100亿元以上。

【承办常熟金秋生命健康产业发展论坛】 11月7日，由常熟市人民政府主办，园区承办的“生命医药常熟论道”常熟金秋生命健康产业发展论坛在常熟国际会议中心举行。该论坛聚焦生物技术、高端医疗器械、生物医药等科学领域。近百名来自苏州生物医药企业的代表以及部门代表、投资机构负责人参加。

【百赛飞项目落户】 7月17日，百赛飞生物科技项目落户园区。项目占地1.33公顷，建有研究院和生产基地等，总投资约1亿元。项目主要从事功能性涂层以及相关医用材料的研发与生产，用于医疗器械及健康相关产业。目标年销售收入2亿元以上、纳税1200万元以上。

【吴羽聚偏二氟乙烯项目签约】 10月22日，市委书记周勤第、吴羽（常熟）氟材料有限公司总经理齐藤太，出席增资扩产项目签约仪式。日本吴羽公司一期已于2014年4月正式竣工投产，年产5000吨

10月22日，株式会社吴羽和常熟新材料产业园举行聚偏二氟乙烯扩产项目签约仪式

聚偏二氟乙烯，年销售收入10亿元。作为增资扩产项目的二期占地8.54公顷，并向一期项目新增注册资本7000万美元，总投资1.4亿美元，目标年产聚偏氟乙烯高分子材料7500吨。

【优科特项目落户】 11月2日，优科特新材料项目签约落户园区。该项目占地约3公顷，总投资3亿元，年产聚酯树脂4万吨，粉末涂料2万吨，目标年销售收入10亿元，税收2400万元。

科技创新

【概况】 2020年，园区完成产学研签约项目10个，总签约金额300万元。常熟三爱富中昊化工新材料有限公司获评苏州市自主品牌大企业和领军企业先进技术研究院。2家企业获得江苏省民营科技企业认定，2家企业获得江苏省科技副总项目认定。

【科技人才】 苏州富士莱医药股份有限公司的吕习周和江苏华益科技有限公司的徐武双获评2020年度姑苏重点产业紧缺人才。常熟三爱富中昊化工新材料有限公司的司林旭博士获评常熟市首届百佳新市民十佳创新人才。江苏华益科技有限公司的桂媛博士和苏州英芮诚生化科技有限公司的尚春庆博士完成江苏省“六大人才高峰”项目结项验收工作。

【发明专利】 至2020年末，园区有发明专利163件。江苏新泰材料科技有限公司、常熟华虞环境科技有限公司与常熟市知识产权运营中心就专利的收储、转化、应用签订合作协议。

高新技术企业简介

【概况】 2020年，园区申报高新技术企业5家，认定5家，有效高新技术企业累计23家。申报高新技术企业培育库入库企业2家，认定1家。

【常熟三爱富中昊化工新材料有限公司】占地30.87公顷，有员工1150人，专业从事含氟高分子材料及含氟精细化学品、氟利昂替代品、哈龙替代品及相关产品的研究、开发和生产。公司建有江苏省氟化

工材料工程技术研究中心和江苏省博士后创新实践基地，有科研人员150多名，承担国家火炬计划3项、国家科技兴贸活动项目1项，授权专利15件，其中发明专利11件。2020年，工业总产值15.07亿元，产品销售收入12.9亿元，利润总额2552万元。

【江苏华大新材料有限公司】 成立于2009年9月，注册资本1亿元，总投资4亿元。公司占地6.67公顷，2011年2月投产运营，专业从事5大聚氨酯系列产品的研发、生产和销售，年生产能力20万吨。公司拥有专业的研发团队，有自主的技术研发和生产服务模式及成熟的合成、应用技术。2020年，工业总产值7.4亿元，产品销售收入8.14亿元，利润2008万元。

【苏州富士莱医药股份有限公司】 创办于2000年，占地6.67公顷，员工416人，其中专业技术人员145人。公司有企业自主知识产权，专业生产肌肽、硫辛酸、GPC甘油磷脂酰胆碱等三大系列营养保健产品原料。肌肽系列产品国内独家生产、国际市场份额占60%左右，硫辛酸系列产品国际市场份额占40%左右，年销售增长率10%左右。公司授权发明专利21件、实用新型专利6件，江苏省高新技术产品6个。2020年，工业总产值4.26亿元，产品销售收入4.7亿元，利润总额1.67亿元。

【常熟世名化工科技有限公司】 成立于2013年，注册资本2亿元，占地6.67公顷。公司专注于环保纳米级水性色浆、溶剂型色浆、功能性纳米分散体及特种添加剂等新材料产品的研发、生产及销售。2020年，工业总产值2.3亿元，产品销售收入2.31亿元，利润总额6657万元。

【常熟市江南粘合剂有限公司】 是胶黏剂专业生产企业。公司占地1.7公顷，拥有技术发明专利2件，实用新型专利10多件。公司先后获得江苏省质量信得过产品、苏州市AA级重合同守信用企业、常熟市文明单位等荣誉称号。2020年，公司被认定为高新技术企业、江苏省民营科技企业。全年工业总产值2638万元，产品销售收入2082万元，利润总额320万元。

重点项目建设

【概况】 2020年，园区实现新开工项目16个，计划总投资50多亿元，当年计划投资13.9亿元；续建项目49个，已竣工投产项目28个，其中完成验收投产项

目15个。列入2020年市级重点产业项目15个，总投资60.5亿元。全年累计完成投资19.6亿元，完成率108.5%；其中，新开工项目3个，已开工项目3个，开工率120%，完成投资5.2亿元，完成率106.1%；同时新增计划外开工项目7个；续建项目12个，完成投资14.4亿元，完成率109.33%。

【常熟市福新包装容器有限公司奠基】 1月6日，常熟市福新包装容器有限公司举行奠基仪式。该公司是常熟市唯一的处理废包装桶企业，年清洗、整新含废矿物油包装桶60万只。企业规范处置危险废物，对提高工业固废资源利用率、发展循环经济、优化产业结构具有积极意义。

【三爱富（常熟）新材料有限公司扩建项目开工】 3月12日，三爱富（常熟）新材料有限公司年产1000吨的聚酰胺酸溶液和100吨透明聚酰亚胺材料扩建项目开工建设，总投资2.16亿元，主要用作柔性有机发光二极管显示屏的基板材料。高性能新型显示技术在显示、轻薄、可弯曲等方面具有独特优势，将打破国外企业技术的垄断。

【江苏丽源医药有限公司开业】 5月13日，江苏丽源医药有限公司开业。该项目是苏虞生物医药产业园双创智慧谷研发载体的首个开业运营项目，租用2500平方米载体，总投资2500万元，由苏州高层次创新创业领军人才团队组建，专注于还原酵绿色催化技术等应用，侧重于肿瘤、高血压、糖尿病等领域，为国内外医药知名公司的新药开发提供研发服务。

9月7日，在江苏常熟新材料产业园举行市重点产业项目三季度集中开工竣工仪式

【大金新材料一期项目主体工程奠基】 5月29日，大金新材料（常熟）有限公司一期项目主体工程奠基。项目占地16.47公顷，注册资本10亿元，总投资30亿元，分2期实施，主要从事化工产品的生产加工、销售和技术研发等。产品为六氟丙烯、改性聚四氟乙烯等，广泛用于半导体、新能源汽车以及5G通信、电子、航空航天等领域。

【药明康德新药研发和生产基地项目奠基】 9月7日，常熟药明康德新药开发有限公司新药研发和生产基地项目奠基。项目占地19.13公顷，分2期建设。一期占地13.33公顷，将建成年产250吨的新药生产车间和年产50吨的新药研发车间，产品主要用于治疗阿尔茨海默病、帕金森病、淋巴瘤、骨髓瘤等疾病。

【常熟泓德生物科技有限公司开工】 9月19日，常熟泓德生物科技有限公司开工。公司专业从事为抗肿瘤、抗病毒等药物生产企业提供生物技术、创新原料药工艺研发等服务。项目总投资2.15亿元，目标年产值约5亿元，税收1.35亿元。

【苏州同位素技术研究所启动】 10月29日，苏州市产业技术研究院同位素技术研究所签约暨启动仪式举行。该研究所由苏州市产业技术研究院、常熟市人民政府、江苏华益科技有限公司、常熟市柏伦精细化工有限公司以及项目团队联合共建。项目总投资5亿元，一期投资1.5亿元，基于同位素药物研发平台，开展放射性同位素标记药物技术、同位素标记应用于药物研究、碳同位素药物标记开发技术以及废弃物循环处理开发技术、含氚水处理

12月2日，江苏七洲绿色科技研究院举行揭牌仪式

技术等领域的开发研究，打造集资源引进、技术研发、产业引领和人才集聚等功能于一体的融合平台。

【江苏七洲绿色科技研究院揭牌运行】 12月2日，江苏七洲绿色科技研究院有限公司揭牌运行。该研究院总投资2亿元，面积2500平方米。以自主知识产权和科研能力为核心竞争力，主要从事相关领域技术咨询、技术开发等业务，致力于绿色化学、人类健康等方面。项目达产目标为研发收入2亿元。

管理服务

【概况】 2020年，园区立足服务企业、服务项目建设，统筹协调，为企业排忧解难，营造优良的营商环境。安全管理目标逐步提高，安全风险等级不断优化，全年实现“零事故零亡人”目标。园区环境质量明显提升，已通过省级“化工园区规范化管理”合规认定。

【协调解决企业重点难点问题】 2020年，园区主动服务企业，加强与上级部门的沟通对接，协调解决企业在生产运行中遇到的问题、难题。与市生态局、水务局、住建局、文物局等部门协调解决氟化工企业配套建设焚烧炉的政策、长江岸线认定、立邦注销及重新办理施工许可证、相关地块考古勘探、大金总部经济成立、三爱富设立国家技术中心及先进技术研究院、华益成立苏州产业技术研究院同位素分离应用研究所等事项。

【挥发性有机物LDAR全过程管理】 2020年，园区继续推进挥发性有机物泄露检测与修复（LDAR）工作，并纳入企业日常管理，制订常规检测计划，定期更新台账资料、检测数据与修复情况，及时上传至园区LDAR平台，纳入数据库管理保存。全年新纳入企业41家，完成挥发性有机物产生单位管理全覆盖。

【废水废气特征污染物名录库正式投用】 2020年，园区贯彻《关于进一步加强化工园区水污染治理的通知》（苏环办〔2017〕383号）、《省政府办公厅关于江苏省化工园区（集中区）环境治理工程的实施意见》（苏政办发〔2019〕15号）、《化工园区（集中区）企业废水特征污染物名录库筛选指南（试行）的通知》（苏环办〔2019〕39号）等文件精神，完成企业、园区特征污染物识别工作和废水、废气特征污染物名录库系统平台建设。

【修编企业环境应急预案】 2020年，园

安全生产专项整治行动

区更新企业突发环境事件应急预案34家，完成旭化成、纳微、福新环境、盈赛、东南塑料等5家新建企业的应急预案编制及备案工作。

【安全生产专项整治行动】 2020年，园区组织开展各类专项检查6轮次，出动检查人员465人次，检查企业189家次，发现各类隐患242处。开展危险化学品企业深度执法检查，发现各类隐患2000多处，全部完成整改；开展有限空间作业企业专项集中整治，完成重点有限空间作业第三方核查5家；多次组织开展危险化学品安全生产、违法违规"小化工"、危废固废、建筑施工等专项整治行动。省攻坚工作组检查园区"一企一策"化工企业45家，发现问题1161处，完成整改1161处。按照省应急管理厅本质安全诊断治理专项行动要求，完成30家危险化学品企业本质安全诊断现场复查和整改治理工作。完成苏州市级和常熟市级项目的重大事故隐患挂牌整改各1个。

【安全能力3年提升行动】 园区安全能力3年提升行动于2020年5月27日启动。全年开展企业安全生产主体责任活动、安全生产月主题沙龙、企业班组安全能力建设、外出集训、卓越班组长安全能力建设培训等活动5期。

【责任关怀常熟新材料产业园委员会】 至2020年末，责任关怀常熟新材料产业园委员会有成员单位40家。新冠肺炎疫情期间，帮助企业复工复产，参与抗疫防疫志愿工作，捐赠抗疫物资到疫区一线。参与讨论《中华人民共和国长江保护

法（草案）》修编，举办环境日培训、安全月主题沙龙、企业安全交流会，参加天津南港工业园区责任关怀视频交流会、《化工园区责任关怀实施指南》团体标准编写研讨会、“科慕·科学奇想营”等系列活动，搭建企业间信息交流的平台。

【化工园区规范化管理通过省级认定】 11月，江苏省人民政府发布〔2020〕94号《省政府关于加强全省化工园区化工集中区规范化管理的通知》，提出化工园区及化工集中区规范发展管理条款，并发布14家化工园区和15家化工集中区名单，江苏高科技氟化学工业园通过认定，入选全省首批化工园区合规名单。

【安全风险等级通过省级评估】 12月，江苏省应急管理厅发布〔2020〕240号《省应急管理厅关于公布全省化工园区和化工集中区安全风险等级的通知》，公布全省各化工园区安全风险等级。江苏高科技氟化学工业园（江苏常熟新材料产业园）安全风险等级为D类（较低安全风险）。

【园区连续八年入围全国化工园区30强】 10月14—15日，“2020中国化工园区与产业发展论坛”在福建省漳州市举行。15日，中国石油和化学工业联合会化工园区工作委员会在论坛上发布2020化工园区30强和潜力10强名单，江苏高科技氟化学工业园（江苏常熟新材料产业园）列第16位，较上年上升1个位次，并入围单项指标“石化利润率”前5名，连续8年入围全国化工园区30强。

2020年，江苏常熟新材料产业园入围全国化工园区30强

表 5　　2020 年园区个人荣誉一览

序号	被表彰个人	荣誉称号	表彰单位	表彰时间	说明
1	金永青	2020 化工园区优秀管理者	中国石油和化学工业联合会化工园区工作委员会	2020.10	
2	马卫江	2020 年度危险化学品安全生产先进个人	省应急管理厅	2021.1	
3	嵇雪梅	全市 2020 年度“激励干事创业、奉献火红年代”先进个人	中共苏州市委 苏州市人民政府	2021.1	苏委人〔2021〕36 号

（江苏常熟新材料产业园供稿）

工业

综 述

2020年，全镇工业总产值266.2亿元，规模以上工业总产值230.3亿元，企业开票销售收入380.8亿元，实际到账外资5600万美元，比上年增长18.5%。工业投资35.5亿元，比上年增长70%。全年新开工市级重点产业项目24个。

2020年，海虞镇组织参加在上海举办的中国国际进口博览会，举办苏虞生物医药产业园双边合作理事会，承办首届常熟生命健康产业发展论坛、市工商联“360圆桌会议”，举办苏作红木家具文化50年成果展等活动。启动人才公寓建设规划，苏州市产业技术研究院同位素技术研究所落户，总投资5亿元。江苏丽源医药有限公司、江苏七洲绿色科技研究院有限公司等科创平台揭牌运行，常熟三爱富氟化工有限公司、苏州富士莱医药股份有限公司等研发中心抓紧建设。江苏华益科技有限公司获评苏州市示范智能车间，常熟三爱富中昊化工新材料有限公司、常熟通润装备发展有限公司等28家企业获“机器换人”智能化项目补贴400多万元。全年净增高新技术企业12家，总数达到50家，净增发明专利104件。全镇高新技术产业、战略性新兴产业增加值分别占规模以上工业比重的37%和53.9%。

工业项目建设

【概况】 2020年，海虞镇侧重推进市级重点项目建设。支持企业盘活存量资源，优化营商环境，推进老旧工业区更新改造。创新升级活力，建设海虞纺织科技产业园，推动28家企业“机器换人”智能化改造升级。入选市级“零地增长”试点企业3家。

【市级重点项目建设】 2020年，海虞镇实施常熟市海中智能技术有限公司新建汽车零部件生产等7个市级重点产业项目，总投资7.05亿元，至年末已投资2.93亿元。实施常熟市世诚织造有限公司新建生产车间等5个项目，总投资4.4亿元，至年末已投资1.3亿元。

【企业智能化改造项目申报】 2020年，海虞镇规模以上企业智能化改造项目申报工作有序推进。江苏华益科技有限公司同位素一体化开发车间获评苏州市示范智能车间。大金氟化工（中国）有限公司获评年度市智能制造示范企业。常熟江南玻璃

纤维有限公司、常熟市滨江化工有限公司等8家企业获评年度市工业互联网企业。常熟三爱富中昊化工新材料有限公司、常熟通润装备发展有限公司等28家企业获得“机器换人”智能化项目补贴400多万元，新增工业机器人60台（套）。江苏华大新材料有限公司技术中心被认定为省级企业技术中心。常熟市福友传动设备技术有限公司、江苏达诺尔科技股份有限公司等8家企业成功申报省星级上云企业。

【海虞纺织科技产业园建设】 2020年，海虞镇打造“绿色印染”基地，建设海虞纺织科技产业园。园区占地21.27公顷，比原企业用地缩减近50%。园区统一建设防水处理及危化品库等配套设施。入园企业实行集体供水、集中回用、集中处理，危化品实行统一存储。陈塘印染有限公司等9家印染企业的改建项目申报书及年度审检均通过市级联审。

【老旧工业区更新改造】 2020年，海虞镇老旧工业区更新改造启动3个点位，涉及5个村（场），其中，汪桥村、徐桥村、福山农场为原地盘活，七峰村、郑家桥村为异地盘活。开工项目占地9.67公顷，开工建筑面积14.7万平方米。

（镇经济发展和改革局供稿）

企业选介

【江苏华益科技有限公司】 2001年成立，现有职工180人，各类专业技术人员70多人，其中博士3人、硕士3人，每年研发投入1000万元以上，占销售收入的10%。2006年，公司产业转型升级，布局生物医药领域产业，新建一条18氧水生产线，先后完成PET检测专用试剂盒所有关键原材料和PET显影剂等方面的研发并投产；随后，基于分子影像技术结合PET显影剂进行相关药物的筛选研发，转型为集研发、生产于一体的高端药物产品的专业生产商。华益公司是全球唯一能够实现年产50万套PET检测专用试剂盒及所有关键原材料的企业，试剂盒销量占国外市场的4%，国内市场的50%。也是全球唯一能够同时生产重水、18氧水、双标水、低氘水等多种氢氧同位素的企业，其中年产18氧水200千克，产品氧18纯度在98%以上，销售量占全球市场的5%。华益公司与清华大学、南京大学、南京工业大学等大学科研院所合作，研发医药新品；有省级正电子药物前体工程技术研究中心、省企业技术中心、苏州市正电子药物一体化开发重点实验室、省企业院士工作站和研究生工作站等研发平台，先后承担国家火炬计划1项、省科技成果转化专

项2项、省重点研发计划1项、省基础研究计划2项、省科技支撑工业项目1项和省转型升级专项资金项目3项。此外，作为项目参与单位，华益公司参与国家“863”专项1项，共获得政府科研经费3000多万元，成功研发各类新产品50多个，PET检测专用试剂盒项目获江苏省科技进步三等奖。2020年，工业总产值9667万元，产品销售收入1.09亿元，利润总额2415万元。

【苏州富士莱医药股份有限公司】 2000年11月成立，占地6.67公顷，产品95%以上出口欧美、日本、韩国、印度等地区和国家。2020年，公司有员工416人，其中，研发人员71人，大专以上162人。建有1200平方米的江苏省多肽氨基酸工程技术研究中心，配有先进的实验仪器设备和检测设备30台（套）。承担过国家、省火炬计划各1项，江苏省重大科技成果转化项目1项、苏州市科技成果专项1项。拥有授权发明专利21件，实用新型专利6件。公司与中科院上海有机所、浙江大学、华东理工大学等建立产学研合作平台。生产硫辛酸系列、肌肽系列、磷脂酰胆碱系列三大“生物医药”高新技术产品，主要用于医药、膳食补充剂以及化妆品等领域，有抗氧化、延缓衰老、改善血糖等方面的功效。公司实施全面质量管理，按GMP要求组织生产，已通过国家3.1类新药GMP认证，并顺利通过美国FDA、日本PMDA现场检查。公司获高新技术企业称号及苏州市科技进步奖三等奖等，完成新三板挂牌企业申报。

【苏州诺科新材料科技有限公司】 2012年成立，是上海诺科化工新材料有限公司的子公司，注册资金2000万元，2016年投产。公司主要进行有机硅、蜡、丙烯酸、聚氨酯乳液等特殊聚合物及乳液的开发和新技术应用。产品广泛用于纺织、皮革涂饰、汽车橡胶塑料配件制造、纸张黏胶、水性涂料、油墨助剂等多个领域。2020年，工业总产值4.26亿元，产品销售收入4.7亿元，利润总额1.67亿元。

【江苏南天振联汽车饰件有限公司】 2018年4月成立，注册资本1.5亿元。公司占地3.74公顷，投资2.5亿元，2019年上半年开工建设，2020年末完成设备安装。项目具备年产150万套的汽车方向盘包覆、150万套的汽车内饰件IMD、150万套的汽车内饰件注塑、200套汽车模具和500套检具等制造能力。目标年产值4.5亿元，税收2250万元。全年工业总产值6339万元，产品销售收入6339万元，利润总额100万元。

【江苏红杉树服饰有限公司】 2001年创立，主要设计、生产公务商务休闲男装。销售网点遍及北京、上海等全国各大中城市。红杉树有专业的设计队伍，现代化的生产流水线，年生产能力300多万件。公务装品牌“人民”是红杉树主推的全新品

牌，由帅气亲民、和谐、人民点赞三个系列组成。公司通过ISO9001质量体系认证、ISO14001环境管理体系认证和中国环境标志产品认证，连续多年代表中国公务、商务休闲装向世界发布流行趋势。

【江苏龙达飞投资实业有限公司】　主要经营标准厂房建设投资，投资经营，服装设计、制造等。公司有固定资产5亿元，有办公楼、员工公寓、现代化标准厂房10万平方米。引进美国、德国、日本生产的电脑程控定型机、CAD电脑辅助设计等先进生产设备和国际一流的服装生产流水线，研发、设计、生产及销售西服、夹克、衬衫、T恤、毛衫、休闲裤、羽绒服等系列产品，在全国各省区市有1500多家加盟商和专卖店，年生产能力150万件（套）。公司通过ISO9001：2000国际质量体系认证，商务休闲男装和羽绒服先后获得江苏省著名商标、江苏省名牌等荣誉。2020年，企业总产值2.08亿元，为社会提供就业岗位1500多个，并积极参加助学、扶贫、救灾等一系列社会公益活动。

【江苏特别特服装有限公司】　占地3.2公顷，拥有国际先进水平的服装生产设备1500台，生产流水线30条，年生产能力100万件（套）。公司是一家集品牌设计、开发、生产和外贸加工于一体的专业大型服装企业。2020年，企业总产值1.49亿元。公司在发展的同时，不忘回报社会，捐款帮助村里修路、建老年活动室，逢年过节到敬老院、派出所、消防队等慰问。公司在抗洪救灾、抗击非典疫情、汶川大地震中捐款捐物600多万元。2019年10月，向苏州市慈善总会捐赠冬衣3000件，总价值110万元。2020年1月，新冠肺炎疫情期间捐款10万元。

（镇经济发展和改革局供稿）

科技创新

【概况】　2020年，海虞镇90%规模以上企业填报企业研发费，全年工业研发经费5.04亿元。产学研签约项目16个，总签约金额500万元以上。全年新增苏州市技术转移体系建设项目2项，常熟市社会发展项目1项，常熟市科技扶贫项目1项。全年获得江苏省民营科技企业认定9家，获得江苏省科技副总项目认定6家。常熟三爱富中昊化工新材料有限公司获评苏州市自主品牌大企业和领军企业先进技术研究院。

【苏州同位素技术研究所启动】　10月29日，苏州市产业技术研究院同位素技术研

江苏华电能创科技有限公司变电站智能辅助监控系统平台

究所启动，总投资5亿元。研究所与江苏华益科技有限公司共同打造同位素药物研发平台，填补上游基础研究和下游企业生产之间的创新链空白。

【江苏七洲绿色科技研究院有限公司】 总投资2亿元，是一家以自主知识产权和科研能力为核心竞争力的研发机构。研究院通过引进高端技术人才团队，提升研发力量。

【变电站智能辅助监控系统平台开发】 2020年，常熟理工学院与江苏华电能创科技有限公司开展产学研合作，进行变电站智能辅助监控系统平台的技术开发。该平台利用前沿技术，预期可为华电能创公司增加5000万元营业额。

【专利发明】 2020年，海虞镇申请发明专利132件，当年净增发明专利104件，授权24件；申请PCT专利8件。常熟市路安达智能装备有限公司、常熟市福达金属制件有限公司完成知识产权贯标备案工作。江苏新泰材料科技有限公司、常熟华虞环境科技有限公司与常熟市知识产权运营中心就专利的收储、转化、应用签订合作协议。全镇发明专利拥有量首次超过350件。

【高新技术企业认定】 2020年，海虞镇申报高新技术企业27家，最终获得认定18家，其中，5家到期高企重新申报，13家为新申报企业。全镇高企数量首次超50家。申报高新技术企业培育库，入库企业19家，最终获得认定16家。江苏省科技型中小企业认定40家。

【国际精英创业周海虞对接专场】 7月10日，海虞镇举行2020年（第十二届）苏州（常熟）国际精英创业周海虞对接专场活动。活动期间，12名受邀的项目嘉宾先后参观镇高层次人才公寓、苏虞医药双创智慧谷、江苏华益科技有限公司、新材料产业园生态湿地、新峰美术馆、海虞电商园展厅等，了解投资创业环境。在对接座谈会上，嘉宾们与镇科技人才办、招商办以及相关载体负责人进行商讨。经过后期的跟踪服务，至年末，有7个项目落户。

（镇经济发展和改革局供稿）

苏作红木家具产业

【概况】 海虞镇苏作红木家具制作历史悠久。集体红木家具制作企业始于20世纪60年代初。改革开放后，红木产业进入发展盛期。2010年，海虞镇苏作红木家具商会成立。2012年，获“中国苏作红木家具名镇”称号。成立中国红木家具文化研究院。2020年，海虞苏作红木商会有会员单位40家，从业人员2000多人，机械设备1000多台（套），生产红木产品1200多种。全镇有苏作红木家具企业87家，其中规模以上企业25家。全年实现工业产值15.74亿元，主营业务收入7.59亿元，完成出口额1029万美元。

2016年7月，常熟市金蝙蝠工艺家具有限公司在第四届红木精品品鉴会上，获中国传统家具文化传承贡献奖

【常熟市金蝙蝠工艺家具有限公司】 始创于1966年，是常熟较早的红木家具生产企业。2019年被江苏省商务厅认定为“江苏老字号”企业，“金蝙蝠”品牌被认定为“江苏老字号”商标。“金蝙蝠”红木家具5次进入中南海紫光阁、钓鱼台国宾馆和中央国家机关重要接待场所。为上海市政府、上海中共“一大”会址、国际饭店、上海淀山湖大观园、上海美术馆、江苏省政府、南京东郊宾馆、太平天国博物馆、北京亚洲大酒店、沈阳迎宾馆等15家单位、宾馆制作红木家具。“金蝙蝠”红木家具被外国领导人赞为“中国传统工艺博大精深”“东方艺魂”。金蝙蝠工艺家具有限公司是全国法院系统法槌定点生产企业，生产的法槌被全国5万多个法庭使用。在G20峰会、金砖国家峰会、中非合作论坛北京峰会以及首届、第二届“一带一路”合作高峰论坛等国际性会议上，习近平宣布会议开幕使用的会槌，都是“金蝙蝠”品牌。常熟市金蝙蝠工艺家具有限公司是江苏省红木家具专业委员会第一批委员单位，江苏省工艺美术行业重点单位，江苏省家具行业协会副会长单位，中国家具协会第五、第六届理事会理事单位，中国红木家具国家标准起草单位。获中国家具协会“中国传统家具文化传承贡献奖”、“首届中国精品红木坐具品鉴大会金奖”、“中国红木家具优秀企业”、中国传统家具设计制作大赛“成套系列金奖”、“中国传统家具文化传承贡献奖”、“江苏省工艺美术百花金杯奖”、“江苏省著名商标”、“江苏

省名牌产品”、“江苏省质量信用等级 A 级”等荣誉。

【常熟市龙博红木家具有限公司】 创建于 1995 年 10 月，专业生产、加工红木家具及名贵木制工艺品。1996 年注册“龙博”商标。2000 年，出口毛里求斯的红木家具有 60 件（套）。公司积 20 多年精制红木家具的经验，作品造型古典大方、结构严谨合理、雕刻高洁精致、漆色沉荧光润，手工制作率 85% 以上。公司通过 ISO9001 质量管理体系认证。2017 年，在越南、老挝成立木材加工厂，用于公司的生产及部分销售。龙博红木家具有限公司是中国红木家具文化研究院理事单位，苏州市家具协会理事单位，常熟市红木家具协会常务理事单位，生产的红木家具获“中国优质名牌”产品、江苏省优质红木制品、苏州市名牌产品等荣誉称号。

【江苏汇生红木家具有限公司】 前身是常熟汇生公司。2011 年更名为江苏汇生红木家具有限公司。公司拥有干燥、砂光、切割等一整套红木工艺进口设备。“汇生”牌红木家具是上海市家具推荐品牌，产品远销美国、日本、新加坡等国家和中国香港等地区，并先后为河北正定红楼梦大观园、南京金陵饭店、中央农林部、西安宾馆等单位部门生产红木装饰及配套家具。2015 年，聘请中国工艺美术大师、著名紫砂陶艺家吕尧臣，江苏省工艺美术大师吕俊杰作为汇生公司的文化艺术顾问。

“汇生”牌红木餐桌椅获第二届中国精品红木家具品鉴会银奖

2017 年 8 月，汇生红木艺术体验馆在张家港开幕。2020 年，为上海机场宾馆、浦东大酒店、船舶大厦、锦江集团内蒙古呼和浩特宾馆等生产配套红木家具。其中，大雕龙沙发、大雕龙台椅获上海工艺品公司免检产品资格。中国上海世界博览会上，公司是中国馆仿真礼品定点生产商。为前奥委会主席萨马兰奇设计生产了“紫砂壶的红木饰件”。

【常熟市明艺红木家具有限公司】 创建于 1994 年 3 月，2011 年和 2017 年分别注册双马图形和“江南新苏作”商标。2015 年，作品首次入选参展洛杉矶艺术博览会。常熟市明艺红木家具有限公司先后获首届中国精品红木坐具品鉴大会设计创新奖、第三届“金斧奖”中国传统家具设计制作大赛逸品奖、第四届中国红木家具精品品鉴会中国传统家具文化传承革新奖、第六届中国国际轻工消费品展览会“最受消费者欢迎奖”、首届中国传统家具明式圈椅制

2016 年，常熟市明艺红木家具有限公司生产的悠然茶室系列（大果紫檀）获第六届中国国际轻工消费品展览会“最受消费者欢迎奖”

2015 年，常熟市明艺红木家具有限公司生产的明式博古架（微凹黄檀）在第三届“金斧奖”中国传统家具设计制作大赛中获逸品奖

作工匠大赛优秀奖。公司在市金沙江路设有明艺红木艺术体验馆，馆内陈列明艺各式精品苏作家具。

【常熟市永泰红木家具厂】 创办于 1992 年，专业生产书房、套房、客厅等明清古典红木家具，在杭州、成都、常熟等地开设直营门店。红木产品屡次参加明清古典家具展会，深受客户青睐。2015 年 6 月，常熟市永泰红木家具厂设计制作的酸枝冰绽纹透格门柜在北京“第三届中国红木家具精品品鉴会”上，夺得中国传统家具设计制作大赛“金斧奖”中的最高奖——神品奖，并入选参展 2016 年洛杉矶艺术博览会。

【常熟市金诺红木家具有限公司】 成立于 2001 年，占地 0.8 公顷，有生产车间 5000 多平方米，拥有先进的木材干燥设备及工艺产品制作设备 50 多台。2020 年，公司有技术人员和技工 60 多人，采用东南亚出产的珍贵原材料，专业生产“金蝉”牌红木工艺家具及红木工艺品，并按照客户的要求，定制各类苏作红木家具。

【常熟市欣佳红木家具有限公司】 创办于 1999 年 3 月 5 日，有车间 1800 平方米，样品间 2500 平方米，年产值 800 多万元。公司以客户的需求为出发点，量身定制家具。曾为上海和平饭店、上海新雅饭店、上海德兴馆等生产高档红木家具，产品远销美国、日本、澳大利亚、新加坡等国。2020 年 2 月，“欣佳”红木品牌被世界品牌网收录于目录中。

（苏作红木家具商会供稿）

中国红木家具文化研究院

【概况】 2012年11月20日，中国家具协会与海虞镇人民政府签订《共建中国苏作红木家具名镇协议书》，在海虞镇建立专门弘扬苏作红木家具文化的中国红木家具文化研究院。研究院成立后，组织海虞红木家具企业骨干参加培训，加强国内外红木家具信息的交流，提供技术支持，扩大对外交流平台。组织红木家具商会企业多次参展国内外重大展会。2020年11月，研究院与海虞镇苏作红木家具商会联合承办“2020‘匠心苏韵’海虞苏作红木家具文化50年成果展”。

【当代苏作红木家具文化艺术馆】 2014年11月成立，建筑面积4000多平方米。展馆分三层，多方位展示红木鉴别科普，红木家具制作技术，以及苏作红木家具生产的背景、渊源、风格、特征和工艺特色、成就。馆内陈列几案类、床榻类、架格类、屏蔽类、坐卧类苏作红木家具精品200多件。

【苏作红木家具文化50年成果展】 11月28日，“2020‘匠心苏韵’海虞苏作红木家具文化50年成果展”开幕。成果展由

11月28日，“海虞苏作红木家具文化50年成果展”举行

江苏省家具协会、海虞镇人民政府主办，中国苏作红木家具文化研究院、海虞镇苏作红木家具商会承办。中国家具协会、江苏省家具协会、常熟市委统战部、市对外文化交流促进会、海虞镇党委、镇苏作红木家具协会等相关部门、协会领导出席。开幕式成果展设在铜官山乡村振兴学院和方言馆，全镇30多家红木家具企业50多件（套）苏作红木家具精品参加展出，并举办精品家具评比活动和红木文化发展论坛，多家企业获得组委会颁发的各类奖项。

表6　2020“匠心苏韵”海虞苏作红木家具文化50年成果展获奖一览

序号	获奖单位	获奖家具	获奖等级
1	常熟市金蝙蝠工艺家具有限公司	圆杆小案	一等奖
2	常熟市金蝙蝠工艺家具有限公司	圆角柜	二等奖
3	常熟市海虞镇幸达红木家具厂	官帽椅	二等奖
4	常熟市欣佳红木家具有限公司	霸王台	三等奖
5	常熟市海虞镇耀晨红木家具厂	南官帽椅	三等奖
6	常熟市海虞镇佳福红木家具厂	休闲椅	三等奖
7	常熟市海虞镇福星红木家具厂	竹节书案	三等奖
8	常熟市明艺红木家具有限公司	悠然方花架	三等奖
9	江苏汇生红木家具有限公司	明式方台	三等奖
10	常熟市金蝙蝠工艺家具有限公司	长条凳、圆杆小长桌	优秀奖
11	常熟市明艺红木家具有限公司	明式素圈椅、明式小龙门衣架、苏式方花架、苏韵方花架、苏雅方花架	优秀奖
12	常熟市金诺红木家具有限公司	明式圈椅	优秀奖
13	常熟市海虞镇文博红木厂	小炕几	优秀奖
14	常熟市海虞镇叙古斋红木厂	太师椅、台式博古架	优秀奖
15	常熟市海虞镇幸达红木家具厂	圈椅	优秀奖

续表

序号	获奖单位	获奖家具	获奖等级
16	常熟市海虞镇福星红木家具厂	花瓶柜	优秀奖
17	常熟市海虞镇金鸿福红木家具厂	竹节二椅一几、竹节茶台	优秀奖

【协助红木企业抗疫复工】 新冠肺炎疫情期间，研究院通过实地走访和电话、微信联系等方式，了解企业抗疫和生产发展情况，协助红木家具企业有序复工，确保复工、防疫两不误。同时，研究院收集整理企业扎实有效的防疫措施和复工复产情况，指导红木家具企业完成中国家具协会“2020年家具行业高质量发展调查问卷”，帮助企业解决实际困难。

【红木家具企业安全生产座谈会】 6月11日，研究院协助海虞镇安监办、海虞苏作红木家具商会召开红木家具企业安全生产座谈会，全镇40多家红木家具企业负责人参加。座谈会推动红木家具企业自觉落实安全生产主体责任，做到防患于未然。

【红木及木器台板行业培训】 8月18日上午，研究院协同海虞镇政府组织召开木器台板行业整治暨培训大会，全镇红木家具行业、木器行业、台板行业300多家企业负责人参加培训。

【合作交流】 4月8日，常熟市对外交流促进会理事长秦卫星一行到海虞镇考察调研红木家具产业，参观海虞当代苏作红木家具展示馆和档案馆，并听取海虞红木家具产业发展介绍。7月10日，常熟理工学院党委副书记、校长等一行6人到金蝙蝠工艺家具有限公司交流校企合作经验。通过座谈、观看海虞红木家具产业发展的视频《苏作匠心》等，了解海虞苏作红木家具的起源和发展历程。

【职业技能竞赛】 8月26日，研究院协同海虞苏作红木家具商会，选派5名红木雕刻能手参加由常熟市人力资源和社会保障局、市人才办、市总工会、市妇女联合会、团市委等联合主办的职业技能竞赛活动。比赛按照国家职业资格三级标准组织命题，考核选手裁切、刨压、划线、开榫、打眼、组装、后期处理等基本工艺操作技能。海虞选手夺得一等奖和三等奖。10月10—11日，研究院协同红木家具商会，选派5名木工能手参加由江苏省人力资源和社会保障厅、省总工会、省家具行业协会共同主办的第二届江苏省“东方红木杯”家具制作职业技能竞赛。经过两天比赛，海虞选手获得好成绩。

【海虞红木家具文化宣传】 研究院通过网站、微信公众号“匠心苏韵”宣传海虞苏作红木家具文化。金蝙蝠工艺家具有限公司与苏常外国语学校成立非遗红木雕刻传承基地。汇生红木家具有限公司获评苏州市放心消费创建活动先进示范单位，成为常熟市唯一上榜的红木企业。金蝙蝠工艺家具有限公司的赵建国和永泰红木家具厂的唐文青获第三届苏州市工艺美术大师称号。研究院协助商会出刊《当代苏作》第10期，正在撰写《海虞红木发展史》。

（苏作红木家具商会供稿）

农业

综 述

2020年，海虞镇持续推进现代农业产业园建设，园区耕地总面积2800公顷。全镇建成绿色食品基地6个，农产品取得绿色食品证书8个。粮食生产全程实施机械化操作，全年生产粮食3.39万吨。形成以优质水稻种植为主导产业，规模化奶牛、肉牛、生猪养殖与粮食和经济作物种植互为促进的生态循环农业。常熟德康农牧有限公司15万头生猪养殖场入驻海虞，开工建设。申福奶牛场等5家奶(肉)牛养殖场成功创建苏州市美丽生态牧场。实施省级现代生态循环农业试点项目，面积1364公顷。2020年，海虞镇入围全国农业产业强镇建设名单，是苏州市唯一入围的乡镇。

现代农业

【概况】 2020年，海虞镇加快现代农业产业园建设，实现农业生产机械化，推进农产品品牌建设，取得绿色食品证书8个，发展创新农业，做好省级现代生态循环农业试点，通过构建三大生态循环体系以及农业生物多样性区域，形成可复制建设的生态循环农业模式。进行高标准农田建设，全镇拥有耕地3467公顷。其中，水稻种植2587公顷，总产量2.44万吨；小麦种植1873公顷，总产量0.95万吨。

【现代农业园区建设】 规划耕地面积2800公顷，涉及郑家桥、徐桥、肖桥、七峰、福山、邓市、聚福、河口、望虞等9个行政村及1个国营棉花原种场。园区从2012年开始规划建设，构建以“高效率、低能耗、低排放、低污染”为特色的现代农业产业园，先后实施12个高标准农田建设项目，做好道路、沟渠、排灌泵站、桥梁等基础设施建设，投入资金2亿元，建设高标准农田近2000公顷。园区逐步以优质稻米、特色林果为主导产业，培育虞盛大米、“沙家浜”茶叶、徐桥湾葡萄等多个农业特色品牌。建立和引进农副产品生产加工企业，延长农业产业链，有13家农业企业入驻园区。发展各类合作经济组织55家，家庭农场11个。拥有绿色食品基地6个，建成绿色优质农产品基地1780公顷。培育苏州市农业产业化龙头企业2家，常熟市农业龙头企业2家，国家和省级农民合作社示范社2家，市级示范社近10家。

高标准农田机械化收割

【农业生产机械化】 至 2020 年末，全镇有农机专业合作社 6 个，农机场库 10 个，农机维修网点 3 个（其中 2 级维修点 1 个、3 级维修点 2 个）；有联合收割机 98 台，插秧机 209 台，拖拉机 159 台（其中 55 千瓦以上 105 台），烘干机 89 台，喷杆式植保机 31 台，无人植保机 5 台。机耕率 100%，机播率 90.67%，机收率 100%，耕收种综合机械化水平 97.2%，稻麦秸秆处理率 100%。粮食生产全程机械化操作。

4 月 29 日，全市农机机务管理及安全生产专项整治推进现场会在府东村农机库举行

【农机机械安全】 2020 年，镇政府成立农机安全生产领导小组，与各村签订农业安全生产目标管理责任状 18 份，与农机手签订安全生产承诺书 128 份，建立健全镇村农机安全协管员监管网络。组织开展“安全生产月”及其他安全生产宣传活动。4 月 29 日，全市农机机务管理规范培训会在府东村农机库举行，参训人员观摩农机场库机务管理现场。5 月，在虞盛农产

品专业合作社举办农机安全知识培训，30多人参加。6月，在虞盛农产品专业合作社开展市农机、渔业“安全生产宣传月”进社企文艺专场活动。全年悬挂农机安全宣传标语68条。派出专项检查组32组160人次，对全镇登记注册的205台农机实地检审。116台拖拉机、72台收割机通过年检，年检合格率达91.7%。检查各类农业生产经营主体246家次，6家粮食烘干单位排查出隐患39起，全部完成整改。拉网式检查联合收割机和大型拖拉机经营主体，下发停用通知书99份，督促落实安全有效措施。

徐桥沁园巨玫瑰葡萄获省第二届优质葡萄评鉴活动金奖

【农产品品牌建设】 2020年，全镇7家企业取得绿色食品证书8个：常熟市虞盛农产品专业合作社大米，常熟市鸽球农产品农民专业合作社青菜，常熟市海虞镇徐桥沁园葡萄专业合作社葡萄，常熟市双燕庄花果农民专业合作社葡萄，常熟市神州果业专业合作社水蜜桃，常熟市郑家桥果品专业合作社葡萄，常熟市海虞茶叶有限公司白茶、绿茶。徐桥沁园葡萄专业合作社选送的A17和阳光玫瑰葡萄在江苏省

虞盛大米生产基地

第二届优质葡萄评鉴活动中均获金奖，虞盛农产品专业合作社和建丰家庭农场选送的大米在江苏省第三届“味稻常熟”大米评比中分获金奖和银奖。

【农产品质量安全监管】 按照市2020年农产品质量安全工作的部署要求，镇政府出台《海虞镇2020年农产品质量安全工作计划》，明确监管的目标、原则和重点，加强投入品监管，着力推进农业标准化、农产品认证、品牌建设和可追溯体系建设。开展对农业生产基地及各种养大户的日常监管和巡查，配合部、省、市完成农残抽检32批次，镇级农残快速自检510批次，合格率100%。做好省级重大外来有害生物阻截带监测、市级稻麦油菜病虫测报、耕地质量综合示范监测点工作。加强外来有害生物“一枝黄花”“草地贪夜蛾”“福寿螺”的防治工作。全年建成绿色优质农产品基地785公顷，累计2565公顷，申报绿色农产品认证3个。

【创新农业】 2020年，虞盛农产品合作社等3个主体实施稻田综合种养（稻鸭共作）20公顷，实现“一田双收”。苏州（常熟）农作物品种综合测试基地（位于徐桥村，面积14公顷）进行稻麦新品种展示与示范，筛选优良品种大面积推广。虞盛农产品合作社水稻基地和常熟市海虞茶叶有限公司茶叶基地分别成功创建省级绿色防控示范区。镇商品化集中育秧基地代育秧面积500公顷。鸽球农产品合作社成功创建苏州市高标准蔬菜生产示范基地。

【共享农庄（乡村民宿）项目】 2020年，海虞镇同观山庄成功申报苏州市共享农庄

同观山庄共享农庄

（乡村民宿）项目。同观山庄是常熟市海虞茶叶有限公司打造的农业休闲文旅小综合体，通过茶园提升改造、山庄范围延伸、休闲设施升级并增加餐饮住宿功能，依托铜官山特色田园乡村“网红打卡地”的优势，展示同观山庄融茶文化、非遗技艺和农事体验为一体的农家乐特色。

【高标准农田建设】 2020年，海虞镇连续第九年实施高标准农田建设改造，实现高效、优质、高产、安全的高标准农田全覆盖，建成面积3460公顷，其中节水灌溉2733公顷。建设泵站56座、沟渠85.46千米，铺设管道102.01千米、道路83.54千米，平整土地187公顷。

【全国农业产业强镇建设】 海虞镇以优质稻米种植业为主导产业，同时构建奶（肉）牛养殖与水稻种植相结合的多产业交叉、生态系统平衡、产物循环利用的绿色生态循环种养模式，形成优质稻米产业与奶（肉）牛养殖业协同发展，产业链相互促进的农业双主导产业格局。2020年，成功申报全国农业产业强镇建设名单。申报内容主要包括肉牛养殖基地、稻米烘干中心、农田水利灌溉设施提标改造等工程，提升优质稻米的生产能力，完善牛类养殖的产品类型；购置粮食保鲜设备、农产品追溯检测设备、粮食烘干设备及相关辅助设施，提高稻米加工效率和品质；建设农耕文化体验和农产品展示展销中心，拓展营销渠道，完善稻米物流配送体系等。

省级现代生态循环农业模式示意图

【省级现代生态循环农业试点项目】 实施时间：2019—2020年。由市农业农村局牵头，以扬大（常熟）现代农业发展研究院有限公司为技术依托，在海虞镇和常福街道进行项目试点建设，涵盖七峰、郑家桥、徐桥、福山村及常福街道永红村等，试点区域农田总面积约1733公顷，实施面积1364公顷。试点内容主要以水稻产业为主，兼有规模化的畜牧业（奶牛场），建设农牧生态循环体系、小流域（局域）农水闭合式循环体系、整村农田秸秆肥源化回田循环体系，在局域范围内实施农田生物多样性保育，构建生物与环境的异质性，建设绿色生产先行区，实现零化学使用。通过构建三大生态循环体系和一个农业生物多样性区域，形成可复制建设的生态循环农业模式。

农业服务

【概况】 2020年，海虞镇农技推广服务中心承担农林牧渔技术推广与服务、病虫害防治、新技术引进与试验示范、农业机械管理、农业技术培训、农民农产品质量安全知识培训、农业生产质量安全日常巡查、各项监管措施的督促落实、质量安全信息的上报等工作。

【农业保险】 2020年，全镇共投保水稻面积2510.13公顷、小麦面积2396.95公顷，扩面提标试点投保面积350.93公顷，制种田块繁种投保16.67公顷。农机保险投保拖拉机116台、收割机72台、插秧机87台、植保机14台。投保茶叶种植面积7.47公顷、葡萄园9.13公顷、大闸蟹养殖3.41公顷、鱼虾养殖0.53公顷、大棚保险9.44公顷。

【农业培训及新型职业农民认定】 2020年，编发《海虞农技》20期，农技人员进村入户现场指导700多人次。组织各类农业培训10次，近900人次参加。发放秸秆综合利用及禁烧公开信1万份，拉挂宣传横幅80条，组织街头宣传活动4次。全年认定新型职业农民28人，并对已认定的职业农民进行资格复审。全镇累计认定新型职业农民97人，其中，45周岁以下55人，大专学历的44人。

镇农村工作局开展农业知识宣传活动

【农地保护】 2020年，继续推进耕地轮作休耕，实施休耕面积786.7公顷。全年回收废弃包装物46.74万瓶（袋），回收率90%以上；回收废旧地膜10.96吨，回收率91.12%。推广测土配方施肥技术和病虫害绿色防控技术，有效减少农业面源污染。

【惠农补贴】 2020年，全镇申报农业支持保护补贴（耕地地力保护）3473.95公顷，涉及4796户农户，补贴标准为每公顷1800元，补贴资金625.31万元；129个水稻种植大户补贴2549.2公顷，补贴标准为每公顷1500元，补贴资金382.38万元；为全镇17个村申报2020年生态补偿2577.08公顷，补偿金额1623余万元；夏熟秸秆综合利用补贴1873.53公顷，补贴标准为每公顷225元；秋熟秸秆综合利用补贴2027.92公顷，补贴标准为每公

顷15元；休耕晒垡补贴为每公顷3675元，轮作换茬补贴为每公顷4500元，补贴面积合计786.67公顷；苏州市水稻良种补贴面积2440公顷，补贴标准为每公顷180元。为全镇种粮大户申报水稻和小麦价外补贴，售粮时每千克可获补贴0.20元。

畜牧生产管理

【概况】 2020年，镇畜牧生产管理工作注重畜禽新品种推广与兽医新技术培训和动物疫病的预防与控制。做好动物及其产品的检疫、检验，协助上级相关部门做好查处违法违规案件等事项。与从事畜牧养殖的单位与个人签订承诺书与责任状，并参与检查、监管。做好奶牛“两病”（结核病和布鲁氏菌病）监测、消毒培训指导、无害化处理、安全生产监管、农业政策性保险户投保理赔工作及“瘦肉精”检测等各项畜牧业服务工作。推进美丽生态牧场建设及畜牧养殖废弃物资源化利用。

【畜牧防疫】 年内，常规开展规模养殖场及散养户日常畜禽防疫工作，组织开展动物疫病春防、秋防专项行动。完成强制免疫病种疫苗注射工作，注射免疫牛口蹄疫二价灭活苗8736头次、羊口蹄疫O型灭活苗689头次、小反刍兽疫673头次、羊痘643头次、鸡新城疫和鸡禽流感2.38万羽次、鸭禽流感3160羽次、鹅禽流感335羽次，犬狂犬病灭活疫苗2355头次，免疫率达100%。开展夏季消毒灭源工作，消毒面积500多万平方米，使用消毒药约2.5吨，出动防疫人员3600多人次，动用车辆1800多车次，全年无重大动物疫病发生。

【动物检疫监管】 年内，做好动物的检疫监管工作。兽医及工作人员严格遵守产地检疫操作要求，出证系统操作熟练。2020年，产地检疫牛1190头，羊31头，鸭1200羽。无害化处理病死奶牛66头。进行“瘦肉精”检测及奶牛“两病”监测工作，监测覆盖各中、小养殖场，均未发现异常。

【美丽生态牧场建设】 至年末，常熟市家景美肉牛养殖场、常熟市申福奶牛场、常熟市伟福牧场、常熟市犇牛牧场、常熟市海虞镇东山养猪场全部通过美丽牧场验收。全镇累计建成苏州市美丽生态牧场5个。

【养殖废弃物资源化利用】 制定“一场一策”实施方案，指导规模养殖场进行粪污设施改造，做到雨污分离到位、干湿分离到位、储存池封闭到位、粪污处置到位。“种养结合”田间收集池长效运行，配套

消纳农田，“以种带养、以养促种”科学循环消纳养殖废弃物。2020年，规模养殖场资源化利用率100%。

【常熟市家景美肉牛养殖场】 占地面积1.56公顷，建筑面积8000平方米，投资约800万元，日均饲养肉牛480头左右，10月建成投产。按照美丽生态牧场标准，环保、消防、安全、水利、防疫等设施按相关规定建设。设立有消毒池、消毒更衣室的进出口1个；单一牛舍布局，粪污集中在牛舍内，完全做到雨污分流。设置1栋饲养牛舍（全舍散栏分隔饲养），配置相应设施。粪污通过成熟的发酵牛床工艺发酵，成为无害的高效有机肥料，直接给有机茶或蔬果种植使用。

【常熟市申福奶牛场】 占地面积8.67公顷，饲养荷斯坦高产奶牛2500余头，日均生产优质鲜奶40吨左右。牧场配备转盘式挤奶机、牛奶速冷系统、全自动奶牛信息监测管理系统、全自动粪污无害化处理资源化综合利用的设施和设备。牧场采用畜牧生态健康养殖模式，投资2000余万元，建成粪尿水高效厌氧发酵系统和沼液生化处理系统，并配套“沼渣、沼液、沼气”资源化综合利用设备，构建养殖废弃物—沼液、沼渣全量还田—农田生产全株青储玉米—养殖奶牛的农牧循环生产体系。同时为周边种植户、农业合作社生产绿色、有机、无公害农产品提供优质有机肥料，成为江苏省生态健康养殖、牛奶优质高产、带动种植户共同发展的样本牧场。2019年，申福奶牛场作为“常熟市级农业产业化龙头企业”，率先完成苏州市美丽生态牧场创建工作。2020年，牧场继续与扬州大学、南京农业大学、省农科院等高校、企业合作，带动周边种植户充分利用有机肥料资源共同打造绿色生态、无公害放心农产品，是常熟市现代农牧结合的形象展示窗口。

【常熟德康农牧有限公司】 2020年，常熟市人民政府和四川德康农牧食品集团签订“15万头生猪养殖项目”投资合作协议，在海虞镇建立常熟德康农牧有限公司。项目占地18.2公顷，总投资4.5亿元，计划建设1座存栏种猪7200头的种猪场，1座年出栏商品猪15万头的育肥场。项目于2020年4月开工建设，预计2021年4月竣工。项目采取“边建设边投产”方式，12月竣工1栋猪舍并补栏母猪2000头。养猪场采用多层楼房式全自动化模式，通过进出空气净化系统，实时监测猪舍二氧化碳、氨气浓度等环境指标；设置全自动恒温环控系统，实时检测猪舍温度，实现饲养环境自动调节；引进自动称量、精准上料、自动饮水等技术与设备；配套建设动物无害化处理车间、干粪堆肥车间、污水处理池等设施，形成“生态、高效、循环”的现代立体养殖模式。

【常熟市伟福牧场】 占地0.8公顷，建筑面积6000平方米。牧场根据《苏州市美

丽生态牧场创建标准》规划设计与建设，实行养殖污染物的循环利用，粪污干湿分离后消纳农田。建设玻璃钢田间收集池750立方米，收集养殖污水一年两季还田利用，实行种养结合、生态循环的畜牧生产方式。12月，通过苏州市美丽生态牧场验收。

【常熟市犇牛牧场】 占地1.33公顷，建筑面积1万多平方米。2020年存栏奶牛330多头，年产奶1400多吨。牧场根据《苏州市美丽生态牧场创建标准》规划设计与建设，实行养殖污染物循环利用。建设玻璃钢田间收集池750立方米，收集养殖污水一年两季还田利用，实行种养结合、生态循环的畜牧生产方式。12月，通过苏州市美丽生态牧场验收。

【常熟市海虞镇东山养猪场】 占地1.53公顷，建筑面积8000平方米，2010年建成，年存栏生猪3000头。2017年，投入158万元建设养殖污染物治理设施。2019年，配套建设玻璃钢田间收集池750立方米，收集养殖污水一年两季还田利用。2020年，设施提档升级，实行规范化管理。12月，通过苏州市美丽生态牧场验收。

农村经济管理

【概况】 2020年，镇农业经济管理工作着重推进村级财务第三方代理和村级非现金结算，规范农村集体资产资源交易，开展“三资”（资金、资产、资源）管理和“三务”（党务、村务、财务）公开检查，实现民主议事公开化、标准化、统一化。实施社区股份合作社股权固化改革，稳妥推进村级工业用地“整优清零”。

【村级财务第三方代理和村级非现金结算】 按照“出纳驻村，主办驻镇，财务统一核算”的管理模式，2020年，继续由江苏永拓会计师事务所有限责任公司对56个集体经济组织（17个行政村、17个社区股份合作社、12个专业合作社、7个村级抱团发展公司、3个村级实业经营体）进行村级财务代理记账，确保财务人员中立，资金管理权与所有权、经营权分离。完善“农村集体资金管理系统”，实行村级集体资金支付银行联动监管和审核审批流程实时在线制度，手续不齐全银行拒付，收支轨迹全程可查。推行村级集体小额支付村务卡制度，全年共办卡42张。

【农村集体“三资”管理】 全面开展“e阳光行动”，根据《常熟市农村集体“三资”管理“阳光行动”试点工作方案》，17个行政村微信公众号成功注册，e阳光农

户频道录入农户信息21469户，基本完成“三务公开”智慧平台“户户通”，及时更新工程项目的四议两公开程序。规范农村集体资产资源交易，2020年，各行政村共挂牌苏州产权交易平台1204笔7753.58万元，成交1198笔7587.74万元。开展农村集体资产清产核资，在2019年的基础上，共清理21个主体，确定总资产15.54亿元，净资产9.52亿元，集体土地总面积为4391公顷。各村收缴历年陈欠租金694.85万元。

【社区股份合作社股权固化改革】 2020年，将集体资产收益分配权以户为单位量化给每个集体经济组织成员，实行“增人不增股，减人不减股”的静态管理，切实保障农民集体经济组织成员权利。17个村（26520户94880人）完成社区股份合作社股权固化省产权交易信息平台系统内的成员审核工作。

【村级工业用地整优清零】 按照《海虞镇村级工业用地整合优化规定（2016—2030）》，结合“整优清零”分三年实施完成的总体要求，2020年，采取定量不定位的方法下达各村任务数37.93公顷。各村落实整优目标任务企业116家，面积约30.04公顷。其中，对89家企业的地上物进行现场评估，面积24.39公顷；80家企业已出具评估报告，面积约22.41公顷；57家企业已签订协议，面积约15.78公顷；50家企业已拆除，面积约13.72公顷，其中9.45公顷已复耕且达到验收标准。通过苏州市级“增减挂钩”项目验收24.36公顷，“三优三保”项目验收13.74公顷，“占补平衡”项目验收1.04公顷，三项累计39.14公顷。

（镇农村工作局供稿）

服务业

综 述

2020年，全镇服务业实现增加值34亿元，投入15.2亿元，实现开票销售收入107.7亿元，入库税收4.1亿元。经营性地块出让15.47公顷。碧桂园、港龙等房产项目收尾。中新海虞花园城商贸配套项目——海虞新天地商业广场于10月1日开张营业，成为海虞镇新的商业地标。全镇商贸业务主要分布在王市、福山、周行3个集镇上，有农贸市场4个，较大规模的超市7家。电子商务产业园入驻商户153家，年内新增入驻38家。城市综合物流园入驻物流服务企业30多家，其中大型物流企业有5家。

商业街区

【概况】 海虞镇商贸业务分为王市、福山、周行3个集镇商贸区。王市集镇的商贸业务主要集中在人民路、府前路、王市路、学前路、海阳路、迎宾路、通江路、明珠街等8条主干道上。福山集镇的商贸业务主要集中在新建街、东门街、福山路、海城路、恒福路等5条主干道上。周行集镇的商贸业务主要集中在周行东街、周行西街、通周路、慧周路和海洋泾路等5条主干道上。

【人民路街区】 南北走向，沿路两侧有中国银行、农业银行、邮政储蓄银行、苏州银行、常熟农村商业银行、东吴证券、常客隆超市、东方超市、恒泰医药连锁、王市药店、新鑫交家电、中国移动、中国联通、沁园饭店、幽香面馆、水果店、药店等。2020年10月，新开业的海虞新天地商业广场坐落在人民路与迎宾路交会处。街区共有店铺130家，其中，餐饮小吃店46家，美容美发店4家，药店4家。

【府前路街区】 东西走向，沿街两侧有欧德福超市、海虞商业中心（中宏新农中心）、中国电信海虞营业厅、府前酒店、万丰超市、洗车店、餐饮小吃店、药店、家电销售等店铺74家。

【王市路街区】 南北走向，沿路两侧有零食团购店、水果店、餐饮小吃店、烟杂店、服装店、药店、通信服务、建筑装潢、房产中介等店铺67家。

【学前路街区】 东西走向，沿路两侧有海

虞电子商务产业园、格林豪泰快捷酒店、金鼎 KTV、四季花园商铺、申通快递、中通快递、青露馒头店、三毛饭店、合丰饮食店、文具店等店铺 58 家。

【海阳路街区】 南北走向，沿路两侧有海阳广场商铺、超市、饭店、餐饮小吃店、烟杂店、服装加工店等 68 家，其中餐饮小吃店 4 家。

【迎宾路街区】 东西走向，商铺主要集中在东段，沿路两侧有建材装潢店、家具店、快递公司、超市、饭店等店铺 58 家。

【通江路街区】 东西走向，沿路两侧有工商银行、灯饰、电脑、电瓶车修理等店铺 25 家。

【明珠街街区】 南北走向，包括学前路海虞电子商务产业园商铺，沿街两侧有海虞苏作红木展示馆、幸福蓝海电影院、心怡酒家、旺客福酒店、德邦物流等店铺 86 家，其中餐饮店 10 多家。

【新建街街区】 南北走向，与东门街、福山路交会处有中国建设银行、中国农业银行、常熟农村商业银行。沿路两侧有中国电信、中国移动、吴良材眼镜店、千仞岗服装门市部、艾玛电动车商行、如海超市、新合作常客隆超市、鸿运商场等店铺 60 余家。涉及服饰、美容、餐饮、母婴、副食、医药、农资等众多品类。

【东门街街区】 曾经是福山集镇繁华的商贸街区，沿街设有五金交家电、药店、粮店、旅社、餐饮、棉百日杂等店铺 30 多家。

【福山路街区】 东西走向，西跨北福山塘，接东门街，东接恒福路，沿街有常客隆生活超市、中国邮政、电力宾馆、聚福饭店、江苏有线等店铺 20 余家。

【海城路街区】 东西走向，沿路两侧有鼎鲜丰、忆江南、涌品记等小吃面店，另有五金机电商行、钢材批发等店铺 27 家。沿路两侧还有凯螺、啄木鸟、阿基米德等服装厂及附属专卖店。

【恒福路街区】 南北走向。福山商业中心（内设集贸市场）位于恒福路 8 号，占地 3.31 公顷，建筑面积 5.68 万平方米，其中住宅楼 231 套计 2.37 万平方米。商业中心内有摊位 40 个、商铺 41 个，外围有店铺 220 个。

【周行东街街区】 东西走向，沿路两侧有中宏新农中心、中国电信、中国移动、液化气站、汽车驾校、建筑装潢、文具书店、服装鞋帽、草莓采摘园门店、餐饮小吃、生鲜果蔬、药店等店铺 82 家。其中，餐饮小吃 22 家，服装鞋帽 11 家。

【周行西街街区】 东西走向，街区有常熟农商银行、常客隆超市、中国电信、建筑

装潢、通信服务、文具书店、服装鞋帽、餐饮小吃、生鲜果蔬、药店等店铺65家，其中餐饮小吃14家。

【通周路街区】 南北走向，沿路两侧有周行招待所、中国农业银行、常熟农商银行（建设中）、204国道周行服务区、家润多超市及服装鞋帽、餐饮小吃、生鲜果蔬、通信服务、建筑装潢、文具书店、电动车店、小商品店、食品店、药店等店铺129家。其中，餐饮小吃店39家，服装鞋帽店20家。

【慧周路街区】 南北走向，店铺主要集中在北端，沿路两侧有零食团购店、水果店、餐饮小吃店、烟杂店、服装店等26家。

【海洋泾路街区】 东西走向，店铺主要集中在西段，有水果、食杂、物流服务、餐饮小吃等店铺54家。其中，餐饮小吃店16家，汽车维修店4家。

海虞新天地商业广场

【概况】 海虞新天地商业广场位于海虞镇迎宾路与人民路交会处，是中新海虞花园城引进的首个商业综合体项目，建筑面积4.9万平方米，总投资约4亿元，2020年10月1日开业。至年末，有星巴克、肯德基、中影东方影城、维也纳国际酒店等优质品牌入驻，是集酒店、购物、餐饮、娱乐、文化、休闲等于一体的街区式都会商业中心。

海虞新天地商业广场

【海虞新天地商业广场开业】 10月1日，海虞新天地商业广场正式开业。维也纳国际酒店、中影东方影城、星巴克、肯德基、屈臣氏、电玩城、常客隆生活超市、老凤祥银楼、恒泰医药连锁等品牌入驻营业。海虞新天地商业广场铺铺临街，街中街、街上街，移步异景，吃喝玩乐购多元商业业态一站尽享。商业广场整体建筑采用经典的ArtDeco风格设计，注重现代感流线型的绿网空间，将开放式景观与私密式景观设计相结合，独具风貌。其中，中影东方影城约3000平方米，共有6个厅，可容纳800多名观众。广场公共停车场有近400个地下停车位、1300个非机动车位。

【维也纳国际酒店(常熟海虞店)开业】 地处海虞镇新天地商业广场，是维也纳酒店集团旗下国际级标准四星级连锁酒店，建筑面积约10000平方米。酒店于10月1日开业，有149间客房，每个房间配有1张儿童床，提供专职行李员、叫车、叫醒、礼宾、24小时大堂经理、24小时前台等优质服务和公用区免费Wi-Fi。店内配置一流的设施，会议厅、餐厅、健身房、多功能厅，多媒体演示系统、商务中心、公共停车场等一应俱全。

商贸市场

【概况】 2020年，海虞镇较大的购物超市有7家，分别设在3个集镇的主要商业街区。经营的商品有服装鞋帽、日用百货、办公用品、家用电器、饮料食品、烟酒糖果、生鲜果蔬、禽蛋肉奶、水产干货等。全镇有农贸市场4个，分布在王市、周行、福山、肖家桥4个集镇街区。农贸市场内分鲜肉、水产、家禽、蛋类、豆制品、蔬菜等交易区，入驻市场内的商户需证照齐全，亮证经营。

表7　较大规模购物超市一览

名称	地址	开业时间
欧德福超市	府前路	2014.4
新天地常客隆超市	人民路、迎宾路口	2020.10
好又多超市	人民路	2016.6
世纪华联超市	福山商业中心	2013.5
新合作常客隆福山超市	福山新建街	2010.4
欧麦隆超市	周行东街	2017.6
家润多超市	通周路	2016.12

【海虞商业中心（中宏新农中心）】 位于府前路，由江苏佳和置业有限公司投资建设，2010年4月26日正式开业。占地2.67公顷，建筑总面积3.2万平方米，其中蔬菜和副食品交易市场面积为1987平方米，交易摊位96个。周围有商业门面房54间。外圈有各类生活百货、米面粮油、餐饮食品等民生业态。

【周行商业中心（中宏新农中心）】 位于周行东街南侧慧周路东侧，2009年，由中茂置业有限公司投资建设，占地面积4.91公顷，是集餐饮、住宿、银行、商铺、集贸市场等于一体的商业中心，2011年正式启用。内圈农贸市场建筑面积3.22万平方米，有固定门面房147间、摊位80多个。欧麦隆超市设在商业中心二楼。商业中心外圈有餐饮、宾馆、银行、药店、诊所、小商品店等。

【福山商业中心】 位于恒福路，建筑面积5.68万平方米，2012年1月正式启用。商业中心中间为标准化菜场，有商户40多户，主营蔬菜、肉类、熟食售卖；外围有大型超市、家电卖场、服装服饰、酒店餐饮、家具商场、宾馆、药店等店铺112家。

【集贸市场长效管理】 2020年，对4个集贸市场（商业中心）实施综合整治，取缔马路市场、消杀四害、提升保洁、完善消防和技防设施等。推进商贸领域安全专委会运作，牵头开展联合检查和执法行动。同市场管理方及相关职能部门沟通协调，建立多部门合作的集贸市场长效管理机制。

海虞电子商务产业园

【概况】 海虞电子商务产业园（以下简称“电商园”）位于海虞镇学前路，是引导大学生（青年）综合性创新创业的生态圈。2020年，电商园孵化载体面积2.7万平方米，连同外围载体使用面积共7.4万平方米。设有商务办公楼、接待中心、创业会客厅、路演中心、魔方咖啡厅、培训中心、O2O体验店、众创空间、宿舍公寓等配套设施。电商园依托传统产业基础，集中打造2万平方米的家居服产业分园——品诺电子商务产业园，初步形成以家居服供应链为优势的电商产业集群。至年末，电商园入驻商户153家，当年新增38家，续签商户19家。电商园先后获得“江苏省大学生创业园”“江苏省巾帼电商示范园”“江苏省乡镇电子商务特色产业园”“江苏省众创空间——众创魔方”“苏州市A级创业孵化基地”“苏州市电子商务示范

基地”“常熟市团属青年创业阵地——虞青E站”“常熟市巾帼电商示范基地”“常熟市巾帼文明岗”“常熟市三八红旗集体”等荣誉称号。

【提供个性化柔性服务】 2020年，电商园打造以服务为主的平台优势，为创业者提供个性化柔性服务。开通抖音投放广告资源渠道，拓展线上招商模式，累计收到客户资源97条，持续转化服务中。疫情期间调研商户及员工相关资料，配合政府部门做好企业复工调研工作，并给予企业疫情房租补贴10万余元。以短视频、直播教育为切入口，探索发展新模式，成立“魔方商学院项目”，并中标成为市人社局互联网创业培训指定机构，已开课培训学生近100名。

【打造“诚·品”微服务党建品牌】 2020年，电商园坚持党建引领，打造“诚·品”微服务党建品牌。以服务发展为实践，助力传统产业转型升级。围绕“互联网+传统产业”发展方向，打破载体边界，打造以“众创魔方”为品牌的创业者资源共享平台。连续举办创新创业活动100多场，累计服务近千人。

物流业

【概况】 常熟市城市综合物流园位于海虞镇周行集镇东南，规划面积218公顷，实际可开发面积约96公顷，有区域配送、现代仓储等六大功能区。2020年，物流园大型物流企业有常熟常客隆电子商务运营服务中心和常客隆物流中心、苏州烟草物流配送中心、交家电配送中心、华诚沿江国际物流（苏州）有限公司、常熟市梁燕酒业物流有限公司等5家。各集镇有德邦、邮政、顺丰、圆通、中通、申通、韵达、百世、菜鸟驿站等快递服务点共40余个。

常熟市城市综合物流园

【新合作常客隆电子商务运营服务中心】 占地4.15公顷，建筑面积3万多平方米，2012年4月28日建成启用。运营服务中心由展示厅、培训室、摄影棚、孵化创客空间、办公区和仓储中心组成，主要功能包括家易乐生鲜电商平台的销售运

营、仓储和物流配送，开展常熟本地小微电商企业、农民合作社、种养殖户的各类电商技能培训以及运营管理等方面的服务。2020年，电子商务中心有会员32万多人，配送车50辆，其中冷藏车30辆，物流中心承接新合作常客隆公司苏南地区线下商品的配送任务，有员工65人，配送商品2万多种，配送辐射半径200多千米，年配送商品近30亿元。2020年，物流配送中心增加网上订购商品分拣配送业务，开辟“供销e家”线上商品仓储专区和分拣专区，通过第三方物流公司和常客隆本地自有物流，将线上订购商品发往全国各地，全年线上交易额7500万元。

【苏州烟草卷烟物流配送中心】 占地8.3公顷，总建筑面积4.18万平方米，总投资3.73亿元，年配送规模40万大箱。高架库仓储区有3台德国生产的巷道式堆垛机和出入库系统，上下9层货架，共有托盘位5400个，可存储卷烟3.24万箱。仓储管理选用全省统一的美国“曼哈特”软件，高架库的出入库作业完全由计算机自动控制，并实时生成出入库和库存信息。分拣区有2台奥地利双皮带A字形拣选机、3条澳大利亚电子标签拣选系统和1条国产异型烟半自动分拣线。卷烟配送采用裹膜包装，全部打码到条、分拣到户。2020年，物流中心A字架单线配备14人，2条线每小时可分拣卷烟3.6万条；电子标签单线配备10人，3条线每小时可分拣3.15万条；异型烟分拣配备11人，每小时可分拣5000条。

【常熟交家电有限公司物流配送中心】 占地3.2公顷，建筑面积4.5万平方米，2014年建成启用，主要为公司配送各类家用电器。2020年,公司有员工500余人，辐射半径约1000千米，年配送量150万件（套），配送营业额约30亿元，利润5000万元。

【华诚沿江国际物流（苏州）有限公司】 投资1.1亿元,建成并投用丙类物流仓库2.5万平方米。可为常熟区域内的工业、商贸、电商等企业提供公共仓储、场站载体及供应链管理等综合物流服务。2020年1月26日，华诚公司经常熟市慈善基金会向中华慈善总会定向捐赠10万元。是常熟市慈善基金会收到的第一笔定向援助湖北的新冠肺炎疫情防控的捐款。

【常熟市梁燕酒业物流有限公司】 占地1.04公顷，建筑面积1.42万平方米，2014年建成启用。2020年，公司有员工100余人，主要销售国缘白酒、五粮液尖庄白酒、张裕葡萄酒、塔牌黄酒、燕京啤酒、恒大矿泉水等品牌酒水，销售辐射半径约20千米，年销量20余万箱，销售额约1.2亿元。

（镇经济发展和改革局供稿）

文体旅游

综 述

2020年，海虞镇群众文化工作依托常熟市江岸艺术团，组织开展“海虞镇党建+‘垃圾分类新时尚’专场演出”“海虞镇纪念‘6·5’世界环境日文艺专场”等近20场文化惠民演出活动。联合市文化馆、锡剧团、评弹团开展“情暖常熟”文化馆综艺专场、“文化惠民村村行”锡剧团文艺专场、“评弹进百村”评弹团文艺巡演等20多场文化惠民活动。在镇及周边乡镇演出沪剧大戏2场、戏曲专场3场。在红杉树书场进行评弹演出，共200多场次。举办各类文化展览。周行24小时自助图书馆揭牌启用。完成全镇农村电影公益放映固定点建设，成功创建市首批标准化放映试点乡镇。海虞镇是历史上南沙县、常熟县古县治所在地，有铜官山南沙古城遗址、摩崖石刻、殿山聚福塔、望江亭、福江禅寺、花庄福海禅寺、周行弥陀寺、福山南街赵宅等历史文化景点。2020年，打造推出铜官山特色田园乡村“网红打卡地”和铁黄沙湿地生态岛及福山村平巷花海等新景点。

海虞镇有老年体育协会、门球协会、广场舞协会、棋类协会等5个体育协会和1个篮球俱乐部，常年组织参加各级各类体育比赛和全民健身活动。拥有全民体育健身场地18万平方米，全民健身路径1017件。

文化场馆

【概况】 海虞镇有社会主义核心价值观主题广场、镇文体艺术中心、常熟图书馆海虞分馆、新峰美术馆、当代苏作红木家具艺术馆、书画名家会客厅和红杉树书场等文化阵地，常年开展文化艺术活动。2020年,成功创建市首批标准化放映试点乡镇。

【社会主义核心价值观主题广场】 又名初心广场，占地约2.7公顷，设有社会主义核心价值观主题广场、宪法广场、党章广场、特色小镇广场四个区域。广场两侧建有600米的健身步道，道边设立“德美风景线”，展示镇各级“新乡贤”的有关事迹。广场中部设有群众文体活动空间，建有“睦邻坊”“连心坊”“书香坊”“舞韵坊”“乐弈坊”和“乒搏坊”等6座小木屋，总建筑面积约500平方米。另有室外乒乓球桌、羽毛球场等。由王市社区招募志愿者管理。

海虞镇社会主义核心价值观主题广场

海虞镇文体艺术中心

【海虞镇文体艺术中心】 总面积约5900平方米，设有常熟图书馆海虞分馆、书画名家海虞汇客厅、文化大礼堂、志愿服务协调中心、妇儿活动室、乒乓球室、国民体质监测室、多媒体教室、健身室、棋牌室、舞蹈房等。

【常熟图书馆海虞分馆】 设在镇文体艺术中心底楼，场馆面积近800平方米，以大空间、大开放、大阅读的理念，将数字阅读、亲子阅读、文化交流、文化展示等融入全民阅读活动中。大厅配备2名专职图书管理员。图书按哲学、社科、文学、历史、自然科学、儿童、综合性等分类。所有图书贴有索书号标签，读者凭市民卡或现场办理借书证借阅，实现全市通借通还。

【周行24小时自助图书馆揭牌启用】 自助图书馆主体建筑面积约100平方米，配备人脸识别刷卡及门禁联动系统、自动借还系统、一体式电脑、RFID可视智能报警系统、监控系统、桌椅书架、绿植等相关书香氛围布置，基础藏书1500多册。

【新峰美术馆】 是画家姚新峰在家乡创办的全省首家民办公助美术馆。建筑面积2000平方米，设有300米展线的多功能展厅、画家工作室、贵宾接待室、办公室、休息室、书画活动室、教室和作品储藏室等。该馆是常熟市新时代文明实践点、海虞镇文联活动基地、未成年人社会实践基地，常年开办少儿素描、中国画、摄影、书画讲堂等培训班，举办各类文化交流活动，并深入学校、社区巡回展览。2020年12月，新峰美术馆被市精神文明建设指导委员会评为“2017—2019年度文明单位”。

【书画名家海虞汇客厅】 面积近2500平方米，是海虞镇集聚常熟市内外书画资源，专门为书画家奉献社会搭建的一个平台。2018年7月，时卫平、庄剑刚书画名家工作室落成入驻，“书画名家海虞汇客厅”正式揭牌投用。至2020年末，有张钟美术工作室、林永水艺术工作室和苏州市女书画家协会、常熟市美术家协会等26家书画协会、机构入驻或挂牌。

【当代苏作红木家具文化艺术馆】 2020年，金蝙蝠苏作红木家具文化艺术馆接待各级领导、行业专家、同行、游客和大、中、小学生约5500人次。中国家具协会理事长徐祥楠、副理事长屠祺，江苏省家具协会会长吴盘根、执行会长冯建华，常熟市委常委、统战部部长张建强，市对外文化交流促进会理事长秦卫星等，到该馆参观考察。

当代苏作红木家具文化艺术馆

汪桥村红杉树书场

【红杉树书场】 由江苏红杉树服饰有限公司资助开设。2014 年 6 月，东泾村“红杉树书场”揭牌开场。2020 年，在王市社区、海福新城社区、七峰村、汪桥村、肖桥村、聚福村等相继开设“红杉树书场”，实现苏州市级以上文明村书场全覆盖。书场除定期演出长篇弹词、评弹票友展演外，还放映电影、宣教片，举办故事会、健康养生大讲堂、交通常识讲座等。

【市首批标准化放映试点乡镇】 2020 年，完成全镇农村电影公益放映固定点建设，成功创建市首批标准化放映试点乡镇；扎实推进转型升级工作，通过“商业 + 公益”、“固定点 + 流动”、组织包场观影等形式，全年共放映 240 场次。

江岸艺术团

【概况】 常熟市江岸艺术团组建于 2015 年 3 月，是一支集戏曲、曲艺、舞蹈、器乐等多种艺术门类于一体的综合性文化志愿业余团队。拥有演职员 30 余名，主要是来自 20 世纪 80 年代镇文化站宣传队的文艺骨干，多名演员曾是江苏省戏曲学校学员。艺术团以排演锡剧、沪剧、越剧等传统戏曲为主，也兼顾现代滑稽戏、独角戏等曲艺以及小品语言类等节目。2020 年，以“党建 +‘垃圾分类新时尚’夜间文艺党课”形式送戏达 31 场。江岸艺术团党支部获海虞镇 2020 年度先进党支部称号。

【《海虞妈妈》公演】 原创现代沪剧《海虞妈妈》，志愿者演“志愿者自己的故事”，以传统戏剧文化展现“海虞妈妈”的大爱精神，曾在常熟保利大剧院、江苏大剧院、北京梅兰芳大剧院公演。在河南省郑州参加中国剧协第二届民间职业剧团展演。

【荣誉】 江岸艺术团的主要剧目《海虞妈妈》先后获得中国剧协第二届民间职业剧团优秀剧目展演奖、首届“金百花”全国小型戏剧戏曲作品展演奖、苏州市第二届“文华奖”舞台类艺术作品、苏州市第三届群众文化“繁星奖”戏剧曲艺银奖、常熟市民间戏曲团队展演金奖等荣誉。

群众文化

【概况】 2020 年，全镇开展各类群众文化活动 542 场次，其中，文艺展演 259 场次，各类文化公益展览 9 场次，各种文化培训 274 场次。农村公益电影露天流动放映 210 场次，与幸福蓝海海虞影城、中影国际海虞影城合作，室内观影 30 场次。

【2020 年苏州市中国农民丰收节】 9 月 21 日，苏州市中国农民丰收节在海虞镇七峰村铜官山开幕。以“岁岁丰收常熟田　携手奋进现代化”为主题，向各地宾客展示海虞特色民族文化、农耕文化、乡村旅游和优质农产品。丰收节上，33 家常熟本地企业的上百种优质农产品及特色小吃集体亮相，“网红主播”带货直播。现场表彰苏州市十佳新型职业农民、十佳家庭农场、农村创业创新获奖项目和十大智慧农业品牌，并发布苏州市十大乡村旅游精品线路。开幕式后进行了文艺演出。

【铜官山国庆文化艺术周】 国庆期间，铜官山国庆文化艺术周活动开幕。邀请太仓雅鹿沪剧团、太仓五洋丝竹乐团、常熟市兰花艺术团、常熟市江岸艺术团等文艺团

9 月 21 日，苏州市中国农民丰收节在海虞镇七峰村铜官山开幕

体，演出沪剧《星火》《挑山女人》《心有泪千行》、锡剧《玉蜻蜓》等，展演“红红的中国情”综艺专场、“江南丝竹”民乐专场，吸引大批游客观看。

【国庆文艺专场】 10月1日，海虞新天地商业广场举行开业仪式暨文艺演出，展演了“永远跟党走”、《冰雪奇缘》舞台剧、潮流街舞专场、优秀广场舞、亲子专场文艺和星光潮流音乐节演出等10多场节目。

【“海乐万家”百姓公益课堂】 7月，海虞镇举办第二期“海乐万家”百姓公益课堂，增设旗袍、爵士、水彩、剪纸、诗词5个班级，连同原有的软笔、硬笔、国画等共10大课程，总课时由上年的64课时增加至150课时。每周定时定点授课并结合线上互动教学。期末展示动态类文艺作品13件，静态类作品89件（硬笔书法作品3件、软笔书法作品9件、国画作品6件、水彩作品10件、剪纸作品11件、摄影作品22件、原创诗词28首）。

【“海乐万家”百姓公益课堂结业汇报展演】 12月11日，2020年“海乐万家”百姓公益课堂结业汇报展演暨第三批“乡土人才”“百名星级文明户标兵”颁奖仪式在镇文化大礼堂举行。“海乐万家”活动历时3个月，经过推荐评选，最终产生3个优秀班级和15名优秀学员。汇报会上，

12月11日，“海乐万家”百姓公益课堂结业汇报展演

6 月 4 日，“艺途寻宗”姚新峰中国画作品展开幕式

学员表演了歌舞、朗诵、太极拳、旗袍秀等动态类节目，展出书画、摄影、诗词等静态类作品 90 多件。

【2 个项目入选 2020 年常熟市文化惠民券项目】 10—12 月，市文化惠民券项目分别在海虞镇新天地商业广场、周行体育公园以及梅李镇、沙家浜镇、尚湖镇进行 2 场原创大型沪剧《海虞妈妈》公演和 3 场“大美海虞·戏苑百家”戏曲文艺专场演出。

【“文化惠民送戏下乡”文艺演出】 6—12 月，“文化惠民送戏下乡”文艺专场演出先后在王市社区、南塘社区、福山社区、周行社区、海福新城小区、丽都花园小区、郑家桥村、府东村、七峰村、铜官山等地进行，并在 8 个“红杉树书场”进行评弹惠民演出 165 场次，让老百姓在家门口享受优质的文化服务。

【文化展览】 全年举办“荷香满园”——海虞镇书画篆刻百人展、姚新峰“艺途寻宗”和“感悟生活情系笔墨”中国画作品展、“问道虞山”——庄剑刚中国画作品展、常熟市“千村美居”主题摄影展、“清风常熟漫笔绘廉”廉政漫画线下作品展、“匠心苏韵”海虞苏作红木家具文化 50 年成果展、“海乐万家”百姓公益课堂静态类作品结业汇报展等主题文化展览 10 多场。

【新春联欢会】 1 月，“只争朝夕加油

干 不负韶华奋力拼”新春联欢会在镇文化大礼堂举行。演出的节目有歌曲、舞蹈、戏曲和语言类等，观看演出的有近300人。

【七夕汉服文化节】 8月24日，“党建引领文化传承，品味七夕汉服文化”——“七夕寻梦缘 着我汉家裳”主题活动在镇文化大礼堂举行。活动设有表演、汉服秀、七夕小游戏和专业的汉服文化知识问答等节目，并有汉服摊位和体验点。

文艺创作

【概况】 2020年，海虞镇文艺爱好者创作了一批优秀的抗疫防疫题材文艺作品。姚新峰、庄建刚国画美术作品3件（共27张）被市文体旅局录用推送，其中2件被选为优秀专题系列单独推送；创作《元元翠翠方言情景剧——抗疫篇》7集，被市文体旅局录用推送2集；崔艳华防疫剪纸作品1件（共10幅），被市文体旅局选为优秀专题系列单独推送；防疫摄影作品1件（共5张），被市文体旅局选为优秀专题系列推送；创作抗疫宣传漫画作品2件；根据海虞援鄂医疗队成员的感人故事创作小品《爱在远方》。

崔艳华点彩剪纸《平安武汉·天佑中华》

【原创歌曲创作】 2020年，邀请南京师范大学专业音乐创作人创作歌曲《圆梦新天地》。邀请海虞籍原创音乐人大智创作原创歌曲《铜官山》。

【书画摄影作品创作】 2020年，镇文化艺术家创作的优秀作品有：《战疫一线》《又是一季鱼满仓》《月》《夏趣》等中国画作品，作者姚新峰；《谷语》《山语》《运河湾湾》《山之语》等中国画作品，作者九君；《虞山组画》、《历历三吴地，悠悠万古情》、《福地锦绣》、《黄山一段云》系列6幅、《江南春早》、《香港风云》等中国画作品，作者庄剑刚；《董其昌画论数

姚新峰抗疫主题国画《战疫一线》

则》册页、《自作诗新年抗新冠病毒》斗方、《自作诗大美海虞》扇面、《苏轼次韵曹辅寄壑源试焙新芽》条幅等软笔书法作品，作者林永书；《天伦之乐》《评弹早茶》等摄影作品，作者刘文忠。

广电站

【概况】 2017年4月，海虞镇通过苏州市首批有线智慧社区先进镇验收。至2020年末，全镇有线电视有效用户1.79万户，配置高清机顶盒2.25万台，开设频道132套，其中高清频道56套、4K高清频道2套，有上海文广、江苏互动、芒果TV、爱奇艺等多个互动点播平台。建成全镇应急广播体系（1个镇级监管平台，22个村级插播平台和415个广播终端）。全镇装置有线广播、应急广播7065只，保持通响；有线宽带用户7643端，其中光纤宽带2369端。

【智慧社区建设】 “智慧海虞”工程建设包括平台建设、全镇网络建设以及区域内2.15万台高清机顶盒升级。2020年，派驻3名通信员进驻宣传办开展信息宣传服务，完善平台中海虞咨询、视频海虞、文

化海虞、产业特色、主题宣传、政务信息、通知公告、信息超市等栏目内容。全年采编上传平台内容信息700多条。

【公共服务】 疫情期间，对居家隔离人员安装监控223只，新增社会面监控、重点地区监控以及家庭技防入户点位75个。至2020年末，全镇各类监控点位总数达3240个。完成19个城市盾牌、29个视频会议系统、17个集成指挥中心电子大屏系统、15个校园盾牌的建设。采编上传“时尚海虞”智慧社区平台内容700多条并保持及时更新。全年补贴农村低保用户141户，2.56万元，实现农村低保用户的有线电视服务全覆盖。

【网络安全传输】 2020年，镇广电站完成两会、七一、国庆、纪念抗美援朝出国作战70周年大会、党的十九届五中全会等重要会议和活动的播出保障工作。全年完成光缆干线扩容建设58千米；完成小区网络新建、区域网改网优工程5个，覆盖用户1568户；完成3个自然村光纤覆盖建设，覆盖用户2000户。至年末，全镇广电光缆总长1000.8千米，网络双向化覆盖率达100%，覆盖用户3.49万户。配合“千村美居”工程、重点交通道路建设等，完成各类线路迁改工程150多项。

全民阅读

【概况】 常熟图书馆海虞分馆完成2020“阅读在行动”百场阅读配送活动任务，全年开展绘本故事、灯谜讲座、亲子手工等全民阅读推广活动9场次。

【“市民馆长”全民阅读推广计划】 2020年，“市民馆长”镇村联动阅读计划试点后在全镇推广。链接上级资源、与第三方社会组织合作，开展“镇村联动”阅读点送单志愿服务，常态化组织开展读书分享会、公益讲座、培训、阅读辅导等新时代文明实践活动。

“市民馆长”亲子绘本阅读活动

表 8　2020年镇文体艺术中心全民阅读推广培训开展情况

序号	活动名称	时间	地点
1	红色主题亲子绘本阅读活动	7月19日下午	香桥村综合性文化服务中心
2	老约翰绘本课《挺起胸来，直起背》	8月1日上午	海虞镇文体艺术中心
3	老约翰绘本课《挺起胸来，直起背》	8月1日下午	南塘社区综合性文化服务中心
4	灯谜非遗主题讲座	8月9日上午	海虞镇文体艺术中心
5	灯谜非遗主题讲座	8月9日下午	海福新城社区综合性文化服务中心
6	不厌生活馆团扇主题讲座	8月22日上午	海虞镇文体艺术中心
7	不厌生活馆团扇主题讲座	8月22日下午	府东村综合性文化服务中心
8	天天亲子绘本课	8月29日上午	海虞镇文体艺术中心
9	天天亲子绘本课	8月29日下午	福山社区综合性文化服务中心

人文古迹

【概况】 海虞镇境内人文古迹主要有聚福塔、东岳庙（1996年扩建为福江禅寺）、周行弥陀寺、福海禅寺、铜官山南沙县古城遗址和摩崖石刻、福山南街赵宅等。

【聚福塔】 耸立殿山之巅，始建年代无考，原是7级砖塔，至民国初，只剩底层。1940年，里人重建，塔身缩小，改为5层。20世纪70年代全毁。1992—1993年，原福山镇政府募集经费于原址重建，塔身7层，高23米，可拾级而上登塔顶。聚福塔是海虞镇历史文化景点之一，每块塔砖之一端，均有“聚福塔”3个正楷字。塔西北建有望江亭，东南建有金风亭。

殿山聚福塔

【东岳庙（福江禅寺）】 殿山南坡东岳庙，建于宋至和年间（1054—1056）。元符年间（1098—1101）增拓。东岳庙规模宏大、楼宇参差，名闻吴会。主供东岳圣帝黄飞虎神像，是东岳大帝的“行宫”，为泰山东岳庙在全国各地立的“别庙”之一。明嘉靖年间（1522—1567），倭寇由长江口入侵福山，东岳庙被毁。清康熙五十一年（1712）重建，到咸丰十年（1860）又毁，同治三年（1864）又重建3间，庙前筑围墙，庭院内有天炉1座，传说此炉为宋时旧物，历经数劫而有幸留存。20世纪50年代末，东岳庙被拆除。1996年，经常熟市人民政府批准，设立殿山佛教活动点。乡人在东岳庙的废墟上重建庙宇，后改称“福江禅寺”，寺内大雄宝殿供佛祖释迦牟尼佛像。在禅寺东南侧另建3楹庙堂，仍称“东岳庙”。

【弥陀寺】 前身是护国庵，寺址在新州村瞿家圩，三面环水，地势优越，交通便捷。1999年，经常熟市人民政府批准，群众赞助重建弥陀寺。2001年农历二月十九日，弥陀寺举行开光仪式。2012年农历六月十九日，天王殿奠基，殿内供奉弥勒佛、四大金刚等。寺内佛事由兴福寺下派法师住持。弥陀寺大殿名“无量寿佛殿”，长33.6米，宽26.8米，高约22米。殿内供奉阿弥陀佛（又称无量寿佛）坐像，东侧奉观音菩萨，西侧奉地藏王菩萨。大殿东北侧有大钟一口，高1.5米、直径1.2米。东有生活用房37间。西有长方形放生池，面积1600平方米。池四角各有一亭，与宽2.4米、长214米的长廊环绕连接。放生池北侧有绿化林和“先祖纪念堂”。大殿北和东侧有佛堂12间。南侧有住宿楼1栋10间。

弥陀寺

【福海禅寺】 花庄福海禅寺，坐西朝东，占地2666.7平方米。1995年5月，常熟市人民政府批准设立王市佛教活动点。1996年5月29日，大雄宝殿奠基，苏州市佛教协会原副会长、常熟市佛教协会会长、兴福寺住持妙生长老题名“福海禅寺”。1998年，又建大土殿、僧房等10多间。天王殿正中供奉弥勒佛，背面韦驮菩萨，两边四大金刚。出天王殿，为大雄宝殿，殿前有宝鼎1座，高3.8米。殿面阔3间，占地120平方米，单檐。殿内正中供奉释迦牟尼佛像，两边供十八罗汉。大雄宝殿后有三圣殿，面阔3间，占地80平方米。寺院东南角有古银杏树1棵，高约22米，胸径1.56米，树龄近300年。2008年3月，福海禅寺登记为固定佛教活动处所。2020年，市佛教协会委派和尚住持福海禅寺。

铜官山摩崖石刻

【南沙（常熟）古城旧址】 东汉初，福山地方隶属吴县南沙乡。东晋咸康七年（341），以南沙乡之地建南沙县，铜官山下，围筑南沙城。“城在山下”，为县治所在地。梁大同六年（540），南沙县境内因“土壤膏沃，岁无水旱之灾”，更名为“常熟县”，县治仍在南沙城。唐武德七年（624），常熟县治由南沙城移至海虞城（今常熟市区）。自东晋咸康七年（341）至唐武德七年（624），南沙城设作县治长达283年。

【铜官山摩崖石刻】 铜官山南麓有巨石，高2米余，宽约5米，呈长方形，两头狭尖似船形，因而称“石船”。上刻《铜官山石船诗》七律一首，明隆庆年间（1567—1573）洞庭汪氏作，明书法家、邑人严澍于万历二十年（1592）书。诗曰：“闻道岩阿有石船，登临始信不虚传。帆凭老树风前挂，缆藉闲藤雨后牵。亘古未经江面浪，至今犹宿岭头烟。缘何不泛桃花渡，停泊山谿几百年。”因年久风化，字迹已磨损。铜官山摩崖石刻于1982年11月17日被公布为常熟市文物保护单位。

【福山赵宅】 福山南街赵宅，坐东朝西，硬山顶，砖木结构，为清代建筑。现存房屋3进，均为单层，占地约608平方米。第一进门房，通面阔5间15.2米，通进深7架10.7米，后设砖雕门楼，外设封火墙。第二进主房，通面阔5间16.7米，通进深7架8.9米，设前翻轩。第三进后房，通面阔5间19.3米，通进深7架7.8米，前设廊，花岗石柱础。赵宅于2009年6月被公布为常熟市文物保护单位。

非物质文化遗产

【概况】 福山东岳庙会入选苏州市第七批、常熟市第一批非物质文化遗产代表性项目名录。徐桥荡湖船、海虞红木雕刻入选常熟市第二批非物质文化遗产代表性项目名录。七峰碧螺春茶叶制作技艺入选常熟市第五批非物质文化遗产代表性项目名录。

【福山东岳庙会】 福山东岳庙会是地方传统庙会节场，入选苏州市第七批、常熟市首批非物质文化遗产代表性项目名录。海虞镇文化站入选苏州市非遗项目保护单位。每年农历三月二十八日，当地百姓抬神像到东岳庙朝圣，并到褚太尉庙祭祀，年复一年，逐渐形成传统。庙会队伍依次有压道社、开脸社、土地社、内班社、臂锣社、銮社、神像香轿、顶马扛头等。随着时间的推移，带有祭祀色彩的宗教仪式逐渐淡化，举行民间文艺活动和物资交易的风俗却依然延续下来。

【徐桥荡湖船】 入选常熟市第二批非物质文化遗产代表性项目名录，海虞镇文化站是徐桥荡湖船传统舞蹈项目保护单位。荡湖船属民间传统舞蹈，年代久远，民国时期，海虞镇徐桥一带已流行。荡湖船身长2米、宽1米，用16根篾竹扎成，船橹用1根杉木制成，橹绷绳用红绿绸布搓成。

徐桥荡湖船

荡湖船由3个角色表演：领头的小丑手拿破扇走在前面，破扇上下扇动，象征扫除前面的邪气；摇船的是一对夫妇。3人在江南丝竹声中边唱边摇，十分有趣。

【海虞红木雕刻】 入选常熟市第二批非物质文化遗产代表性项目名录。海虞红木雕刻产品曾荣获上海口岸红木家具“质量一等奖”“产品设计优秀奖”“江苏省工艺美术百花奖”等荣誉。1997年，海虞红木为中南海紫光阁雕刻制作了36套红木家具；1999年，为北京钓鱼台国宾馆18号总统楼和养源斋雕刻制作红木家具；2006年，在钓鱼台国宾馆中俄经济工商界交锋论坛会上，选用的海虞红木雕刻主席台，被誉为“东方艺魂”。

【七峰碧螺春茶叶制作技艺】 入选常熟市第五批非物质文化遗产代表性项目名录。碧螺春茶叶的采摘和制作工艺要求极高，采摘须在春分至谷雨期间，采摘芽叶初展时的嫩芽为原料。每天清晨踏露采摘，然后进行拣选，去除鱼叶、老叶、过长茎梗，下午至晚上才可炒制。炒制采用传统的手工方法，其工艺流程为摊晾、杀青、揉捻、搓团焙干。炒制与“火候”密切相关，锅膛以传统方法烧柴火，严控锅温，旺则焦，灭则腥。而手指在锅底翻炒的频率，揉搓的力度也都有讲究：轻则条索粗松，重则叶芽碎折。每锅茶叶的炒焙须一气呵成，任何一个环节都不容有差错。

旅游景点

【铜官山】 是海虞镇境内七山之一，海拔 43 米，底面积约 21 公顷。传说此山因出土 18 顶铜轿而得名。东晋咸康七年（341）在铜官山麓围筑南沙城，至唐武德七年（624）先后设“南沙县”“常熟县”，设作县治所在地长达 283 年。唐天宝六年（747），铜官山更名常熟山。《常昭合志》载曰：“城在铜官山下。”《琴川志》称：“铜官山改名为常熟山，盖因县治为名，此山本在县城内。”山上有石船，船上刻有“石船诗”，铜官山石船为常熟市文物保护单位。2020 年，海虞镇整体开发建设铜官山，建成一个以自然风光为主体，集美丽田园、茶园、果园、花园和农民新家园于一体的生态休闲地标；因地制宜对铜官山进行修复、改造，建成集观光栈道、花影隧道、休闲茶园、吴方言馆、溯源馆、乡村振兴学院等 40 多个特色景点于一体的常熟市首批“‘千村美居’网红打卡地”。

【铁黄沙生态岛】 海虞镇望虞河口外侧的铁黄沙，是长江滩涂半岛状沙洲，面积约 16 平方千米，西南岸滩地面积约 4.7 平方千米。2019 年 5 月，市、镇两级政府投入 4.7 亿元建设与修复铁黄沙。2020 年，建成由池杉、落羽杉、黄山栾树等组成的

铜官山旅游基础设施建设

宽 50~80 米、面积 200 多公顷的沿堤绿化带。岛内道路沿线种植虞美人、油菜、金盏菊、二月兰、苕子等花卉，打造成“铁黄沙花世界”，生态种植面积达 74.4 公顷。铁黄沙生态岛已成为众多珍稀濒危鸟类和野生动物的天堂，是集生态、旅游、休闲、度假于一体的最美长江段。

【平巷花海】 海虞镇福山村平巷花海，位于殿山与铜官山之间，紧靠 346 国道，与铜官山乡村乐园隔路相望。平巷花海栽植柳叶马鞭草 3 公顷，粉黛乱子草 3.5 公顷，百日菊、月季花、鲁冰花、美女樱等 12 种花卉 0.7 公顷。花期从 7 月上旬小暑至 11 月下旬小雪。鲜花盛开的季节，姹紫嫣红、五彩缤纷，呈现一片花的海洋。百亩花海间辟有一条条曲径，有凉亭、秋千、风车和花间小茶馆等设施，供游人游览观光、休闲小憩。2020 年，福山村平巷花海成为常熟周边乡村游的“网红打卡地”。

旅游服务

【维也纳国际酒店（常熟海虞店）】 是维也纳酒店集团旗下国际级标准四星级连锁酒店。地处新天地商业广场（海虞镇迎宾路 66 号）。酒店于 2020 年 10 月 1 日开业，有 149 间客房。店内配置一流的设施，会议厅、餐厅、健身房、多功能厅，多媒体演示系统、商务中心、公共停车场等一应俱全。

【公交路线】 海虞镇区有客运站 1 个（海虞镇公交首末站），运营城乡公交线路 6 条，镇村公交线路 4 条。城乡公共交通线路有 212 路、213 路、214 路、215 路、219 路、226 路，镇村公交线路有 313 路、314 路、315 路、344 路，计 10 条班线。

体　育

【概况】 2020 年，海虞镇有宏华篮球俱乐部、常熟乒乓球协会海虞分会、海虞镇老年体育协会、海虞镇门球协会、海虞镇广场舞协会、海虞镇棋类协会等群众体育组织。各体育组织分别开展篮球、乒乓球、门球、棋类、太极、徒步等体育比赛和健身活动。开放文体中心体育功能室，提供日常训练场地。全镇建有全民体育健

身场地 18 万平方米。

【体育设施建设】 至年末，全镇建有全民健身活动场地 18 万平方米，人均 1.58 平方米。全民健身路径 1017 件，每万人拥有健身路径 90.64 件。全年新增全民健身活动场地 6.04 万平方米，全民健身器材 560 件，健身步道 95 条。新建健身公园 2 个（汪桥村健身公园、郑家桥村健身公园）。新建全民健身小游园 1 个（香桥村马家桥全民健身游园），设有健身路径、健身步道、乒乓球台、羽毛球场、篮球场、儿童游乐场等。

【市级以上比赛】 11 月 1—2 日，苏州市第十五届运动会（农民组）篮球、乒乓球比赛暨第十四届“千村万人　幸福乡村”篮球、乒乓球总决赛在昆山市举行。海虞镇篮球俱乐部组队参赛，获第五名。 8 月 8 日，镇机关青年队参加市文体旅局、市体育总会等部门联合举办的常熟市第九套广播体操比赛，获二等奖。10 月 2 日，镇棋协派出 4 组 13 名选手参加市总工会、市文体旅局联合举办的迎国庆第三十七届“工会杯”象棋比赛，海虞一队获得团体第一名。10 月 24 日，海虞镇侨联队参加市第七届“侨联杯”乒乓球团体赛，获得冠军。11 月 22 日，由市文体旅局举办的 2020 年《国家体育锻炼标准》测验达标赛在市体育中心举行，各乡镇 1000 多名选手参赛。海虞镇派出 25 人参加，获得团队第二名。

【镇级体育活动和比赛】 1 月 12 日，“海虞杯”迎新春职工乒乓球赛在镇文体艺术中心开赛，全镇各企事业单位 50 多名乒乓球爱好者参加比赛。 7 月，海虞镇第 25 个全民健身月活动开幕，其间举办首届政务杯气排球比赛、乒乓球赛、中国象棋邀请赛、“助力小康　圆梦新天地”彩虹跑等活动。重阳节，组织登山爱好者开展“登幸福山顶　享美好生活”登铜官山

11 月，海虞镇篮球俱乐部组队参加苏州市第十五届运动会（农民组）篮球比赛并获第五名

10 月 6 日，庆祝中华人民共和国成立 71 周年暨 2020 年海虞镇优秀广场舞展演在海虞新天地商业广场举行

活动，300多人参加。10月1日，镇文体艺术中心举办“迎中秋　庆国庆”乒乓球友谊赛，50多名乒乓球爱好者参与。10月6日，庆祝中华人民共和国成立71周年暨2020年海虞镇优秀广场舞展演在海虞新天地商业广场举行。全镇12支队伍134名演员参加表演。12月6日，“无忧海虞　活力乐跑”2020海虞镇（新材料产业园）首届企业户外运动嘉年华活动在铜官山开幕，70多家企业的500多名健身爱好者参与活动，200人进行瑜伽展示表演。［镇社会治理和社会事业局（文体旅）供稿］

经济管理

综 述

2020 年，海虞镇依法加强财政和资产管理，培植乡镇财源，做好财政预决算，严格监督财税政策和财务会计制度的执行情况。建立和完善镇农村经济管理体系，提升管理水平。依法加强财政和资产管理，盘活存量资产。依法做好审计工作，尤其重视主要领导人离任审计。做好常规统计，重点做好第七次全国人口普查工作。

财 政

【概况】 2020 年，海虞镇财政和资产管理局依据各项法律、法规培植乡镇财源，组织管理财政收入和财政票据；对乡镇财力进行综合平衡，统筹分配财政性资金；监督管理全镇财政性资金的使用、绩效；监督检查各项财税政策和财务会计制度执行情况，监督管理乡镇国有资产和政府性债权债务，协助监督管理乡镇范围内的会计工作；负责或协助各项民生财政政策的落实和相关资金管理。2020 年，获镇“公仆杯”考核金杯。

【财政收支】 全年财政总收入 27.33 亿元，其中税收收入 21.09 亿元、非税收入 3224 万元、基金收入 5.23 亿元、纳入专户管理的非税收入 6926 万元。一般公共预算收支情况：一般公共预算收入 11.66 亿元，其中税收收入 11.34 亿元、非税收入 3224 万元；一般公共预算可用财力 7.38 亿元，上解支出 1906 万元；一般公共预算支出 7.19 亿元。基金收支情况：土地出让金收入 5.23 亿元，基金预算可用财力 7.12 亿元，基金预算支出 7.12 亿元。非税专户收支：非税专户上年结余 745 万元，非税专户收入 6926 万元，非税专户支出 7155 万元，年末结余 516 万元。

表 9　　2020 年镇一般公共预算支出一览

预算科目	支出金额（万元）	预算科目	支出金额（万元）
合计	71866	节能环保支出	4833
一般公共服务支出	4922	城乡社区支出	8320

续表

预算科目	支出金额（万元）	预算科目	支出金额（万元）
公共安全支出	3725	农林水支出	8077
教育支出	20271	交通运输支出	261
科学技术支出	1735	资源勘探信息等支出	266
文化旅游体育与传媒支出	341	商业服务业等支出	1810
社会保障和就业支出	11329	住房保障支出	1108
卫生健康支出	4695	灾害防治及应急管理支出	173

表 10 2020 年镇基金预算支出一览

预算科目	支出金额（万元）
合计	71157
城乡社区支出	70131
其他支出	27
债务付息支出	230
抗疫特别国债安排的支出	769

【财务管理】 2020 年，海虞镇财政和资产管理局开展镇管事业单位元旦、春节等节日反四风检查，季度财务会审及票据检查，组织部门预算单位及机关各部门开展预算执行系统培训。梳理常熟市王市农村经济发展投资有限公司资金运行情况，明晰公司的债权债务。聘请会计师事务所专项审计福山联防队和周行联防队财务。专项检查郑家桥村、福山村、河口村 2020 年度耕地地力保护补贴资金管理使用情况。委托事务所审计国营常熟市棉花原种场 2019 年度收支财务。

【绩效评价管理】 2020 年，海虞镇对计生家庭特别扶助金、农村低保、动物防疫、河道长效管理、集镇区域保洁等 5 个

项目实行预算绩效管理，涉及预算金额1149.6万元，上级资金383万元，绩效金额1532.6万元。

【工程项目竣工财务决算管理】 2020年，海虞镇财政和资产管理局全部完成2018年上报的政府投资项目竣工财务决算任务，共涉及19个完工项目，累计投资5.45亿元，实际批复金额为5.32亿元。

【涉农补贴】 2020年，海虞镇发放涉农补贴12项共计1561万元，惠及农户5792户。

【机关事业单位内控建设】 2020年，海虞镇财政和资产管理局完成11家行政事业单位（含镇人民政府）内部控制建设，12月完成单位内控手册定稿。连同上年2家内控建设示范点，全镇行政事业单位内部控制建设全部完成。

（镇财政和资产管理局供稿）

审 计

【概况】 2020年，海虞镇内部审计执行财经纪律，依法履行审计监督职责，对财经秩序、廉政建设、经济管理等方面提出合理意见，通过举办海虞镇村（居）务监督委员会财经纪律等专题培训，提高会计制度执行情况和集体资金使用的可信度，促进经济社会健康发展。

5月22日，海虞镇举办村（居）务监督委员会财经纪律专题培训

【监督职责落实到位】 2020年，海虞镇组织开展2019年四季度和2020年前三季度行政事业单位会计制度执行情况、各项规定落实情况、三公经费使用情况、内控制度落实情况等会审。会审结果，各单位都能较好执行会计制度，落实上级文件精神，压缩三公经费，无违规现象发生。发现存在以下问题：会计科目使用不当，原始凭证缺少相关重要附件，会计业务能力有待提升；未按规定执行政府采购，存在提前付款现象；日常办公费用累计报销，个别单位未执行一车一卡等。相关单位已上报整改报告。

【离任经济责任审计】 2020年，海虞镇

做好徐桥村、邓市村、新州村、东泾村党委书记和福山中学校长离任经济责任审计。审计任期内总资产、负债、所有者权益以及任期内净资产增加数。综合性评价任期内的资产变化情况、社会事业投入情况和财务收支情况。

【年终财力审核】 2020年，根据《海虞镇2019年行政村党组织"先锋指数+"考评激励办法》，审计全镇行政村年度考核指标完成情况和村级财力非生产性开支。经审计，全镇实现村级可用财力1.34亿元，比上年增加3094.17万元，增长30.14%；村级平均财力785.85万元，其中汪桥村可用财力1439.32万元。

【专项审计】 海虞镇完成河口村、福山村、郑家桥村2020年耕地地力保护补贴审计。审计结果：补贴资金及时发放，留存的补贴清册清晰，均无二次分配现象发生。但个别小组存在代签，补贴资料未装订成册，签订合同未注明享受补贴对象等。专项审计福山、周行治安联防队2015年至2018年的会计报表及工会账册，并提出经费使用、公务用车、报账票据、固定资产管理等方面的整改意见。

【村级巡察"回头看"】 2020年，镇资产管理局对被巡察的行政村和社区开展"回头看"，对存在问题责令限期整改。

［镇党政办（监督审计）供稿］

统　计

【概况】 2020年，以提高数据质量和服务质量为中心，切实做好第七次全国人口普查和其他统计重点工作，为全镇经济高质量发展提供数据支撑，为领导科学决策提供可靠依据。

9月7日，海虞镇召开第七次全国人口普查"两员"业务培训会

【统计专业培训】 2020年，利用"四上企业"年定报会议、农业年报会议、科技统计业务培训会议、人口普查短表长表业务培训会等，对"四上企业"统计人员、普查"两员"开展统计法律法规、统计业务、《全国人口普查条例》、人口普查综合业务、电子设备录入程序等知识进行培训。1100多人次接受培训。

【人口普查】 4月，成立镇人口普查领导小组和办公室并下发文件。5月，村、社区、新材料产业园、福山农场等24个普查区各成立领导小组。全镇选聘普查“两员”560多名，安排普查经费115.6万元。6—12月，进行宣传动员、业务培训、划分小区、摸底调查、入户登记、核对复查，查实查准人口总量、人口结构、人口迁移流动等状况。在规定时间内，完成55982户160070人短表录入上报，并抽取长表4190户13647人录入上报，完成错误修改、低龄人口和居住地比对复查。12月，龙墩村第7小区被全国普查办抽中质量验收小区，14—19日，国家抽查人员对第7小区所有住户进行入户调查比对，通过质量验收。

（镇经济发展和改革局供稿）

资产管理

【概况】 2020年，海虞镇财政和资产管理局负责镇经营性资产、非经营性资产、资源性集体资产等管理。主要管理镇资产经营投资公司出租的房屋建筑、土地等，包括镇级集体资产、水利划转资产、直管公房以及镇政府机关自用土地、房屋等非经营性资产。

【资产安检】 5月，组织消防、安监、综合执法等部门对集体资产进行现场踏勘，拆除私搭乱建，打通消防通道，对存在问题列出清单，限期整改。7月，开展直管公房用电、用水、用气安全专项检查，整改电气线路44户，安装燃气泄漏在线监测仪30户。完成直管公房测绘上图，实测房屋面积计1.6万平方米。

【盘活存量资产】 2020年，根据镇党政联席会议制定的处置方案，以评估价转让的方式将镇集体资产转让给行政村，转让房屋面积2.55万平方米，评估价值3366.25万元。由镇政府统筹，将适用于办公场所的闲置集体资产出租给行政村，出租房屋面积2000平方米、土地4590平方米，年租金21.43万元。

【直管公房清租】 根据海办发〔2019〕50号《海虞镇直管公房清租实施方案》，2020年，实施中新海虞花园城区域直管公房清租，共清租5户157.54平方米。房屋清租后移交并拆除。

【落实“苏惠十条”政策】 2020年，根据《苏州市人民政府关于应对新型冠状病毒感染的肺炎疫情支持中小企业共渡难关的十条政策意见》（简称“苏惠十条”）文

件精神，制定镇集体资产出租租金减免实施办法，对符合条件的集体资产承租户实行租金减免，惠及承租户（含直管公房非住宅）123户，减免租金共80.08万元。

【欠款追缴】 2020年，镇资产办逐一排查、分析历年欠缴租金单位的欠缴原因。逐个落实还款计划并进行跟踪管理。对少数多年欠缴且无还款诚意的承租企业（自然人），在多次催讨无效的情况下，通过司法途径处理。全年收回陈欠款120.24万元。

（镇财政和资产管理局供稿）

镇村建设

综 述

2020年，海虞镇依据2019年修订调整的中心镇区控制性详细规划方案，打造宜商、宜居、宜文、宜乐的创新型商业镇。制订新农村民宅、河道、农田、道路、污水治理等发展规划。全年实施惠民工程15项，重点工程26项，完成福山、周行2个被撤并镇的改造提升。完成宜居村庄建设入库自然村130个，通过验收村庄80个。建成省级特色田园乡村2个。审批农户原宅翻建房屋419户。中新海虞花园城景观绿化、河道、道路等9项工程开工，年内竣工3项。海虞新天地商业广场建成开业。海盛家园、海新家园、海洲新城二期、聚福佳苑二期完成总建筑面积27.34万平方米。完成疏浚河道40条45.13千米。

自然资源和规划

【概况】 2020年，常熟市自然资源和规划局海虞分局（以下简称“海虞分局”）强化土地执法监察，开展日常动态巡察50次，查处违法用地行为6起。做好服务保障工作，保护耕地资源；做好基础管理工作，建立完善地籍管理制度；做好土地年度变更调查及资料归档工作，完好保存土地档案。

【规划工作】 2020年，海虞分局完成周行片区2个行政村和福山片区1个社区的规划工作。汪桥村、香桥村村庄规划得到市人民政府批复；汪桥村老旧工业载体更新方案编制完成；香桥村规划确定城乡一体化安置小区相关配套设施的位置；福山片区根据企业开发和实际发展需求，对部分地块的用地功能做适当调整。同时，海虞分局启动新一轮镇村布局规划。

【土地执法监察巡察】 2020年，海虞分局开展土地日常巡查50次，制止并处理违法用地6起，面积1.53万平方米；处理办结来信来访和便民服务中心交办任务单10起；例行下发卫星遥感监测图斑2150个，“慧眼守土”系统每天巡查1小时，未发现新增违法用地情况。

【耕地资源保护】 2020年，海虞分局确保全镇4237.87公顷耕地和基本农田总量不减少、质量不降低。落实耕地保护资金发放工作，对18个村（场）补偿资金1.67万元。高标准基本农田建设项目通过验收，

完善基本农田后备库面积52.8公顷。优化“慧眼守土”监察高清探头布局，加密巡查次数，全年无重大违法事件发生。

【统筹用地需求】 2020年，海虞分局土地农专用报批14.83公顷，优先保障民生工程、基础设施、重大产业项目用地29.23公顷。办理具体项目供地26宗，面积66.05公顷。其中，招拍挂出让土地15宗，面积52.63公顷，出让金约9.4亿元（住宅及商业用地3宗，面积7.08公顷，出让金7.3亿元；工业用地10宗，面积42.15公顷，出让金1.9亿元；其他用地2宗，面积3.39公顷，出让金0.2亿元）；划拨公建项目及中新镇区搬迁企业用地8宗，面积9.62公顷。

【土地复垦整治】 2020年，海虞分局“三优三保”（以优化建设用地空间布局保障发展，以优化农业用地结构布局保护耕地，以优化镇村居住用地布局保护权益）复耕指标12.15公顷，增减挂钩指标21.65公顷。铜官山区域建设用地及基本农田调整，新增耕地总面积2.99公顷，拆旧复垦面积7.95公顷，新建项目总面积约5.33公顷。

【基础管理工作】 2020年，海虞分局做好土地变更调查、测量标志现场核实、基层分局标准化建设等工作。配合市不动产登记中心做好宅基地、企业权籍调查100宗和绿山小区26户试点农宅登记发证工作。组织各村开展三级确认权属、收集并审核拆迁农宅申请登记材料200户。老旧工业厂房改造高效项目再供地8.71公顷。

（自然资源和规划局海虞分局供稿）

工程建设

【概况】 2020年，海虞镇实施教育惠民工程10项、医疗卫生工程1项、交通畅行工程4项、基础设施工程11项。推进周行、福山2个被撤并镇整治提升工作，实施一批道路、桥梁、绿化和停车场等基础工程。海丰家园一期安置房工程开工建设，土建投资额2.39亿元。聚福佳苑二期、海洲新城二期工程施工基本完成。中新海虞花园城建设工程开工9个项目，部分项目竣工。

【实事工程】 2020年，海虞镇实施实事工程15项，包括海虞中学（初中部）迁建工程、苏州外国语学校常熟分校（幼儿园项目）、海虞中学（高中部）改扩建等工程，总投资约2.4亿元。至年末，福山中学改扩建工程（二期）建成投用，海虞初中迁建工程、高中改扩建工程进

入收尾阶段，苏州外国语学校常熟分校（幼儿园项目）主体建筑封顶。镇医养中心土建投资5697万元，6月开工建设。交通畅行工程4项，包括中新路、泾湾路、规划一路、龙墩路工程，其中中新路、泾湾路竣工通车。

【重点工程】 2020年，海虞镇实施重点工程26项，包括中新海虞花园城建设、铁黄沙绿化种植、海丰家园一期、聚福佳苑二期、海洲新城二期、周行污水厂提标改造和王市、周行、福山村庄污水治理等工程项目，总投资约7.9亿元。完成铁黄沙绿化种植80公顷。王市污水处理厂完成提标改造。新建农村生活污水治理管网8千米，完成153家工业企业和64个村庄的生活污水收治工作，惠及农户2688户。

【中新海虞花园城建设】 中新海虞花园城项目于2013年9月26日正式启动。该项目位于海虞镇核心区，西起海棠路、东至人民路、北达新泾塘、南抵向阳路，规划面积1.66平方千米。花园城借助新加坡先进的规划经验和苏州工业园区成功的开发经验，高起点规划、高品质建设、高水准管理，计划用10年左右时间，建成以海虞镇中心集镇为核心的配套完善、产城融合、有吸引力的、常熟北部宜居宜业小城市。2020年，海虞花园城实施景观绿化、河道、道路等工程9项，其中耿泾秋色景观绿化、中新路（海棠路—耿泾塘）

中新海虞花园城——耿泾秋色

绿化、耿泾塘河道整治等工程已竣工。

【被撤并镇整治提升】 2020年，海虞镇全面推进周行、福山2个被撤并镇整治提升工作，实施改造道路、桥梁、停车场和环境等项目25个。其中，周行镇区项目13个，总投资额4540万元；福山镇区项目12个，总投资额2.43亿元。至年末，三年行动收官。

【工程招投标】 2020年，海虞镇完成招标项目109个，标底总价约9318万元，中标总价约7563万元，节约资金约1755万元，平均下浮率约18.83%。

【建筑工程施工许可审批】 2020年，海虞镇办理建筑工程施工许可审批共99项，其中公共设施工程建设11项、实事工程建设8项、商业开发工程建设2项、工业用房工程建设78项。

［镇建设局（规划建设管理）供稿］

城乡一体化建设

【概况】 2020年，海虞镇城乡一体化建设主要项目有海盛家园、海新家园、海洲新城二期、聚福家苑二期等。安置房累计交付35套，领证213套，完成契税报账288套。

【海盛家园】 项目占地3.52公顷，总建筑面积8.83万平方米，其中配套服务用房面积4080平方米，可安置农户294户（554套），有汽车停车位643个（其中地下停车位317个）。项目由常熟市海虞城乡一体化建设有限公司承建，总投资约3.5亿元，2017年1月桩基工程开工，2020年12月竣工交付。项目容积率2.19，绿地率35%，符合《绿色建筑评价标准》绿色建筑二星级设计标识要求。该项目获二星级绿色建筑设计评价标识，工地获“江苏省标准化施工三星工地奖”、江苏省质量安全观摩工地等荣誉。

海盛家园

【海新家园】 项目占地面积0.92公顷，

总建筑面积2.34万平方米，其中配套服务用房面积726平方米，可安置农户64户（128套），有汽车停车位144个（其中地下停车位80个）。项目由常熟海盛开发建设有限公司承建，投资约8800万元。2017年10月桩基工程开工，2020年10月竣工交付，12月完成安置工作。项目容积率2.02，绿地率30%，获二星级绿色建筑设计评价标识。

【海洲新城二期】 项目占地4.62公顷，总建筑面积10.96万平方米，其中配套服务用房1.06万平方米，可安置农户346户（602套），有汽车停车位768个（其中地下停车位450个）。项目由常熟市海虞城乡一体化建设有限公司承建，总投资约4亿元。2017年9月桩基工程开工，目标2021年4月竣工交付，5月完成安置工作。项目容积率2.02，绿地率30.1%，获二星级绿色建筑设计评价标识，被评为国家AAA级文明工地。

【聚福佳苑二期】 项目占地2.73公顷，总建筑面积5.32万平方米，其中配套服务用房1265平方米，可安置农户181户（362套），有汽车停车位362个（其中地下停车位104个）。项目由常熟市海虞城乡一体化建设有限公司承建，总投资约2亿元。2017年11月桩基工程开工，目标2021年4月竣工交付，5月完成安置工作。项目容积率1.753，绿地率19.11%，获二星级绿色建筑设计评价标识，被评为2018年江苏省建筑施工标准化二星级工地。

（海虞城乡一体化建设有限公司供稿）

农村住房建设管理

【概况】 2020年，加大农宅建设监管力度，规范各类农宅建设行为，协同村委会调处农宅翻建过程中出现的矛盾，查处违章建筑30多起。审核成片拆迁置换材料197份。

【规范农宅建设审批】 2020年，海虞镇严格审批流程，实行会审制度，全年审批原宅翻建419户（含一般维修）。完善建房手续，上报资料后会审通过，再逐家逐户实地放样、验收。

【农宅建设督查】 2020年，海虞镇安排专人负责，落实责任，监管各建房户遵守审批面积、檐高、脊高等规定。针对各村在建房过程中出现的超檐高、超面积、违章搭建等违建现象，组织联合执法及时处理、整改。至年末，查出农村宅基违章建筑30多处，经劝导、教育自拆的20多处；情节恶劣、教育疏导无效移送执法局

强拆的 13 处。

【置换申请材料审核】 2020 年，海虞镇对照农宅拆迁置换政策，严格审核各片区拆迁成片置换区和解危解急户的材料。至年末，审核成片拆迁置换区材料 197 份，解危解急户材料 57 份。

【来访来信接待】 2020 年，海虞镇落实信访管理制度，对来访者做到认真接待、认真记录、认真答复。及时处理群众反映的问题，维护人民群众的合法权益，维护社会稳定。

［镇建设局（农宅）供稿］

“千村美居”工程

【概况】 2020 年，常熟市出台《关于实施“千村美居”工程的工作意见（2020—2022）》，用 3 年时间，实施全域美丽宜居村庄优化提升工程。根据意见，2020 年底前完成农村人居环境整治三年行动目标任务，实现农村人居环境“干净整洁有序”；以村庄人居环境“233”专项行动为抓手，至 2022 年，基本完成全域美丽宜居村庄建设任务，建成一批特色田园乡村、特色康居乡村、特色生态乡村和传统古村

美丽宜居村庄——龙墩村香塘桥

江苏省特色田园乡村——七峰村

落，打造一批“千村美居”示范带、示范区。至年末，海虞镇完成美丽宜居村庄建设入库村组130个，通过验收村组80个，建成江苏省特色田园乡村2个。

【实施“千村美居”工程】 2020年，海虞镇成立“千村美居”工程领导小组，成员由镇党政领导、各部门、单位、村（社区）主要负责人组成，镇党委书记任组长。领导小组下设宣传协调、规划指导、工程管理、执法服务等工作班子，统筹实施“千村美居”工程。全面推进农村住房建设、生态环境整治、村庄风貌塑造等工作。至年末，实施村组三批入库130个，涉及16个行政村，农户4500户。80个自然村组通过验收，被命名为“常熟市美丽宜居村庄”。

【省级特色田园乡村建设】 2020年，海虞镇建成2个省级特色田园乡村。七峰村上山巷特色田园乡村建设是“千村美居”工程的工作重点，涉及面积72.58公顷，农户185户653人。围绕铜官山历史文化底蕴，优化山水、田园、村落等空间要素，进行生态文明建设。七峰村上山巷入选江苏省第三批次特色田园乡村名单。福山村寺前特色田园乡村创建，累计实施6大类26个项目，投资1726万元，入选江苏省第五批次特色田园乡村名单。

环境卫生管理

【概况】 2020年，海虞、周行、福山3个环境卫生服务所有管理人员11人。服务所实行市场化保洁，全年保洁服务费分别是295.68万元、210.85万元、190.69万元，共697.22万元。

道路清扫保洁

【垃圾分类】 2020年，海虞镇农村生活垃圾分类设施覆盖率达100%。19个自然宅基和15个住宅小区开展“三定一督”四分类工作。海福新城、丽都花园、港龙香语华庭、七里香庭一期、七里香庭二期、望虞水岸、幸福家园、四季花园、海阳广场、海枫苑、海洲新城、紫宸名筑、周行中宏商业广场、苏桥花苑、聚福佳苑等15个住宅小区建有25个垃圾分类投放点。建设有机垃圾资源化处理中心1处，房屋占地面积200平方米。

【垃圾清运】 2020年，海虞镇全面实行“组保洁、村收集、镇转运、市处理”收运体系和日常运行监管。设有王市、福山、周行生活垃圾中转站3座，占地面积分别是1780平方米、4336平方米、5166平方米，日处理垃圾分别是60吨、50吨、56吨，总日处理量166吨。

海虞镇农村有机垃圾资源化处理中心周行站

【道路清扫保洁】 2020年，海虞镇道路清扫面积共162.09万平方米，其中，王市片区80.57万平方米，周行片区24.60万平方米，福山片区56.91万平方米。

【环卫设施建设】 2020年，海虞镇建有公厕72座，其中，王市集镇区23座，周行集镇区16座，福山集镇区33座。全镇建有垃圾分类收集房13座，其中，王市集镇区6座，周行集镇区4座，福山集镇区3座。

【环境卫生监督管理】 2020年，镇环境卫生监督管理工作领导小组指导全镇各行政村（社区）做好环境长效管理工作。对已通过“千村美居”专项行动验收的自然村庄（含三星级康居乡村）、一般自然村庄、集镇的环境卫生工作分别开展督查、考核。农村考查内容包括自然环境、组织管理、设施管养、沿线风貌、河道保洁和农户参与等；集镇考查内容包括主次干道，小街巷、居民新村、镇村接合部、环卫设施、河道保洁和道路沿线等环境状况。

（镇环卫所供稿）

市政设施建设与维护

【概况】 2020年，海虞镇公用事业管理所（以下简称“管理所”）完成新建小区的天然气配套工程5个。结合文明城市复检，做好镇道养护、市政设施维修、路灯管理、雨水管网维护疏通等工作，共投入930多万元。

【天然气管网建设】 2020年，管理所完成海新家园、海盛家园、虞澜别院、海德名筑、港龙香澜华庭等新建居民小区天然气配套工程5个，天然气入户1738户。

【镇级道路养护】 2020年，管理所先后维修人民北路、海阳路、通江路、学前路、王市路市场段、海福路、鹿庄路、三福路、爱福路、共青路、周师线等道路，投入约314万元，其中道路小修投入约168万元。

【路灯及亮化管理】 2020年，管理所招议标确定路灯养护单位，联动中心反馈平台与日常巡查相结合，发现问题及时处置。全年管护路灯6280盏，年养护费22.55万元。合同能源管理路灯4840盏，年节能服务费333万元。路灯零星维修工程费用约45万元，立面亮化养护费用104.6万元。

【集镇设施维修】 2020年，管理所完成陈塘公厕化粪池、福山商业中心厕所改造，海福新城、福山集贸市场、初心广场、绿

化垃圾临时堆放点等零星维修工程，投入约110万元。

【雨水管网维护疏通】 2020年，管理所检查镇村级路网雨水窨井，更换破损窨井盖。检查雨水管网48.7千米，及时疏通金家浜路交家电门口、慧周路周行中学对面、周行开发区、通周路好又多超市西侧及南侧、周行菜市场西侧、福山菜市场东侧、爱福路徐桥小学段、府前路、迎宾路等路段堵塞的雨水管道。

（镇公用事业管理所供稿）

景观绿化

【概况】 2020年，海虞镇新增绿化面积6.64公顷，植树7373棵，林木覆盖面积共2030.99公顷，覆盖率19.18%。管理所负责管护的绿化总面积681.5公顷，其中市级托管绿化面积194.2公顷，镇级绿化面积117.4公顷，村级绿化面积369.9公顷。全镇有古树名木（银杏）28棵。全年绿化养护、管理等补助费600.6万元。

【绿化建设】 2020年，海虞镇内新增绿化面积6.64公顷，“三化”树种种植3000棵。七峰村邹家宕、吴家宕获江苏

海虞镇七峰村邹家宕、吴家宕获江苏省绿美村庄称号

省绿美村庄称号。完成耿泾秋色景观绿化、中新路（海棠路——耿泾塘）绿化等工程。开工建设中新路滨河景观带、中新海虞花园城竹径通幽、柳岸叠翠（北）景观绿化等工程。

【绿化管护招标】 2020年，管理所管理养护海虞初心广场、杏林春雨游园、海福新城南侧小游园、南塘健身公园，周行休闲广场、周行大程巷小游园、汇福路休闲公园、福山幼儿园外游园等绿化面积共8.9万平方米，养护费16.8万元。管护道路绿化面积2.7万平方米，养护费47.3万元。管护村级绿化合同小班369.9万平方米，补助费36.5万元。招标确定市镇绿化养护单位，召开养护例会，每月公布检查、考核养护情况1次。村级绿化合同小班每季度考核通报1次。

（镇公用事业管理所供稿）

水利水务

【概况】 2020年，海虞镇农村工作局做好水安全保障、水环境改善、水资源保护、水生态修复等工作。配合“千村美居”、污染防治攻坚战等专项行动，按序时进度完成以河道综合整治、河道疏浚、农业水价改革、防汛应急管理、水资源管理以及镇村河道长效管理为重点的各项水利建设任务。全年整治河道56.70千米，清淤疏浚土方42.42万立方米，新建、改建农桥12座。做好居民生活用水和工业用水的供水保障。

【完成耿泾塘整治等工程】 2020年，海虞镇农村工作局配合市主管部门开展市级水利工程建设，协调施工方、属地镇村和建设单位，完成耿泾塘整治工程。整治河道长度11.57千米，清淤疏浚土方3.82万立方米，新建各类护岸6.61千米。全年新建、改建农桥12座。另外，完成镇村级河道疏浚40条，长度45.13千米，清淤土方38.6万立方米。

【河长制】 2020年，海虞镇调整镇河长制工作领导小组成员名单及镇村级河长名单，加设、更新河长制公示牌113块。推进河长制工作，签发“一事一办”工作清单。完成生态美丽河湖自评报告。镇级河长巡河323次，村级河长巡河900多次。与张家港市塘桥镇联合建立河长制，整治走马塘沿线郑家桥村景市塘淤塞段，划定交界区域长效管护范围。配合全国文明城市复检，对重点道路沿线河道专项巡查，督导属地村委及时整治。全年对镇村级河道专项考核12次，日常巡检200多次，发

出整改交办单57份。

【防汛工作】 2020年，海虞镇调整防汛防旱指挥部成员名单，召开防汛防旱工作会议，完善防汛防旱工作预案。汛前和汛后检查5个圩区的闸门、排涝站和圩堤。储备防汛草包0.8万只、编织袋0.8万只、吸水膨胀袋1500只、临时排涝4寸水泵2台。成立防汛抢险队伍21支（村级应急救援队伍17支，社会应急救援队伍2支，镇级应急救援队伍和消防中队抢险队伍各1支）。组织应急抢修水泵防汛演练1次。曹庄圩设立临时泵站，确保安全度汛。

【农业水价综合改革】 2020年，海虞镇农村工作局完成小型水利工程运行管理和农业水价综合改革面积3636.27公顷。做好农业水权分配、用水制度建设、爱水节水宣传、工程技术指导和管理服务，实现农民减负、农业节水。水价综合改革通过江苏省级验收。

【水资源管理】 全镇有16家自备水源取水户。对所有取水户进行水资源和节约用水日常监督管理，按月抄表收费，征收到账水资源费173.82万元、水利工程水费62.68万元。加收自备水源污水处理费38万元。完成自备水源取水户年度取用水总结和2021年度取用水计划申报。做好自备水源取水户取水计量设施的校准，完成自备水源用户征收污水处理费调查及全国用水统计调查直报管理系统填报工作。取样监测5个规模以上入河排污口退水。完成取水工程（设施）核查登记整改提升任务。

【供水管理】 2020年，海虞镇农村工作局全面做好管道设施及二次供水泵房等检查维修，确保设备完好率95%以上。加强供水管道巡线检查，保障管网运行安全高效。对管网水、末梢水进行全流程水质监控，确保饮用水水质安全。加强全区域管网压力实时监测，及时调整水压，确保水量足，水压稳。加强应急抢修安排，对用户反映的问题及时落实解决。配合“233”专项行动，对徐桥、邓市、肖桥、七峰、龙墩、河口、里泾等村1445户居民的老旧管网进行改造，新增管道7.74万米。中法水务海虞营业所全年供水1437.87万吨；全年售水1280.05万吨，其中工业用水827.92万吨、居民用水319.44万吨、其他用水132.69万吨。

［镇农村工作局（水务科）供稿］

安全生产

【概况】 2020年，海虞镇安监办完善安全生产责任体系，广泛开展安全生产宣传教育和各类培训，签订安全生产责任状。加大监管力度，分领域开展专项治理。创新监管模式，推进可视化管理。推进企业安全生产标准化建设，全年发生各类安全生产工伤事故85起，比上年下降21.3%，未发生安全生产死亡事故。

【完善安全生产责任体系】 2020年，海虞镇调整安委会成员单位，落实重点行业领域安全监管责任。镇政府与13名分管领导、33个职能部门、23个村（社区）、棉花原种场和70家镇管企业签订各级各类年度安全生产责任书，与477家村级企业、151家个体工商户签订年度安全生产责任书。

【安全生产标准化建设】 2020年，海虞镇安监办推进企业安全生产标准化创建和双重预防机制建设。对已完成创建标准化的企业，进行安全生产标准化质量运行审计。全镇二级标准化企业9家，三级标准化企业41家，小微标准化企业108家，规模以上企业全部完成双重预防机制建设。

【安全宣传教育培训】 2020年，海虞镇

6月8日，海虞镇第19个全国“安全生产月”宣传文艺演出在丽都花园小区举行

安监办举办安全生产管理、特种作业人员法定培训班4期，1538人取得合格证书。聘请专家举办行政村（社区、棉花原种场）安全生产监管人员综合素质脱产培训1期。进行企业主任和安全管理人员责任、"六防"安全、特种设备安全等培训。"安全生产月"期间，举办"消除事故隐患，筑牢安全防线"广场咨询、文艺会演、微信有奖答题、参观市安全生产警示教育馆等宣传教育系列活动。"《安全生产法》宣传周"期间，开展应急管理普法宣传活动。编发安全生产（消防）简报6期，各类安全提醒短信37次2万余条。

【探索安全监管新模式】 2020年，海虞镇安监办依托汪桥村工业集中（聚）区，研发启动安全（消防）监管系统，推进安全生产可视化管理。建立运行安全生产隐患举报奖励机制和事故隐患企业曝光机制。研发启用"智慧安监"微信小程序，研发启用双随机执法系统。

【建筑工地安全检查】 2020年，海虞镇安监办组织建筑工地安全生产检查195起，累计参与检查人数615人次，下发安全隐患整改通知书188份，督促相关建设、施工单位整改安全隐患和问题763项，实现全镇在建工程安全检查全覆盖。

【城镇燃气安全检查】 2020年，海虞镇安监办对全镇6个瓶装液化石油气供应站开展安全检查42个次，督促责任单位整改安全问题46项；对70多家餐饮场所和"9+1"场所开展用气安全抽查，督促相关单位整改用气安全隐患80多处。

建筑工地安全检查

【安全生产专项整治】 2020年，海虞镇安监办组织开展危化品经营单位、粉尘涉爆企业、有限空间作业企业、冶金有色铸造企业、烟花爆竹经营单位、群租厂房、印染企业、"小化工"、起重机械以及叉车等28个重点领域安全专项整治行动。立案处罚有生产安全事故、拒不整改和其他违法生产行为的单位65起，行政处罚企业59家，总计立案金额196.64万元。4个市级挂牌隐患、4个镇级挂牌隐患完成整改，全部通过摘牌验收。对94家安全隐患突出、安全管理差、拒不整改的企业的负责人进行约谈，督促及时排查和消除隐患。

（镇安监办供稿）

物业管理

【概况】 2020年，全镇有物业管理的小区19个，从事物业管理企业11家，实施市场化物业服务，对住宅小区进行基础管理，参与社区建设。2个小区获省、苏州市示范物业管理项目称号。

【物业监管】 2020年，海虞镇建设管理部门依据《常熟市住宅小区物业管理工作考核办法》第19项考核内容，每年检查考核2次。丽都花园小区获2019年度省级示范物业管理项目称号，海福新城小区获2019年度苏州市级示范物业管理项目称号。

【电动车充电设施整治】 2020年，海虞镇建设管理部门协调各办事处、集镇社区加强电动车停放管理，对已完成电动车集中式充电设施建设的小区加强监督管理。全年新建834个电动车集中式充电位。

小区电动车集中充电位

（镇安监办供稿）

公共交通

【概况】 2020年，海虞镇有客运站1个（海虞镇公交首末站），运营城乡公交线路6条、镇村公交线路4条。途经域内的城乡公共交通线路有212路、213路、214路、215路、219路、226路，镇村公交线路有313路、314路、315路、344路，共计10条班线。

【城乡公交】 212路 琴湖公交换乘站—海虞镇（花庄），单程25.5千米，途经沙家浜路、海虞南路、海虞北路、新常福路、虞浜路、方浜路、谢王路、陈王线、人民路。

213路 常熟客运北站—周行—海虞镇（花庄），单程19.5千米，途经黄河路、衡山路、长江路、新世纪大道、黄河路、通

港路、陈王线、府前路、海阳路。

214路　常熟客运北站—福山—新材料产业园，单程25千米，途经黄河路、衡山路、琴丰路、新常福路、深圳路、常福路、兴虞路、海康路。

215路　服装城客运站—福山，单程25千米，途经商城南路、商城中路、新莲路、白雪路、环城路、李闸路、珠江路、南沙路、常福路。

219路　支塘—福山，单程35千米，途经淦昌路、烟沪线、支梅公路、梅南路、梅北路、福支线、海城路。

226路　常熟客运北站—新材料产业园，单程19千米，途经海虞北路、新常福路、支福线、富虞路、海平路、盛虞大道、海安路、兴虞路、海康路。

【镇村公交】 313路　海虞镇客运站—汪桥村，单程12.5千米，途经海陈线、人民路、府前路、海洋路、海周路、肖家宕村道、周行府前路、通周南路、周正路、智周路、通港路、汪桥村道。

314路　海虞镇客运站—福山（江苏华大），单程21千米，途经人民路、学前路、海阳路、通江路、海福路、福谢线、福山镇中路、东环路、支福妙线、兴虞路、海安路、盛虞大道。

315路　海虞镇客运站—肖桥—福山，单程15.5千米，途经人民路、迎宾路、常福公路、海纳路、福谢线、三爱富路、郑家桥路、福凌路、三爱富路、支福妙线。

344路　福山—鹿苑，单程16千米，途经支福妙线、三爱富路、346国道。

（镇建设局供稿）

教育

综 述

【概况】 2020年，海虞镇有公办性质学校9所，其中，幼儿园3所，小学3所，中学3所（完全中学1所，初中2所）。有民办学校4所：苏州外国语学校常熟校区、常熟市育才学校、普惠性民办幼儿园常熟市海虞府前幼儿园和常熟市海虞镇京师幼儿园。公办学校在职教职工945人，学生9617人；民办学校在职教职工134人，学生1262人。

【教育投入】 2020年，福山中学改扩建二期工程竣工，9月正式投用。海虞中学（初中部）迁建工程年内正在建设中，目标2021年5月竣工、9月投用。海虞中学（高中部）实验楼、食堂改建工程竣工，新宿舍楼、综合楼动工建造。苏州外国语学校常熟校区幼儿园项目正式开工。落实全年教育小型建设、维修和设备经费计440万元，其中建设经费177万元、设备添置经费263万元。

【教学管理】 2020年，海虞镇教育办对学校学位设置及适龄儿童基本情况提前摸底；做好新市民适龄儿童调查，划定并对外公布新市民积分管理入学学校及服务区域；与新市民事务海虞分中心协同做好新市民子女积分入学工作。各公办学校按照上级相关政策，严把转学插班关，不符合规定的一律不招收。贯彻《关于进一步规范学校管理切实减轻中小学生课业负担的意见》，规范上学及放学时间，执行课程计划，开齐规定课程。按照市教育局要求，2020年寒假，组织进行线上教育。

【校园安全】 2020年，镇教育办公室联合综合执法局等部门，开展校园安全专项治理行动6次。3月23—24日，联合综合执法局、市场监督分局、卫健委、派出所、消防办等相关职能部门开展校园疫情防控专项检查。4月7日，召开校园安全专项整治工作会议。4月中旬，联合镇纪委、消防办等部门检查校园安全主体责任落实情况。5月8日，联合镇综合执法局等，检查各校周边环境。9月下旬，联合市教育局检查中小学和幼托机构安全情况。11月中旬，组织开展校园安全存在问题整改成果“回头看”。

【培训机构管理】 疫情初期，镇教育办公室在5家校外培训机构张贴教育局告示，不能提前组织线下培训，做好疫情防护物资准备。全面复课后，督促各校外培训机构按要求自查，提交复课申请，组织验收。暑假期间，结合文明城市的迎检，组织对校外培训机构办学行为的专项检查，督促及时整改培训人员出入管理、消防设施及其他日常管理等方面存在的问题。

表 11　　2020 年海虞镇幼儿园、小学、初中、高中一览

序号	单位名称	单位性质	教工人数（人）	学生人数（人）
1	常熟市海虞中学（高中部）	公办普高	120	1306
	常熟市海虞中学（初中部）	公办初中	110	1000
2	常熟市福山中学	公办初中	72	583
3	常熟市周行中学	公办初中	70	623
4	常熟市海虞中心小学	公办小学	113	1724
5	常熟市福山中心小学	公办小学	119	1287
6	常熟市周行中心小学	公办小学	107	1210
7	常熟市海虞幼儿园	公办幼儿园	100	930
8	常熟市福山幼儿园	公办幼儿园	72	482
9	常熟市周行幼儿园	公办幼儿园	62	472
10	常熟市育才学校	民办学校	56	914
11	苏州外国语学校常熟校区	民办学校	32	42
12	常熟市海虞府前幼儿园	民办幼儿园	31	210
13	常熟市海虞镇京师幼儿园	民办幼儿园	15	96
合计			1079	10879

学前教育

【概况】 2020 年，海虞镇有 3 所公办幼儿园，56 个班级，学生 1884 人，教职工 234 人。有民办幼儿园 2 所，教职工 46 人，学生 306 人，市教学能手 8 人。常熟市海虞幼儿园、常熟市福山幼儿园、常熟市周行幼儿园均为江苏省示范性实验幼儿

园。海虞幼儿园获得苏州市第七批语言文字规范示范学校、苏州市第二批园本特色课程建设进步奖、市融合教育先进学校、市食品安全诚信示范单位、市幼儿园教育质量发展性评估A等、镇“新风杯”竞赛优胜单位等荣誉。周行幼儿园获评苏州市特色课程进步学校、市办园发展性评估A等。福山幼儿园获评市教育综合督导优秀等级。

【省市参观考察组到海虞考察交流】 11月7日，南京市随班就读资源中心组60多人到海虞幼儿园考察，交流普通幼儿园融合课程整合与学习支持的实践。12月11日，全省特教指导中心管理员培训班学员参观海虞幼儿园融合资源中心，听取“融合教育资源中心建设的思与行”的讲座。

【规划课题联合结题】 12月，福山幼儿园承办常熟市“十三五”规划课题联合结题活动，现场观摩课堂教学和听取课题结题汇报。

【督导调研检查】 1月24日，市政府教育督导室领导到周行幼儿园检查督导防疫工作，检查学校防控物资的储备、校园封闭管理、晨午检工作落实、日常消毒、出缺勤跟踪等多项内容，提出整改建议。8月27日至11月18日，市纪监委派驻市教育局纪检监察组对海虞幼儿园“驻点监督”。12月，市教育局教研室领导到周行幼儿园调研，随机听课，检查备课和作业等情况，并与教师个别交流。最后对一日活动安排、作息时间等提出修改意见。

【线上教育】 新冠肺炎疫情期间，周行幼儿园开展“漫步云端”线上教育教学活动：开展植树节、三八妇女节等节日教育活动；五一前后，鼓励幼儿参与家务劳动，邀请家长反馈活动的过程与体会。福山幼儿园组织教师开展线上学习和教研活动。

【垃圾分类】 周行幼儿园多次对全体教职员工进行垃圾分类培训，展板展示幼儿垃圾分类专题教育的成果。通过微信公众号、家长群、告家长书等形式宣传发动，让家长参与垃圾分类活动，每周红黑榜公示。10月，社区志愿者向幼儿开展垃圾分类主题宣讲、有奖竞赛问答等活动。2020年，高分通过市教育局垃圾分类检查评比。

【苏州市最美劳动者】 新冠肺炎疫情期间，福山幼儿园职工邵玉祥搭起“深夜食堂”，服务抗疫人员，被评为苏州市最美劳动者。苏州电视台《社会传真》栏目、常熟电视台和《常熟日报》予以报道。

小学教育

【概况】 2020年，海虞镇有3所中心小学，103个班级，学生4221人，教职工339人，专任教师学历合格率达100%。有常熟市学术带头人4人，常熟市学科带头人16人，常熟市教学能手58人。2020年，海虞中心小学和福山中心小学被评为苏州市智慧校园发展水平三星级学校。海虞中心小学获评苏州市健康单位、常熟市义务教育学校办学绩效绿色评估A等。福山中心小学被评为市青少年科技教育先进学校。

【画信特色活动】 2020年，海虞中心小学开展画信特色活动4次。3月，举行“抗疫小卫士”主题画信展。5月20日，开展教职工“廉洁从教”主题画信活动。7月，开展“扫黄打非”师生主题画信活动。10月，开展“童心绘家乡 美好新生活”主题画信活动。2名学生在市“致敬先锋 共战疫情”“红领巾与武汉手拉手”画信征集活动中获一等奖。

【校园文化节】 5月6日，海虞中心小学第十四届读书节开幕，分年级进行“课文朗诵秀”“手工书签秀”“人物名片秀”“绘本故事秀”“阅读导读秀”“成长手册秀”评比。11—12月，海虞中心小学举办“弘扬抗疫精神 争当时代先锋”第十四届校园文化节，设置“英语节”“读书节”“体育节”“科技节”“艺术节”5个学生活动板块和“画信”“论文评比”“休闲体育”“征文竞赛”4个教师活动板块。

【市小学青年协作组活动】 12月4日，海虞中心小学承办“常熟市小学青年协作组活动”，以同题异构课为载体，探讨如何在深度学习中发展学生高阶思维。省特级教师徐建文参加活动。

【获奖和荣誉】 2020年，海虞中心小学和福山中心小学被评为苏州市智慧校园发展水平三星级学校。海虞中心小学获评苏州市健康单位、常熟市义务教育学校办学绩效绿色评估A等。福山中心小学参加省市科技竞赛，被评为市青少年科技教育先进学校。12月，福山中心小学少先队的《乡村“变形记”》，获共青团江苏省委、省教育厅、省少工委组织的红领巾寻访活动视频项目一等奖，并获苏州市特等奖。教师施玲杰获江苏省优秀青少年科技辅导员称号。海虞中心小学教师尤立获评苏州市优秀教育工作者，2名教师分别在苏州市、常熟市级比赛中获奖。福山中心小学3名学生参加省、市科技竞赛，获一等奖1名、二等奖2名。2名学生分获苏州市科技竞赛一、二等奖。海虞中心小学学生的软笔书法作品及作文在苏州市中小学生汉字书写大赛和诗文创作大赛中均获一等奖，23

名学生在市级各类比赛中获一等奖。

【综合督导调研】 1月24日，市教育督导室领导到周行中心小学督导，检查督导2019—2020学年第二学期开学准备工作、学校防控物资的储备、校园封闭管理等多项内容。10月，市教育督导室领导到福山中心小学综合督导素质教育，通过随机查阅评估材料、听课、抽测教学质量、线上问卷等，全面督查学校办学情况。12月22日，市教育局教研室领导到周行中心小学随机调研。

【党建共建】 6月15日，周行中心小学党支部与社区党支部签订党建共建协议书，组织双方党员参加“学习两会精神”主题党日活动。7月2日，联合举办七一纪念大会，表彰防疫先进志愿者和“学习强国”学习先进分子，57名党员参加大会。

【家庭教育巡视沙龙】 11月，周行中心小学开展2020年市“立德树人 从家出发”家庭教育公益巡讲（沙龙）暨六年级家庭课程项目活动。北京四中家庭教育指导中心老师唐发有做“千里之行，始于足下——六年级过渡教育策略”的专题讲座。

【用电安全知识进校园】 6月19日，海虞供电所到周行中心小学宣传用电安全知识，给三（4）班学生做“用电安全知识进校园”的讲座。

【“联语墨韵 诗绘创作”书法现场赛】 12月，周行中心小学举行第三届校园文化体育艺术节——“联语墨韵 诗绘创作”书法现场赛，85名学生参赛。

初中教育

【概况】 2020年，海虞镇有3所公办初中，54个班级，学生2206人，教职工252人。有苏州市学科带头人2人，常熟市学科带头人27人，常熟市教学能手43人。中考成绩如下：海虞中学（初中部）平均分566分，名列全市乡镇初中第一；周行中学平均分537.08分，福山中学平均分516.77分。江苏省常熟中学录取38人，常熟市中学录取46人，常熟市浒浦高级中学录取56人，常熟市外国语学校高中录取37人，常熟市梅李高级中学录取66人，常熟市海虞中学（高中部）录取66人，王淦昌高级中学录取3人，尚湖高级中学录取21人。

【书记项目引领党建】 新冠肺炎疫情期间，海虞中学（初中部）党员教师建立“线上教学答疑”行动支部，开展线上教学、

1月16日，海虞中学（初中部）迁建工程开工仪式

在线答疑；与市棉花原种场党总支结成共建单位，共同筹建“海融耕读园”劳动教育实践基地。12月，海虞中学党支部被评为常熟市三星级党支部。周行中学党支部带领教职工参与义务献血、抗疫捐款、爱心护学岗、垃圾分类等志愿活动。书记项目“党员先锋引领　深化品质课堂”获推常熟市优秀书记项目。

【学校迁建和改扩建工程】 海虞中学（初中部）迁建工程占地4.45公顷，建筑面积3.74万平方米，总投资约3亿元。按16轨48班（4轨预留）建造，提供学位约2000个。2020年1月16日开工建设，目标2021年5月1日竣工，9月投用。福山中学改扩建工程占地0.29公顷，建筑面积9742平方米，总投资5000万元，2017年8月开工，2020年8月竣工。教室按3级6轨配置，设施符合“江苏省义务教育办学（Ⅰ类）标准”。

【中考】 2020年，海虞中学（初中部）291名学生参加中考，被江苏省常熟中学录取26人，常熟市中学录取25人，浒浦高级中学录取27人，常熟市外国语学校高中录取17人，梅李高级中学录取31人，海虞中学（高中部）录取36人。福山中学230名学生参加中考，被江苏省常熟中学录取5人，常熟市中学录取10人，浒浦高级中学录取13人，常熟市外国语学校高中录取9人，梅李高级中学录取13人，王淦昌高级中学录取3人，海虞中学（高中部）录取20人，尚湖高级中学录取21人。周行中学189名考生参加中考，被普通高

中录取110人，普高录取率为58.20%，普职融通提前录取35人。

【2名学生被英才班提前录取】 9月26日，在市初三年级强基英才班选拔考试中，福山中学2名学生分别被江苏省常熟中学和常熟市中学提前录取。

【学校荣誉】 海虞中学（初中部）被评为2020年“金钥匙”竞赛常熟市青少年科技教育先进学校。福山中学被评为苏州市2019—2020年度智慧校园发展水平三星级学校、市三星级党支部，获第十二届苏州市“普通话、苏州方言、英语口语”比赛团体二等奖、2020年“普通话、常熟话、英语口语”一等奖、市学校体育团体总分（初中乡镇组）第五名、市第十届中学生写作系列活动比赛优秀组织奖。周行中学被评为江苏省青少年科技教育工作“四星级先进集体”、第七批“苏州市语言文字规范化示范校”、苏州市“省、市级课程基地项目‘书法课程基地’”市级视导示范等级、“常熟市未成年人文明礼仪养成教育先进学校”、市三星级党支部、市第二批教育系统“优秀行动支部”、2019—2020学年义务教育学校办学绩效绿色评价A等。

【德育教育】 2020年，海虞中学（初中部）组织学生开展“扣好人生第一粒扣子”清明祭英烈主题教育，参加第25个全国中小学“安全教育日”、网上“国家安全”平台学习、海虞镇阅读节、垃圾分类等活动，举行“追梦青春　相约2035”青春仪式、“扬帆起航　逐梦远方”初三学生毕业典礼。

【姚淑娟被评为“姑苏教育青年拔尖人才”】 9月，海虞中学承办省“十三五”规划课题《新时代法治课程一体化实施的研究》研讨活动。姚淑娟的《“认知情境”教学的理论与实践》获江苏省教育科学成果二等奖、苏州市教育教学成果一等奖。姚淑娟被评为“姑苏教育青年拔尖人才”。省政治教研员顾润生等参加活动。10月，学校8个市级微型课题全部结题，其中优秀2个、良好2个。

【省课程基地专家组视导调研】 11月，省课程基地专家组到周行中学视导调研书法特色课程基地中期建设情况。专家组听取了学校“涵养墨文化　立字润校园”课程基地建设主题汇报。

【教学研讨活动】 11—12月，周行中学先后承办市初中地理兼职教师专业培训班教学研讨活动、市初中化学学科教学研讨活动和市初三体育中考教改研讨暨展示活动。12月24日，周行中学举办常熟市外国语学校协作区初中教学开放日活动，9所学校7门课程14名教师进行同题异构的课堂展示，100多名教师参加。

【教育教学实践活动】 2020年，周行中学开展“建队仪式”、“青春仪式”、“展文明风采”、校园文化艺术节、家长学校等

形式多样的教育教学实践活动。

【科技文化艺术节】 10月，福山中学举办校园文化艺术节，进行朗诵、书法、猜谜、绘画、手抄报、小制作等多项个人赛和冬锻三项比赛。12月，海虞中学举办科技文化艺术节，组织“歌舞靓青春　放飞新梦想”元旦文艺会演，并向全体教职工和家长直播。

【联合举行楹联培训活动】 12月9日，周行中小学联合举行“诗情楹联社”楹联培训活动。市楹联研究会领导、诗情楹联社全体成员及楹联爱好者参加。研究会艺术顾问做“成联写作”专题讲座。至2020年，两校有国家级会员4人，省级会员9人。

【疫情防控】 疫情防控期间，周行中学年初开展“线上教学”。5月，全校进行消毒，错时开学，错峰上下学，师生佩戴口罩，做好体温晨检、午检和记录，学生分室用餐。做好疫情防控信息排摸上报工作。严格执行外来人员来访登记手续。对节假日返校人员查验苏康码和行程轨迹。

【生活垃圾分类】 5月，周行中学启动垃圾分类工作。各室配备垃圾分类投放桶，设立垃圾分类投放“红灰榜”，每周检查并公布投放情况。

【联合家访】 10月下旬，福山中学党支部组织学校行政领导、党员和班主任开展家访活动。了解学生学习和生活情况，听取家长对学校教育的意见和建议。

高中教育

【概况】 海虞中学2019年恢复高中招生。2020年，高中部设12个班，有教职工120人，学生1306人。高中部实验楼、宿舍楼、综合楼、食堂改建工程开工。至年末，实验楼和4幢宿舍楼竣工投用。

【德育活动】 2020年，海虞中学（高中部）组织学生参加“扣好人生第一粒扣子”清明祭英烈主题教育、第25个全国中小学“安全教育日”、网上“国家安全”平台学习、校园文明行、五四青年节等系列活动，同时开展社团招新、垃圾分类、师生志愿者、暑期社区服务等活动。

【体艺科技活动】 9月，海虞中学举行第20届秋季运动会。组织举办“科技启迪梦想　文化孕育精神”科技文化艺术节。举行“歌舞靓青春　放飞新梦想”元旦文艺会演，并向全体教职工和家长直播。

【获评市青少年科技教育先进学校】 2020年，海虞中学（高中部）师生参加第二十七届江苏省青少年科技模型大赛常熟市选拔赛，获3D创意模型（大雁塔）搭建高中组团体一等奖，无人机工程技能赛高中组团体二等奖，并有多名师生获奖。学校被评为“常熟市青少年科技教育先进学校”。

【教科研工作】 2020年，海虞中学（高中部）举行江苏省“十三五”规划课题《新时代法治课程一体化实施的研究》研讨活动，省政治教研员顾润生参加。市“十三五”规划课题“大数据在高中数学教学中的应用研究”和“青年班主任专业化成长的校本实践研究”课题开题立项。学校成功申报苏州市课程基地，开设生物组培、地理、天文等课程。“聚问探微”乡村教师团队成功申报市“四有”好老师团队。3名教师的第十期市级课题结题，1名教师课题获优秀。14名教师成功申报市级微型课题。20篇论文在省级、市级以上获奖或发表。

【竞赛获奖】 2020年，海虞中学（高中部）获苏州市第十二届“普通话、苏州方言、英语口语”比赛一等奖。2部微电影作品《阳和启蛰》和《相濡以沫》获苏州市优秀并入选省级平台展播。足球队首次参加2020“市长杯”足球赛，获得高中组第四名。组织参加市高中教师学科素养竞赛，11名教师获个人奖，其中3名教师获一等奖，语文、英语、生物三门学科获团体二等奖。3名教师在市评优课比赛中获奖，3名教师在市教师基本功比赛中获奖。1名学生在独唱、独奏、独舞比赛中获一等奖。

9月30日，海虞中学举行第20届秋季运动会

民办教育

【概况】 2020年，海虞镇有民办学校4所。苏州外国语学校常熟校区（以下简称“苏外常熟校区”）2020年6月28日开工奠基。常熟市育才学校于2000年9月创办，是九年一贯制新市民子弟学校。另外2所民办幼儿园分别是海虞府前幼儿园和海虞镇京师幼儿园。

【苏外常熟校区】 是苏州外国语学校在常熟的唯一分校，2020年，过渡校区（原海虞幼儿园校舍）开设幼儿园、小学（部分），新校区建成后开设初中、高中。校区坚持国内、国际双轨制课程，双通道升学，实行小班化教学，精细化管理，提供从学前到高中的一体化教育，可提供2670个学位。3月25日，苏州光华教育集团副总经理杨建兴在校区领导陪同下考察并指导过渡校区的改建工程。开展各项教研活动，8名教师进行公开课研讨。10月，英语教研组3名教师到苏州外国语学校本部观摩学习，组织全体学生到铜官山开展校外研学活动。12月，苏外常熟校区与金蝙蝠工艺家具有限公司合作建立的非遗红木雕刻传承基地揭牌。1名二年级学生在2020年“古歌拉丁杯”江苏省国际标准舞青少年精英邀请赛上，夺得小四、小五2个组别一等奖。

【校园安全】 9月，市教育局安保科到苏外常熟校区检查人防、技防、消防及食堂管理等校园安全情况。10月，市食品、药品监督部门2次到校区督查传染病防控、生活饮用水卫生、教学与生活卫生等工作。市教育督导室进校园开展每月一主题的安全督导。镇文教办不定期督查校园及周边安全情况。11月，苏外常熟校区组织师生开展消防疏散演练。12月，举行地震应急疏散演练。

【苏外常熟校区奠基】 6月28日，由苏州光华教育集团投资6亿元建设的苏外常熟校区奠基典礼在海虞镇举行。学校占地7.5公顷，规划建筑面积11.4万平方米。

【常熟市育才学校】 创办于2000年9月，2009年9月迁至虞南村，是一所九年一贯制新市民子弟学校。先后与海虞中心小学、海虞中学和中国常熟世界联合学院等结成友好学校。2020年中考中，1名学生被江苏省常熟中学录取，2名学生被常熟市中学录取，2名学生被浒浦高级中学录取。育才学校名列常熟市新市民子弟学校百分考核前茅。学校先后获得“苏州市平安校园”“苏州市民办教育先进集体”“常熟市文明校园”“常熟市无烟学校”“常熟市垃圾分类先进学校”等荣誉，是苏州市教育局“田家炳基金会苏州学校改进计划”项目学校，被苏州市民政局评定为“中国社

会组织评估等级 AAAA 单位”。学校团支部被评为“常熟市五四红旗团支部”“常熟市青年文明号”。

【海虞府前幼儿园】 是一所普惠性幼儿园，坐落于海虞镇府前路，占地 2000 平方米，招收 3~6 周岁的幼儿。

【海虞镇京师幼儿园】 9 月正式启用，是一所民办普惠性幼儿园，位于海虞镇学前路，占地 2985.38 平方米，建筑面积 1950.38 平方米，按照江苏省合格幼儿园标准设计建设，可容纳 6 班 200 多名幼儿。

社区教育

【概况】 海虞镇社区教育中心（海虞镇成人教育中心校）是江苏省标准化社区教育中心。2020 年，有专兼职教师 9 名，建筑面积约 1000 平方米，配备计算机教室、图书馆、多媒体教室等教学设施，内设海虞镇老年大学。

【社区教育工作者业务培训】 组织海福新城社区、福山社区居委 2 人次参加苏州市村（居）民学校负责人培训。组织 8 人次参加省和苏州市社区教育实验项目实践探究培训班、开放教育管理干部创新能力提升培训班、社区教育校长创新能力提升培训班、社区教育活动组织协调能力提升培训班培训。1 人次观摩苏州市首届社区教育教师能力大赛。

【社区教育培训活动】 2020 年下半年，社区组织开展青少年“七彩的假日”活动。开设老年大学书法、广场舞、中国象棋研修等 3 个班，400 多人次参加学习。

【2 村标准化居民学校通过省级验收】 年初，通过调研，确定徐桥村和郑家桥村为省标准化居民学校创建单位，并安排专人进行创建指导。12 月，2 村标准化居民学校通过省级验收。至年末，海虞镇共有 8 所省标准化居民学校。

【社区教育项目试点】 3 月，确定海福新城“童心向党　快乐成长”夏令营为社区教育试点项目。5 月立项，7—8 月由海福新城居委实施，社区教育中心全程跟踪管理，并接受市教育局中期调研和终期验收。

［镇社会治理和社会事业局（教育）供稿］

医疗卫生

综 述

2020年，海虞镇医疗卫生工作以新冠肺炎疫情防控为重点，开展疫情防控知识宣传，筹措配足医用防护服、防护眼镜、一次性口罩、常用药品、抢救药品及检测设备等新冠肺炎防疫物资。海虞卫生院在全力做好防疫工作的同时，正常开展门诊、急诊、住院医疗服务和应急处置转运工作。配合镇卫健委开展卫生创建工作、全民健康教育、病媒生物防制和卫生监督执法行动。海虞卫生院被市委组织部评为“抗疫阻击先锋”。

新冠肺炎疫情防控

【概况】 2020年，新冠肺炎疫情防控期间，镇社会治理和社会事业局认真落实和规范疫情防控处置工作，做好涉疫政策宣传引导，协调各工作组联防联控。做好线索核查工作，完成核实各类风险地区返常一级人员4797人，二级人员878人。重视涉外疫情防控，对109名境外返常人员，均落实集中观察及后续管理。做好各类人员核酸及血清抗体检测工作，检测结果均为阴性。

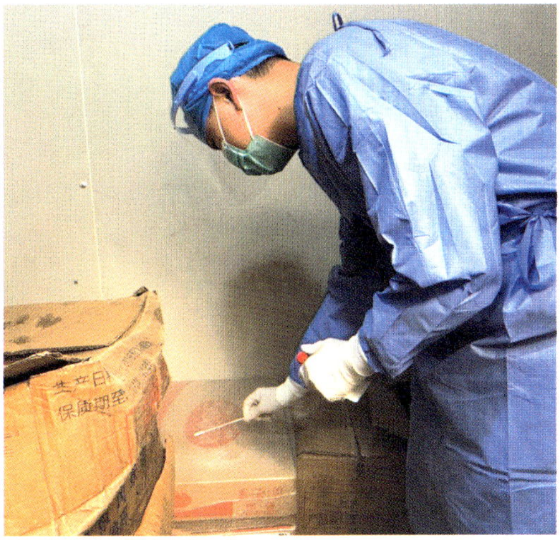

进口冷链食品相关核酸检测

【进口冷链食品相关核酸检测】 疫情期间，定期开展冷冻冷藏食品、冷库环境核酸抽检，从业人员每周1次核酸检测。登记冷链食品从业人员46人，其中涉及进口冷链食品从业人员30人。共采样食品样本35个、食品外包装样本13个、冷库环境样本49个、从业人员咽拭子290个，核酸检测结果均为阴性。

【备用隔离点和应急采样点】 2020年，海虞镇确定维也纳酒店、格林豪泰酒店为备用隔离点，确定人员配置。完成各

功能区分区工作，配备常用药品、抢救药品、测温设备以及个人防护用品、消杀用品。设置应急采样点23个，落实分区物资储备。

【防疫工作人员培训】 2020年，镇社会治理和社会事业局组织开展应急演练，检验各疫情防控部门应急处置方案、流程、相关技术要求的掌握程度，发现薄弱环节，及时完善；制定冬春疫情防控工作方案及应急方案；开展新冠核酸病毒应急采样工作人员业务和个人防护培训近400人。

【防疫物资储备】 2020年，根据常住人口数量，镇、村、社区和棉花原种场均配齐配足防疫物资。至年末，共配备医用防护服4000件、一次性医用外科口罩7422个、防护面罩或防护眼镜950个（副）、75%酒精1000千克。其余如额温枪、生物安全箱、手部消毒液等物资均已按要求配备到位。

应急采样工作人员业务培训

海虞卫生院

【概况】 海虞卫生院为一级甲等综合医院，分设福山分院、周行分院，并负责16个社区卫生服务站的业务指导。2020年，海虞卫生院做好妇幼保健、预防接种、健康教育、健康体检等公共卫生工作。抓好卫生院的特色门诊、基层专科建设、“六位一体”（预防、医疗、保健、健康教育、康复、计划生育技术指导），做好社区卫生管理。至年末，海虞卫生院门、急诊51.64万人次（其中，福山分院16.24万人次，周行分院11.20万人次）。海虞卫生院下设镇南、镇北、海福新城、望虞、三新5个社区卫生服务站，福山分院下设肖桥、红光、七峰、幸福、邓市、郑家桥6个社区卫生服务站，周行分院下设香桥、汪桥、新州、虞南、里泾5个社区卫生服务站。

表 12　　海虞卫生院卫技人员情况一览

医院名称	下设卫生服务站（个）	职工（人）	卫技人员（人）	高级职称（人）	中级职称（人）	执业医师（人）	助理医师（人）	执业护士（人）	本科学历（人）	大专学历（人）
海虞卫生院	5	117	112	15	48	50	3	37	73	26
福山分院	6	73	67	13	20	24	4	24	34	18
周行分院	5	60	57	14	14	19	6	16	16	24

【争先创优】 2020年，海虞卫生院成功申报“苏州市市民健康管理综合服务平台”单位。福山分院创建苏州市“妇幼规范化门诊”并通过验收。海虞卫生院中西医儿科被评为市基层特色科室。2个儿科工作室被评为市名医工作室。分泌、呼吸工作室被评为市名中医工作室。海虞卫生院被市委组织部评为“抗疫阻击先锋”。

【消化道早癌筛查】 4月，海虞卫生院聘请常熟市中医院消化内科专家，到海福新城社区筛查消化道早癌，发放调查问卷2000份，其中有效问卷800多份，筛查出高风险人群287人，粪隐血阳性（弱阳性）32人，确诊肠道息肉4人。10月27日，苏州市“炎症性肠病的诊治”学习班在海虞卫生院举行。

【合作服务】 2020年，福山分院与常熟市科协、常熟市中医院合作开展“福山村中老年人骨质疏松风险因素流行病学调查研究”。周行分院开展“常熟市家医签约点单式服务试点”工作。

【信息化建设】 2020年，海虞卫生院云HIS系统全部上线，与市中医院远程会诊系统对接。完成15个社区卫生服务站监控系统建设。完善预防接种信息化管理，实现儿童预约接种、自助挂号、自助打印检验报告等便捷服务。

【应急处置】 2020年，海虞卫生院处置传染病及突发公共事件133起。120急救分中心完成急诊急救转运740次。做好苏州市中国农民丰收节活动应急保障。海虞卫生院完成狂犬病门诊规范化建设，实行犬咬伤规范化处置，服务半径10千米。

【义诊】 2020年，海虞卫生院组织开展“常熟市二院海虞籍专家回乡义诊”“新时代文明实践活动”“消化道科普知识”“疼痛日宣传”等健康咨询义诊活动47次，受益人7077人次。

【健康普查体检】2018—2020年，海虞卫生院完成全镇妇女病普查2329人次，“两癌”筛查1.6万人次，各类体检1.97万人次。

卫生监督

【概况】2020年，海虞镇有学校、商场等公共场所174处。其中，托幼机构5所、小学4所、中学4所，住宿业单位22个，沐浴业单位29个，美容美发单位92个，影剧院2个，大型商场16个。镇社会治理和社会事业局贯彻落实《苏州市健康卫士“531”行动计划》，履行公共场所卫生监督职责，组织开展卫生专项检查工作。

【公共场所卫生监督】2020年，公共场所卫生监督实行量化分级管理，随机监督抽查。抽查3家美容美发场所，4家住宿场所，1家影剧院。除1家美容美发场所毛巾细菌总数超标外，其余场所卫生指标均合格。

【学校卫生专项监督检查】2020年，根据苏州市疫情防控指挥部错时错峰开学安排的通知的精神，对4所幼儿园、3所小学、4所中学，分别在开学前及开学后开展学校卫生专项监督检查。抽检福山中学、周行中学饮用水水质，共采4个水样（2个桶装水，2个直饮水），全部合格。中考前专项监督检查3所中考学校的卫生和新冠肺炎疫情防控工作。9月，专项检查5所托幼机构、3所小学、4所中学新

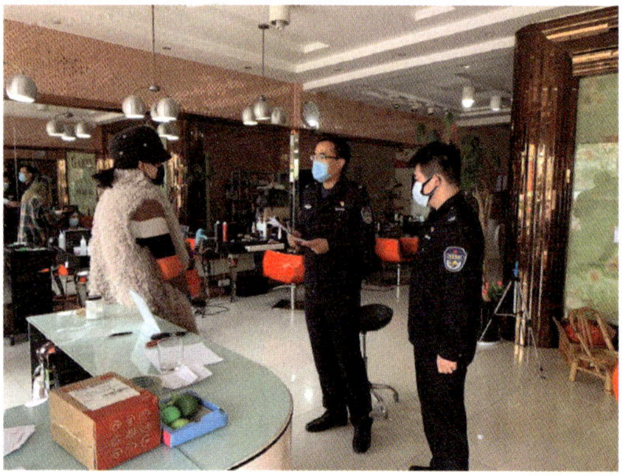

公共场所卫生监督

学校卫生专项监督检查

冠肺炎疫情防控工作。10月，开展全镇中小学秋季卫生专项监督检查。抽检海虞中心小学、苏州外国语学校常熟校区饮用水，全部合格。11月，对1所托育机构、6所托幼机构、4所小学、4所中学开展学校结核病防控工作专项督查。

爱国卫生

【概况】 2020年，海虞镇爱国卫生运动委员会（以下简称"镇爱卫会"）制订和实施卫生创建规划和计划，组织开展卫生创建工作，组织全社会开展健康教育活动，做好病媒生物预防控制工作，建立健全环境卫生长效管理机制，推进镇村生活垃圾分类投放、收运、处置工作。

常见传染病预防知识讲座

【国家卫生镇长效管理】 2020年，镇爱卫会完善和落实国家卫生镇常态管理、动态监管、长效宣传的管理机制。2002年11月，海虞镇被全国爱卫会命名为国家卫生镇；2018年通过国家卫生镇复审。2020年，17个行政村全部通过江苏省卫生村复审。

【全民健康教育】 2020年，镇爱卫会制订和实施健康教育与促进规划，组织全社会开展健康教育活动。协调和指导各部门、各行业开展控制吸烟工作。全年举办健康知识讲座21场，800多人参与活动。完成府东村、南塘社区等8个健康小屋建设，实现健康小屋村（社区）全覆盖。全镇共创建江苏省健康社区（村）4个、苏州市健康社区（村）9个、常熟市健康社区（村）20个，创建达标率为95.45%。同时，创建各级健康单位5个。

【病媒生物防制】 2020年，镇爱卫会规范开展病媒生物预防控制工作，消除鼠、蟑、蚊、蝇等病媒生物孳生环境，更换0.005%溴鼠灵蜡块18.2千克，修补灭鼠毒饵站297套，使用消杀药物52升，更换全新捕蝇笼107套，清除"四害"孳生地519处，完善防制设施154处，组织药物消杀27次。

［镇社会治理和社会事业局（卫健）供稿］

民生

综　述

2020年，海虞镇党委、镇政府完善社会保障体系，提升人民群众幸福指数。全年新增就业6502人，城乡失业人员再就业6520人。实施社会救助和社会福利政策，审批各类救助121例，发放各类保障金954万元。开工建设镇区域性医养中心。做好征地非农补贴发放，对被征地人员安置到位。双拥优抚工作落到实处。

劳动就业

【概况】 2020年，海虞镇社会保障局加大就业服务与管理力度，新增就业6502人。推进农村劳务合作社建设，完善新市民综合服务中心服务功能，举办“疫情防控”专项培训和各类职业技能培训，近9000人参加。

【劳动就业与管理】 2020年，全镇新增就业6502人，其中提供高校毕业生就业岗位675个，城乡失业人员再就业6520人，就业困难人员就业298人，向困难家庭和就业困难的高校毕业生提供基层公益性岗位2个、一般性公益岗位69个，优先提供给低收入家庭48个岗位，总安置比例69.57%。稳岗返还企业942家，发放稳岗补贴750多万元。8月，举办海虞新天地专场招聘会，提供200多个就业岗位。11月，举办镇公益性残疾人专场招聘会，提供78个就业岗位。全年就业指导3616人。

【职业技能培训】 2月，海虞镇社会保障局举办“疫情防控”专项培训，52家企业8452人参加，发放培训补贴250多万元。全年培训各类初级技能人才250多人，高级、中级技能人才200多人。SYB（创办你的企业）培训40人，IYB（改善你的企业）培训30人。11月中旬开始申请以工代训工作，69家单位申请补贴，补贴金额305万多元。

［镇组织人事和社会保障局（劳动保障）供稿］

双拥优抚安置

【概况】 2020年，海虞镇退役军人服务站落实党的优抚政策，关心退役军人、烈属、烈士子女、现役军人家属的生活。对自主就业的退伍军人一次性给予经济补助，对义务兵家属发放优待金，对重点优抚对象发放抚恤金。八一建军节、烈士纪念日、春节等节日开展慰问活动。2020年，发放优抚金1120万元。海福新城社区退役军人服务站获“江苏省2020年度优秀退役军人服务站”称号。

【退役军人安置】 2020年，海虞镇退役军人服务站根据常财社〔2020〕31号文件精神，与退伍军人签订自主就业协议书，发放一次性经济补助金175.9万元。

【抚恤金补助金发放】 2020年，海虞镇退役军人服务站给义务兵、享受重点优抚对象（三属、在乡残疾军人）发放抚恤优待金149.3万元。给享受生活补助金的优抚对象（60周岁及以上农村籍老兵，60周岁及以上农村籍老兵遗属，两参人员，参战遗属，无军籍、军转地、复员、病退军人，复员、病退军人遗属，烈士子女，三属，下岗失业转业志愿兵，在乡和在职伤残军人），全年共发放生活补助金742万元。

【节日慰问】 2020年，海虞镇退役军人服务站在八一建军节、烈士纪念日、春节等节日，走访慰问退役军人和军烈属等，发放慰问金52.8万元。给享受节日慰问的企退两参人员、重点优抚对象、消防中队、入伍新兵等，共发放慰问金49.4万元。向有重大变故的退役军人家庭发放慰问金1.1万元。向困难退役军人发放慰问品，共2.3万元。

［镇社会治理和社会事业局（退役军人服务）供稿］

社会保障

【概况】 2020年，海虞镇社会保障局给全镇低保户、低保边缘户、特困户、残疾人、困境儿童等弱势人群发放各类保障金954.09万元。全镇建有老人日间照料中心25家、民办养老护理院1所；镇区域性医养服务中心开工建设。做好居家养老和危房适老化改造工作，全镇接受居家养老服务4028人。全镇参加养老保险的各类人员32905人，各类退休人员37786人，参保率96%。

8 月 28 日，海虞镇开展 2020 年慈善助学和爱心助学活动

【社会救助】 2020 年，全镇有低保户 174 户、低保边缘对象 67 人、分散供养特困人员 21 人、集中供养特困人员 49 人，全年发放保障金 406.1 万元。享受临时救助人员 55 人（含定期定量救助 1 人），发放救助资金 25.51 万元。

【残疾人及大病医疗福利救助】 2020 年，全镇享受低保内残疾人生活补贴 123 人，一户多残依老养残生活补贴 48 人，无固定收入重残生活补贴 354 人，无业精（智）残生活补贴 39 人，重残护理补贴 673 人，困境儿童 38 人（散居孤儿 1 人，事实无人抚养儿童 7 人，重病重残儿童 30 人）；全年发放保障金 522.48 万元。慈善基金年度医疗救助困难对象 18 人，救助金额 21.26 万元。

【扶贫助学】 2020 年，海虞镇社会保障局给低保户，低保边缘对象、低保边缘家庭中的学生、孤儿、事实无人抚养儿童等，发放慈善助学金 12.3 万元。

【常熟德仁护理院】 是一家民办非营利性医疗护理机构。护理院占地 0.8 公顷，建筑面积 5000 多平方米，绿化和活动场地 5000 多平方米，设有内科、康复科、临终关怀科、医学检验科、医学影像科等科室。有副主任医师 1 名，主治医师 10 名，医师 6 名，药剂师 1 名，康复师 1 名，主管护师 9 名，护士及护师 13 名，护理员 70 余名。护理院主要为老年人提供医疗护理、康复、临终关怀等服务。2020 年共收养老人 163 名。

【镇区域性养老服务中心】 位于海虞卫生

院西侧，占地约1.9公顷，建筑面积2.42万平方米，规划设计护理型床位459张。2020年8月开工，目标2021年10月竣工，将建成集养老、医疗护理于一体的区域性养老服务中心。

【居家养老和危房适老化改造】 2020年，全镇接受居家养老服务4028人；80周岁及以上享受尊老金人员4834人，发放尊老金320万元。帮助经济困难的高龄、失能、重度残疾等老年人家庭实施适老化改造80户，涉及平整地面，安装无障碍设施，改造卫浴、厨房等设施。全面排查低保、低保边缘、散居特困家庭的住房情况，帮助修缮危房20户，修缮费用42.5万元。

【土地补偿安置】 2020年，海虞镇土地补偿安置工作正常开展，征地非农补助金发放到位，全年发放第三、第四年龄段人员安置金额497万元。完成海虞中学征地安置项目人员校验导入工作（2个村民小组，安置人员151人）。完成海棠路地块，龙墩路以北、王市路以西地块，兴隆路地块，太尉路以东、东海路以南地块，杨树泾东路地块，虞泰路以南、海盛路以东地块等地块的安置工作。完成被征地农民落实社会保障情况排查人员明细汇总工作。

【养老及医疗保险社会化管理】 2020年，全镇参加养老保险的各类人员3.29万人，各类退休人员3.78万人，参保率96%。养老覆盖率99%。参加医疗保险的各类人员2.7万人，参保率98%。纳入社会化管理的退休人员3.71万人，体检1.13万人，完成率100%；慰问退休人员7812人，慰问经费91.74万元。

［镇组织人事和社会保障局（社会保障）供稿］

场·村·社区

综　述

2020年，海虞镇下辖国营常熟市棉花原种场和府东、河口、望虞、龙墩、东泾、邓市、聚福、福山、七峰、徐桥、郑家桥、肖桥、新州、虞南、汪桥、里泾、香桥等17个村及王市、福山、周行、海福新城、南塘5个社区。年末户籍总人口8.99万人，暂住人口5.52万人。耕地总面积3467公顷。

2020年，海虞镇基层党组织网格与社会治理网格同步推进，党建引领“两网三治”融合发展。22个村（社区）实现（智慧社区）平台全覆盖，“6+X”和“8+X”民主议事制度全面推进，全面建成红色先锋站、新时代文明实践站和老年人日间照料中心。聚力“千村美居”普惠工程，全镇共130个自然村开工，年内完成94个自然村的建设工作。清理河塘沟渠2284处，清理生活垃圾10万吨，并全面实行垃圾分类。新建污水管网8000米，完成153家企业和64个村庄的生活污水收治，惠及农户2688户。新建高标准农田213公顷。棉花原种场、汪桥村、徐桥村率先实施老旧工业区改造提升，建设小微产业园。村级资产收入稳步提升，共签订租赁合同8660份。“9+1”场所整改和安全生产隐患整治行动收效较好。全镇上下同心协力，取得疫情防控和经济社会发展双胜利。

国营常熟市棉花原种场

【概况】　国营常熟市棉花原种场（以下简称“原种场”）位于海虞镇西北部，总面积13.3平方千米。2020年，原种场登记外来人口547人。原种场党总支下设党支部13个，党员41名。原种场年经济收入1500万元。

【部门设置】　原种场下设5个部门，分别为党群办、工业经济发展服务办、农业经济发展服务办、综合办公室及财务办。农业经济发展服务办下设农业管理区，主要经营绿化苗木生产。场部有机关工作人员14名，农业管理区工作人员及种植人员16名。

【党建工作】　原种场党总支下设党支部13个，其中，场支部1个，老干部支部1个，非公支部9个（大宏印刷支部、和新不锈钢支部、福农绿化支部、申福奶牛场支部、虞福刃具支部、常虹制衣支部、常

福电力支部、大富豪啤酒支部、兴达机械支部),联合支部2个(福农第一联合支部、福农第二联合支部)。2020年,原种场党总支先后与福山派出所党支部、海虞中学党支部签订结对协议书,开展党建结对共建。组织全体党员赴张家港永联村、苏州工业园区规划展示馆、苏州生物医药产业园参观学习。

【老旧工业区改造提升】 2020年,原种场根据上级要求,整体提升改造兴虞路、海虹路两侧老旧工业区,改造后的工业集中区被命名为"新材料产业园医疗器械园"。同时,分别启动A地块(海虹路以北)、B地块(兴虞路以南、海平路以西)4.35公顷的老旧工业区改造项目。4月底,拆除老旧厂房7246平方米,9月开始施工建设,目标2021年下半年竣工。A、B地块总投资额约2.89亿元,新建厂房约7.12万平方米。

【农业产业结构调整】 2020年,原种场进行农业产业结构大调整,以投资绿色苗木产业为主,采用先进科技,自培大叶女贞、黄山栾树、香樟、水杉、七叶树、榉树等优质苗木。苗圃面积300多公顷,培植广玉兰、枫香、桂花、红枫、女贞、海棠、紫薇、樱花、榉木、中山杉等苗木近百个品种350多万株。做好苗圃稀植移栽、良种引进,调改品种布局,完善苗木结构,增强苗木产业发展后劲,全年苗木销售约150万元。

【疫情防控】 新冠肺炎疫情期间,原种场给41家企业、6家涉农单位、20多户商户和居住人员发放新冠肺炎疫情防控宣传资料,做好摸底调查登记工作,对疫区赴海虞人员重点排查。设立原种场外地务工人员服务点,及时安排48名赴海虞人员居家隔离。全年未出现新冠肺炎确诊病例及疑似病例。

【安全检查整治】 2020年,原种场开展日常安全生产检查,实施"违法违规小化工""违法违规小字头"、冶金等工贸企业、群租厂房等的专项整治;做好"331"回头看、企业安全生产标准化创建工作,推进全场企业可视化管理;开展"百团进百万企业"宣讲、"安全生产月"活动;组织全场企业法人及安技员进行"六防"、冬季防火等主题的安全知识培训。

【铁黄沙绿化建设】 铁黄沙生态种植,由原种场实施。2020年,环铁黄沙外部林带种植油菜17公顷、苕子9.7公顷,内部种植油菜约40公顷、苕子约4.5公顷、花草约2.8公顷和各类零星花草约0.33公顷,种植总面积74.33公顷。

【铁黄沙节点式社会开放准备工作】 2020年,根据市委、市政府关于铁黄沙2021年3月6日至6月20日节点式社会开放试运营的方案,原种场资产经营投资公司与江苏江南商贸集团有限公司共同出资成立"常熟市江海七彩洲生态建设公司",并与

常熟德康生猪养殖场

电力、水务、旅游等部门对接，制订建设计划，确定施工方案，倒排施工进度，确保2021年3月6日准时开放。

【常熟德康生猪养殖项目】 4月，《常熟市人民政府 四川德康农牧食品集团股份有限公司15万头生猪养殖投资协议》正式签订。德康集团出资建设15万头生猪循环养殖基地1座，占地18.94公顷，建筑面积12.56万平方米。配套建设洗消中心1座、转猪台1座，总投资4.5亿元。6月进行用地协议签约，7月下旬开工建设，整体工期8个月。至12月下旬，6栋楼层养殖圈舍土建全部封顶，引入种猪2000头。目标于2021年5月底完工验收。

【家景美肉牛养殖场】 占地1.56公顷。6月，原种场与常熟市家景美肉牛养殖场签订租赁合同，由养殖场负责投资建设。12月底完成施工。目标日均饲养肉牛450~480头。

【市公安局犬留所】 占地1208平方米，建筑面积986.6平方米，项目投资585.4万元。配有综合管线、消防、智能化设备、室外场地、道路、绿化景观等相关设施。8月，原种场与市公安局签订土地补偿协议，由市公安局负责建设实施。目标2021年4月交付使用。

（市棉花原种场供稿）

府东村

【概况】 府东村位于海虞镇中心镇区东。2020年，全村总面积5.55平方千米，耕地面积295.8公顷。有47个村民小组，总户数1518户，户籍人口5562人，登记外来人口1976人，可用财力744.02万元。

【党建工作】 村党委下设7个党支部，其中网格党支部5个、非公企业党支部2个，在册党员219名。建有5个红色先锋站，全年开展集中学习和主题党日活动18次。11月，开展“走看学做比党建”主题活动，村党委与常熟市农业机械技术推广站、常熟市农林行政综合执法大队党支部开展结对共建活动，签订“结对共建 携手共

进”协议书。

【文明实践站】 府东村新建400平方米新时代文明实践站1个，内设农家书屋、妇女儿童活动室、体育健身室、健康小屋、道德讲堂等，添置图书800余册。全年开展新时代文明实践活动60余次。结合“七彩的夏日”，开展“小小垃圾分类督导员”“艺术点亮童心”等未成年人活动；结合“我们的节日”，开展“孝爱府东 重阳重YOUNG”活动；举办育婴师、面点师等技能培训；开展“垃圾分类新时尚”文艺专场、广场舞比赛、彩虹跑等活动。

【网格化管理】 村党委抓好“3+5+X”网格管理服务规范化工作。设立网格长5名，组织进行基础信息、信息民意、社会治安、新房维稳、安全消防、环境整洁、规划建设、公共服务、文明新风、基层自治等服务。

【“千村美居”工程】 村委会将“千村美居”和人居环境整治工作有机结合。曹陈巷、张家宕、尹巷、耕泾岸、陆家墩、菖蒲泾、丘家坝、后巷路、尼姑弄堂、东街、冯家坝、潘巷、蔡家宅基等13个自然村通过验收。

【安全工作】 府东村配有1名村级民警，7名辅警，1名城管，5名质保人员。有治安监控308个、微型消防站1个、消防应急取水口8个。2020年，辖区共有出租

府东新村清风廊

户760户。结合“331”专项行动，排查出“三合一”场所15家，群租房102户；已全部完成整改。

【帮扶工作】 全村有低保户12户、重残户47户，发放春节慰问金7.14万元。重阳节期间，向全村1093名70岁以上老人发放大米，大米价值8.74万元。给全村村民购买“福地惠民”综合保险和一揽子“和谐乡村”综治保险。为70岁以上老人全额购买合作医疗保险。

【日间照料中心】 设有配餐间、活动室、视听室、阅读室等，共投入4.8万元。市海虞香溢事务所定期为老年人组织文艺演

出，提供免费理发、测量血压等便民服务。

【志愿服务】 府东村有20个志愿服务团队，注册志愿者1166名，其中党员志愿者60名。全年定期开展志愿服务活动50余次。10月，召开“志愿有你　益路同行”优秀志愿者表彰大会，1个志愿者服务团队、7名志愿者和4名抗疫志愿者受到表彰。

河口村

【概况】 河口村位于海虞镇北部，境内有望虞河常熟水利枢纽。2020年，村辖区面积7.11平方千米，耕地面积261公顷。有64个村民小组，常住1293户，户籍人口5303人，登记外来人口1972人。村党委下设农、工、非公企业支部11个，有党员187名。有纳税企业22家，形成以服装生产加工、红木家具生产、机械设备配件制造为主的产业特色。全年实现工业收入4.07亿元，可用财力889万元。近年来，先后获省级生态村、省级卫生村等荣誉。

【党建工作】 村党委下设网格党支部4个，非公支部5个，非公联合支部2个。有党员187名。其中，农村党员165名，占88.24%；35岁及以下青年党员18名，占9.63%；预备党员2名。入党积极分子8名。通过集中收看视频会议、上党课、党员学习讨论等方式，对全村党员进行培训。各网格党支部围绕当月主题，结合疫情防控、垃圾分类、“千村美居”建设、“三清一改”农村环境建设等开展活动。2020年，获海虞镇行政村党组织“先锋指数+”第一等次。

【网格化管理】 全村分为首创、花庄、北联、市北4个网格，建成4个红色先锋站。每个网格配备1名网格长、1名专职网格员、1~2名管理员、4~8名信息员，并按照网格化管理要求开展政策宣传、环境检查、垃圾分类、信访调解、疫情防控宣传等工作。

【疫情防控】 做好疫情防控工作：宣传防疫政策、外来人员登记录入、卡口值勤、居家观察对象测量体温，慰问低保家庭等。疫情期间，共收到捐款3.39万元，其中党员捐款2.17万元。收到口罩、方便面等物资39批次。

【新时代文明实践活动】 村委会围绕理论宣讲、政策宣传、志愿服务、“我们的节日”等主题开展新时代文明实践活动，做到月月有主题，月月有活动。

【垃圾分类】 全村设置垃圾分类亭7个，配备垃圾分类桶1300对，做到日产日清。对保洁员进行垃圾分类知识培训3次，现

场对村民进行垃圾分类测试1次。

【文明有“礼”】 每季度对各户进行考核测评，并在测评中加入友情提醒，详细记录奖励和问题情况，及时公示。

【民生实事】 全年投入15.95万元为村民购买重疾保险。发放涉农土地费210万元。中秋、重阳、春节期间对困难家庭发放慰问费26.35万元，对871名妇女开展“两癌”筛查，对年满65周岁的老人进行免费体检。给年满60周岁的老年人发放爱心葡萄1700余份。重阳节期间，给年满70周岁的老年人发放大米890份。

【“千村美居”工程】 全村新建及修缮道路、公厕、停车场、小游园、健身场地、绿化带等。年内完成花庄(一)、花庄(二)、寺泾岸(二)、花庄新村、周家宅基、周家宕等6个自然村的验收，剩余自然村的污水管网铺设实现全覆盖。

望虞村

【概况】 望虞村位于海虞镇中部，346国道穿村而过，望虞河贯穿全境。2020年，全村总面积4.5平方千米，耕地面积126.94公顷。下辖37个村民小组，户籍人口3704人，常住人口5932人。可用财力693万元。

【党建工作】 村党委下设14个党支部，其中4个网格党支部、10个非公党支部，有党员183名。网格党支部均建立红色先锋站，党员以支部为单位，开展党日活动。组织党员开展生活垃圾分类宣传、农村人居环境整治、“千村美居”工程成果展示、党建成果展示会演、爱国影片观影、走看学做比党建学习参观等活动。

【“千村美居”工程】 全年完成蔡家宅基、吴家宕、张家宅基、汤家宕、下塘街5个自然村的建设验收，投入资金约670万元，惠及农户249户。新建公厕4座、分类垃圾亭7座、小游园5个，新筑河道驳岸230米，建设停车场约2500平方米，铺设道路约4800平方米。

【疫情防控】 新冠肺炎疫情期间，加强流动人员管控，设立2处道路检查点，组织50多名志愿者轮流值勤检查。排查登记返常人员2000多人，医学观察106人。帮助21家企业和38家店铺完成复工复产审批。全年新冠肺炎“零疑似”“零确诊”。

【消防安全】 全村共有工业企业43家，其中镇管企业10家、村管单位33家，全年未发生重大安全生产事故。年初，与21家企业及12家个体工商户签订安全生产责任状和承诺书。持续推进“331”专项整治，整改出租户112户，消除出租房隐患300多处。完成9家小餐饮店合规化改造，安装燃气泄漏安全保护装置8套。

【网格化管理】 村党委将原有的5个三级综合治理网格调整为4个，并与党组织网格对应。调整后的三级网格为望虞1（建丰）、望虞2（金星）、望虞3（下塘通江路以南）、望虞4（下塘通江路以北），在设立二、三级网格长基础上，增设专职网格员。全年上报处理各类问题、矛盾1000多起，办结率100%。

【精神文明建设】 村委会结合疫情防控、环境整治、垃圾分类、安全出行等主题，开展新时代文明实践志愿活动150多次，召开表彰志愿者大会1次。建党99周年之际举办“不忘初心 筑梦前行”文艺会演。邀请民间文艺团队到村演出，全年开展“我们的节日”系列演艺活动3场。

【社会事业】 全年投入约30万元为全村村民购买“福地惠民”和苏扶保保险。对低保户、低保边缘户、困难对象等进行慰问。组织400多名65周岁以上老人和700多名退休人员进行免费健康体检。8月，给全村1400多名60周岁以上老人发放爱心葡萄。重阳节期间，给700多名70周岁以上老人发放大米。

龙墩村

【概况】 龙墩村位于海虞集镇区西南。2020年，全村总面积4.41平方千米，耕地面积约105.53公顷。下辖31个村民小组，在册1152户，户籍人口4087人。工业产值1.74亿元，工业销售收入1.22亿元，利税1046万元，可用财力674.37万元。村党委下设支部5个，有党员116名，预备党员2名。

【党建工作】 村党委强化党风廉政建设，全年开展任职谈话、廉政谈话共30人次。11月，组织廉勤监督员、村务监督委员会成员25人开展“走看学做比党建”活动，参观中国工农红军第十四军纪念馆、常阴沙现代农业示范园区、永联小镇和铜官山乡村乐园等。春节、七一前夕，对困难党员、三大员、定补人员等进行走访慰问。

【安全生产】 3月，村委会与辖区内企业签订安全生产目标管理责任状和承诺书；

增设安全教育广告牌10处；发放各类安全宣传教育资料500多份；开展安全生产普及教育及企业新职工“三级教育”培训，受训256人，企业法人及安技员参加安全资格培训，特种设备、特种作业人员持证率100%。9月，辖区内的各个企业推行安全生产可视化管理。

【“月满华诞　情满中秋”文艺会演】　9月26日，村委会联合常熟美协拥军艺术团在村全民健身广场举行“月满华诞　情满中秋”暨表彰防疫志愿者文艺会演活动。受表彰的志愿者、党员代表及村民200多人参加。

【社会事业】　全年为884名退休人员和65周岁以上老年人免费体检，为4560名村民购买“福地惠民”以及“和谐乡村”一揽子公众责任保险，共14.36万元。8月，给辖区60周岁以上老年人、低保户、残疾人等发放爱心葡萄1080箱。重阳节期间，向70周岁以上老年人发放大米510袋，大米价值4.08万元；给全体村民发放涉农土地费64.94万元；给4户低保户发放补助3.79万元；给14户重残户补助10.3

龙墩村老年人日间照料中心

万元。七一前夕，给9户困难党员家庭发放关爱基金1.38万元。春节前夕，给低保及低保边缘户发放慰问金1.92万元。

【日间照料中心】　4月，村委会投资60多万元改造村管闲置房，建设老年人日间照料中心；8月竣工，对外开放。日间照料中心建筑面积280平方米，内设休息室、就餐室、活动室、健身室、理发室、心理咨询室等。同时成立日间照料服务队，为老年人提供服务。12月23日，与常熟市虞城家庭服务中心联合开展志愿活动，为老年人提供免费理发、量血压、磨剪刀、剪指甲和心理咨询等服务。

东泾村

【概况】　2020年，东泾村总面积3.5平方千米，有32个村民小组，22个自然村，常住人口4250余人，外来人口2450人，耕地总面积123.10公顷，水域面积13.53公

顷。有32家非公企业，工业主导产业为服装和红木。集体经济收入770万元，可用财力578.98万元。

【党建工作】 村党委下辖3个网格党支部、10个非公企业党支部，在册正式党员127名。全年开展集中学习和主题党日活动10余次。11月，开展“走看学做比党建”主题活动，先后到中国工农红军第十四军纪念馆、常阴沙现代农业示范园区、永联小镇、铜官山乡村乐园等地参观学习。

【实事工程】 全年完成刘家桥、彭家宅基的2座农用桥改造。完成朱家宅基、陶家宅基、孟娄、顾巷等自然村的污水管网接管工作。完成方家宕、闸口里等4个自然村污水管网改造后弄堂修复及道路硬化工作。投入90多万元，新建道路4条，约4000平方米；投入30多万元，新建停车场4个，约1700平方米。全村农户配置双分类垃圾桶，完成新建垃圾分类亭3座，改造垃圾房8间。

【“331”专项整治】 对出租户进行消防隐患摸排，对存在消防隐患的394户发出限期整改通知书，全年整改125户。

【帮扶工作】 全村有低保户11户、重残户6户，发放春节慰问金3.42万元、年中慰问金2.46万元。重阳节期间，向全村693名70周岁以上老人发放大米，大米价值5.54万元；给4125名村民购买“福地惠民”综合保险和一揽子“和谐乡村”综治保险，近13万元。

【精神文明建设】 村委会组织开展线上阅读节活动1次、“我们的节日”系列活动4次、亲子活动4次、“6+X”议事会3次。每月开展移风易俗志愿宣传活动，每季度开设道德讲堂。

【日间照料中心】 有配餐间、活动室、心理咨询室、阅读室（有图书1433册）等，共投入5.2万元。常年为老年人提供免费理发、测量血压等便民志愿服务。

【“千村美居”工程】 全年投入675万元，对刘家桥、丁家村、方家宕、朱家小桥、姚家海等5个自然村进行“千村美居”建设，年终全部通过验收。投入350多万元，完成22个自然村的环境整治工作。

【河长制】 全村有三千溇、横塘、兴长江3条公示河道，河长每月不定期巡查。对全村50多条河道打捞水葫芦、垃圾等漂浮物，保持河道清洁。

【网格化管理】 全村划分为3个网格，建成3个红色先锋站，聘用管理员、信息员42名。以网格为单位开展“不忘初心、牢记使命”主题教育。开展“千村美居”、“233”、“安居超市”建设、污水管网改造等各项工作。全年走访重点区域192次，服务走访180多次，上报1800多条信息。

【志愿服务队】 志愿者服务队成立于2020年4月，全年开展志愿活动20余次，年终召开表彰抗疫先锋志愿者大会1次。

【安全生产】 村委会与24家企业和8家个体工商户签订安全生产责任状、消防安全责任书，排查发现隐患384处，完成整改384处，完成率100％。

【农宅翻建】 全年申请建房户通过会审23户，房屋翻建验收27户，协商解决房屋翻建过程中的各类矛盾纠纷9起，对建房过程中发现的违章行为及时制止。

邓市村

【概况】 邓市村位于海虞镇北部，濒临长江，346国道横穿村境。2020年，全村自来水、电力、通信、广播电视等基础设施完善，农田水利设施配套。全村总面积5.83平方千米，耕地260公顷。有46个村民小组，常住1312户，户籍人口4984人，登记外来人口1006人。村党委在册党员77名，下辖10个党支部。村域内有服装、红木家具等各类企业10家。可用财力648万元。

【党建工作】 村党委下设3个网格党支部，建成邓市、南沙、丁市3个先锋站。10月，组织党员前往太仓市半泾村参观学习。结合党建书记项目，每月举行主题党日、专题学习、夜间课堂等活动。

【社会福利】 全村有在册低保11户，低保边缘1户，重残15户。重阳节期间，向60周岁以上老年人、低保户、低保边缘户、残疾人发放大米等，大米等价值5.7万元。给全村在册村民购买“福地惠民”综合保险、和谐乡村民生管理一揽子保险及食品安全责任险，共17.2万元。

【志愿服务】 全村共有在册志愿者962人，2020年新增志愿者360人。成立“孝爱邓市”“温暖邓市”“绿色邓市”“文明邓市”4个志愿者服务队，常年开展暖心陪聊、爱心助老、洁美家园、移风易俗等志愿服务活动近50次。全年累计服务时长1.15万小时。

【垃圾分类】 全村新设“三定一督”点位1处，新建垃圾分类亭8座，发放垃圾收集桶695对，做到日产日清。对保洁员、村民群众等每季度开展垃圾分类知识培训，提高村民垃圾分类实际操作水平。

【网格化管理】 全村有南沙、丁市2个网

格。依托2个红色先锋站，每个网格配备1名网格长、1名专职网格员、2名管理员、4~8名信息员，并按照网格化管理要求开展疫情防控、政策宣传、环境检查、“千村美居”、文明城市、垃圾分类、信访调解、安全生产等工作。

【疫情防控】 疫情期间，发放“村民告知书”4000多份，广播宣传400多次，张贴宣传画100多幅，悬挂横幅60多条，出动宣传车60多次，发放消毒洗手液1000瓶、口罩10000只。

【“千村美居”工程】 全年完成宣家巷、李家浜、沈家庄、吴家角、王家巷、褚殿里、经巷桥等7个自然村组验收，涉及农户250户，投入资金约960万元。新建停车场近1900平方米，更新改造道路1000多米，修缮河岸500米，新增绿化面积2500多平方米。

聚福村

【概况】 聚福村紧靠福山集镇，346国道横穿村境。2020年，辖区面积5.87平方千米，耕地168.73公顷。有23个村民小组，1个小区，14个自然宅基，农户1241户，村民4355人。村党委下设2个网格党支部和1个“两新”联合党支部，有党员74名。可用财力686.8万元。

【党建工作】 6月，村党委与福山中学党支部签约并举行“开启诵读之旅　点亮书香人生”纪念“七一”党建结对朗诵比赛。8月，与苏州富士莱医药党支部签约结对共建。10月，在七峰村铜官山开展抓党建促联建村企联合活动。

【实事工程】 全年投入46万多元对村集体资产出租房提升改造。10月，启动聚福新村污水管网改造工程，更换老旧管道。投入17万元，铺设李家宕道路2400平方米。

【帮扶工作】 为全村1025名60周岁以上老人发放爱心葡萄。重阳节期间，为全村503名70周岁以上老人发放大米。投入约10万元为全村153名80周岁以上老人提供居家养老护理并发放尊老金。投入12万元为全村4343名村民购买“福地惠民”综合保险、大病保障保险。投入4.76万元，为全村74周岁以上无社保老人缴纳居民医保。为退役老军人提供每年一次的免费体检，年终慰问参战老军人、伤残人员。全村有低保户2户、低保边缘户3户、困难学生和重残家庭6户，全年共发放低保补助金、长期救助金35.78万元。年末对20户贫困家庭进行节日慰问。

【日间照料中心】 建筑面积294平方米，内设就餐室、活动室、康复室、妇女儿童活动室、理发室，配置康复器材、有线电视等。配备专业服务人员，为高龄老人、空巢老人、残疾老人提供托管照料、保健康复、休闲娱乐等日间照料服务。

【精神文明建设】 全年组织举办以劳动节、安全、迎国庆等为主题的大型文艺会演10余场。邀请各级书画名家与领导、村民代表，参加迎国庆书画笔会、迎新春送书画及写春联等文化活动。村文化艺术展馆展有中国书协名家书法、字画、印章等精品30余件。

【“千村美居”工程】 全年完成苏家桥、严家宕、王家宕、徐家坝、陆家油车等5个自然村组美丽村庄建设验收，惠及农户116户。新建停车场2200平方米，新铺水泥道路2800平方米，新建公厕2座，新增绿化面积4800平方米。

福山村

【概况】 福山村位于海虞镇西北部。2020年，全村总面积9.2平方千米，耕地441.53公顷。有54个村民小组，2043户，户籍人口7059人，登记外来人口1361人。村党委下设4个网格党支部、2个“两新”党支部，共有党员203名。辖区内有企业17家，村级经济收入以房屋土地租赁、工业用地复耕复垦、生态补偿为主。村集体经济收入1063万元，其中租赁收入353万元。

【党建工作】 村党委下设4个网格党支部，对应建成传承之家、小木桥、殿山、红光4个红色先锋站。建立“爱驻夕阳”“青山绿水”“心相印调解”“筑梦田园”“洁美家园”5个行动支部，探索“村党组织+网格党支部+红色阵地”模式，以4个红色先锋站及新时代文明实践站作为党建活动主要阵地，发挥红色先锋站支部活动、党员日常管理、社会治理参与、政策理论宣讲、民情民意收集、党员便民服务、困难群众帮扶等作用。将党建品牌建设与人居环境长效管理、“千村美居”建设、特色田园乡村建设等重点项目有机结合，因地制宜打造平巷花海、枇杷采摘园等生态产业，推进品牌化建设。

【民生保障】 全村有在册低保户14户，低保边缘户5户，重残户30户。8月，向全村60周岁以上老人、低保户、低保边缘户、残疾人等发放爱心葡萄2520箱。重阳节期间，向全村70周岁以上老年人、低保户、低保边缘户、残疾人等发放大米1188袋，

大米价值 9.48 万元。给全村在册村民购买“福地惠民”综合保险、和谐乡村民生管理一揽子保险、食品安全责任险，共 23.28 万元。给 70 周岁以上老人支付合作医疗费 28.4 万元。

【“千村美居”工程】 全年完成东门街、寺前、南街、小木桥、东牛门宕 5 个点位“千村美居”验收，惠及农户 244 户。新建停车场 1100 平方米，道路 2800 米，新增绿化面积 3000 平方米，疏浚河道 600 米，修缮游园 2500 平方米。10 月，文明有“礼”积分管理模式在寺前自然宅基试点运行。

【寺前被命名为江苏省特色田园乡村】 2019 年 8 月，福山村寺前入选苏州市特色田园乡村建设第三批次试点村庄名单。2020 年，福山村寺前被命名为江苏省第五批次特色田园乡村。村党委、村委会结合村庄风貌和产业特色，开展特色田园乡村创建工作，累计实施 6 大类 26 个项目，投资 1726 万元。

【志愿服务】 全村有在册志愿者 1335 人。志愿者依托村新时代文明实践志愿服务队，常态化开展疫情防控、洁美家园、爱心助老、健康服务等志愿服务活动，全年服务时长 5.59 万小时。

【文明实践活动】 村老年活动中心建立文明实践站，面积 120 平方米。联合第三方社会组织，结合“一月一主题”活动计划，开展“我们的节日”、道德讲堂、垃圾分类、健康讲座、免费义诊等文明实践活动 36 次。

【日间照料中心】 面积 300 平方米，设有老年活动室、康复室、妇女儿童活动室、心理咨询室、农家书屋及理发室，配置康复器材、有线电视等。全年服务群众近 1 万人次。

【垃圾分类】 全村新建“三定一督”木屋 2 座，规范垃圾分类亭标识标牌 12 处，发放 3598 只垃圾收集桶（每户 2 只），并由专人每日收集垃圾。

【河长制】 全村有河道 13 条，其中村级河道 11 条，总长 46.3 千米。在显著位置设立河长制公示牌 11 块，河长每月巡河 2 次，确保河道水环境达标。

【网格化管理】 村党委按照“任务相当、方便管理、界定清晰”的要求，根据区域大小同步与镇级联动平台，将辖区优化整合成 4 个网格，实现村域全覆盖。设立 1 名二级网格长，4 名三级网格长，每个网格有信息员和管理员各 1 名。日常开展疫情防控、环境检查、矛盾调解、政策宣传等工作。

【获评苏州市美丽生态牧场 2 个】 12 月，苏州市农业农村局、财政局、生态环境局组织专家对常熟市犇牛牧场和常熟市伟福牧场美丽生态牧场创建工作进行验收，2 个牧场均获评苏州市美丽生态牧场。

七峰村

【概况】 七峰村位于海虞镇西部，346国道穿村而过。2020年，全村总面积7.94平方千米，耕地359.07公顷。有51个村民小组，38个自然村，1420户，户籍人口5714人，常住人口6202人。可用财力1299.91万元，资产总额1.47亿元，人均年收入4.08万元。获“江苏省特色田园乡村”“国家森林乡村”等称号。七峰村铜官山乡村乐园被评为常熟市首批“‘千村美居’网红打卡地”。

【党建工作】 村党委推动村党群服务中心整改工作，完成前进先锋站、绿山先锋站、东山先锋站的建设。制定《七峰村“两新”组织调整设置的方案》，设立常容包装有限公司党支部委员会，新建“两新”联合党支部2个。打造铜官山党群服务中心，举办党建活动及接待各村党日活动80余次。与中国建设银行常熟支行第十五党支部及常熟市农商行党支部开展结对工作，与常熟市评弹团党支部结对共建，与福山派出所开展“共建携手同植树　合力添绿美家园”活动，与常熟市自然资源和规划局林业管理党支部举行党建共建签约仪式并举办七峰村森林资源保护主题宣传活动。2020年获镇行政村党组织“先锋指数+”考评第一等次、“先锋杯”竞赛金杯。

【实事工程】 全年完成基础道路、山体步道、三线入地、水系沟通、消防设施、美丽庭院（23户）、景观绿化、路灯等建设，新建观光亭、入口标志、停车场、公厕等，总投资约4000万元。7月，完成省级田园乡村项目验收。

【“331”专项整治】 对村域127户出租户进行隐患摸排，发放告知书120多份，整改39户。

【“千村美居”工程】 延续“233”专项整治行动，以“三清一改”工作为重点，全面落实农村人居环境整治“六大专项行动”，全年申请“233”整治村庄12个，启动11个，完成验收8个。

【日间照料中心】 设有助餐室、阅览室、棋牌室、休息室等，向60周岁以上老年人开放。每月开展1次特色活动，提供4次免费量血压、1次免费理发服务，全年服务约8000人次。

【社会救助】 全村有低保户5户，低保边缘、重病困难对象3户，重残及特殊困难残疾对象35户。向60周岁以上老人发放“孝爱葡萄”1940箱，向70周岁以上老人发放大米，葡萄、大米价值合计7.14万元。完成60周岁以上老人村贴合作医疗保险

1004人，共28.11万元；按户籍人口购买“福地惠民”重疾险15.47万元。春节慰问困难户、重病户、老年及困难党员、现役军人等家属，发放慰问金6.9万余元。

【河长制】 推行河长制工作，强化水资源保护、水污染治理、水环境改善、水生态建设。全年开展整治行动150余次，整治河道80余条，长度3.2万余米。

【网格化管理】 村党委将辖区划分为4个网格，建立网格先锋站4个、设立网格长4名，组建一支由60人组成的网格管理队伍，实现网格党支部书记和网格长“一肩挑”，发挥“党建+治理+服务”两网融合作用。发挥网格优势，开展家庭矛盾纠纷调解、困难帮扶、安全维护等120多起，办结率100%。

【社区志愿服务队】 志愿服务队有1617人，完成实践站建设和设施配置，志愿服务队全年服务时长440多小时。举办“红杉树书场”、端午粽情、重阳会演、迎祖国71华诞等公益性活动20次。

【社区居民活动中心】 有健康小屋、儿童之家、图书室等。7月1日开放，为村民提供图书借阅、健康咨询等服务，儿童之家配备游乐设施。运行期间，严格按照疫情防控要求，服务人员佩戴口罩，做好测量体温、登记、室内消杀工作，全年累计服务1万余人次。

【铜官山乡村乐园建设】 七峰村整体开发建设铜官山，建成一个以自然风光为主体，集美丽田园、茶园、果园、花园和农民新家园于一体的生态休闲地标；因地制宜对

铜官山乡村乐园

铜官山进行修复、完善，建成集吴方言馆、溯源馆、乡村振兴学院等于一体的常熟市首批“‘千村美居’网红打卡地”。9月21日，苏州市中国农民丰收节开幕式在铜官山乡村乐园举行。

徐桥村

【概况】 徐桥村位于海虞镇西部。2020年，全村总面积6.05平方千米，耕地面积269.3公顷，常住1065户4283人。下设43个村民小组，有小学（含幼儿园）1所，集贸市场1个。

【党建工作】 2020年，村党委有党员132名，其中，预备党员1名，女党员23名。每月召开理论学习中心组学习会，每季度召开党风廉政工作会议。全年组织全体党员集中上党课3次，利用网格党支部会议上党课3次，学习《习近平谈治国理政》第三卷有关内容。开展“走看学做比党建”“全面小康 奋斗有我”等参观教育活动2次。完成村党委换届选举工作，推进“多彩徐桥”党建品牌建设。

【网格化管理】 村党委实行“3+5+X”网格规范化管理服务，建立徐桥、跃进、凌泾3个网格，发挥网格党支部、党员、网格长、网格员的作用。建立健全村民议事制度，全村重大事项实行民主协商、民主决策、民主监督。强化“平安徐桥”建设，持续推进“331”专项整治工作，消除辖区内各类事故隐患。

【“千村美居”工程】 全村以网格为单位，分成3个工作组推进14个入库自然村包干工作，8个自然村通过市级“千村美居”验收。结合农村人居环境整治提升，有序推进垃圾分类工作。通过“千村美居”验收的自然村推行文明有“礼”长效管理。

【工业载体建设】 根据上级政府关于老旧工业小区更新改造要求，推进A1、A2地块标准厂房建设，引进优质企业入驻，扩大村级经济的发展空间。

【志愿服务】 全年围绕疫情防控、邻里守望、公共服务、环境卫生等方面开展志愿活动，配合村重点项目建设及重点工作推进。志愿者参与新农村环境整治、推广垃圾分类、维护公共秩序、提高群众文明素质、帮助困难群体、保障村民安居乐业等活动。

郑家桥村

【概况】 郑家桥村位于海虞镇西部。2020年，全村总面积4.82平方千米，耕地面积282.05公顷。下辖36个村民小组，863户，户籍人口3374人，登记外来人口280多人。村党委下设3个网格党支部，有党员106名。可用财力509.1万元。

【疫情防控】 村党委发挥党建引领作用，组建“疫情防控”行动支部，招募党员、群众志愿者100多人，封闭村道19条，部署24小时值勤卡口2个，进行全天候体温检测和信息登记。

【共建惠民广场】 5月22日，村党委与三爱富中昊党总支在“灵动水乡”先锋站举行共建签约仪式，正式启动党建共建项目。三爱富中昊党总支捐赠帮扶基金20万元，建设郑家桥村惠民广场2500平方米，设有儿童游乐设施、健身器材、乒乓球场、羽毛球场等。双方开展“走看学做比党建”共建活动，参观苏州市吴江区党建示范点。

【郑家桥果品专业合作社】 占地7公顷，其中葡萄种植面积约4公顷，种植阳光玫瑰、夏黑、醉金香三个品种。2020年，总产量约80吨，营业收入约170万元。投资170万元新建钢结构大棚1公顷。累计有种植大棚3.5公顷。重阳节，为全村60周岁以上老人发放“孝爱葡萄”1200箱。

【5个美居村庄通过验收】 全年共清理各类垃圾1000余吨，拆除乱搭建3000多平方米，疏浚河道2000多米。建成停车场7个、无障碍公厕1座、普通公厕4座。金家湾、许庄、顾家宅基、石家湾、程家宕等5个自然村通过市级美居村庄验收，惠及村民147户。

【新时代文明实践站】 设有志愿者服务大厅、中老年活动室、妇女儿童活动室、图书阅览室（有图书1500册）、爱心厨房、葡萄文化科普展示馆等。举办五一象棋对抗赛，开展志愿者培训、科普知识讲座、传文明树新风移风易俗讲座、未成年人教育等活动。开展春节、元宵、端午、国庆、重阳等节日主题活动，开设道德讲堂4次。

【敬老爱老办实事】 给全村185名80周岁以上的老人购买合作医疗保险，约6.5万元；给3375名在册村民购买“福地惠民”重疾险，约9.3万元；给101名85周岁以上老人发放中秋月饼，月饼价值约2万元；给599名70周岁以上老人发放重阳节爱心大米，大米价值约5万元。

肖桥村

【概况】 肖桥村位于常熟市海虞镇中西部，346 国道横穿村域北境。2020 年，全村总面积 8.04 平方千米，水域面积占 5.1%。有 74 个村民小组，在册 1674 户，人口 6441 人。村党委下辖 4 个农村党支部和 1 个非公企业党支部，有党员 187 名。可用财力 1250 万元。

【党建工作】 村党委引领全村党员、干部、群众紧密配合，真抓实干。肖桥村获苏州市先锋村、市先进基层党组织、市社会治理成效奖（优秀基层单位）、镇先进基层党组织、镇示范型红色先锋站、镇示范型党群服务中心等荣誉。

【“千村美居”工程】 持续推进“千村美居”“233”整治工作，结合人居环境整治、“三清一改”、“两清两治”等，全年完成生态宜居美丽村庄验收 9 个。

【精神文明建设】 3 月 28 日，村两委召开“感恩有你 ‘疫’路相伴”——志愿者表彰大会。全年开展“我们的节日”、“七彩的夏日”、爱心理发等各类活动 10 余场次。

【志愿服务系列项目】 文明实践志愿服务队全年开展服务 50 余次，着重做好 5 个志愿服务系列项目。“红色系列”志愿服务：开展疫情防控、企业检查、文明倡导、志愿宣讲等活动，助力村庄治理。“孝爱系列”志愿服务：定期开展老年人防骗知识讲座，防治高血压、高血脂讲座，联合义诊等活动，关爱老年人生活。“温暖系列”志愿服务：定期慰问网格内的困难家庭、低保户、残疾人家庭等，为他们提供生活帮助。“绿色系列”志愿服务：定期开展人居环境整治、美化绿化活动等志愿服务。“文明系列”志愿服务：依托新时代文明实践站，开展“七彩的夏日”、文明墙绘、垃圾分类讲座等活动。

【《肖桥村志》出版发行】 11 月，《肖桥村志》由广陵书社出版发行。全书 34 万字，客观真实记述肖桥村政治、经济、社会、文化等方面的历史和现状。

【网格化管理】 村两委将所辖区域划分为 4 个农村网格，建立网格先锋站 4 个，设立网格长 4 名、网格管理员 73 名。发挥“党建 + 治理 + 服务”两网融合作用，全方位、精细化开展环境整治，推动村民“自治”“法治”“德治”三治合一。开展“331”检查、环境检查、矛盾调解等活动，至 12 月 31 日，上报处理各种问题 150 多起，办结率 100%。

【社区居民活动中心】 设有健康小屋、儿童之家、图书室、律师咨询室、健身房等。

每个农村网格设一个老年人活动中心，7月1日建成开放。运行期间，按照疫情防控要求，服务人员佩戴口罩，测量体温，做好信息登记、室内消杀工作。至年末，活动中心累计服务15000余人次。

【日间照料中心】 7月1日开放。运行期间，按照疫情防控要求，全体人员佩戴口罩，测量体温，做好信息登记、室内消杀等工作。全年累计服务9000余人次。

【实事工程】 全年新建游园12个，停车场15个，公厕8座，修缮道路60余条，新增公益广告牌120余块。

【“331”专项整治】 全年摸排出租户301户，发放告知书300多份，整改52户。

【社会救助】 全村有低保户12户，特困户7户，低保边缘户4户，重残30人，全年累计救助101人，使用救助金额3.43万元。向全村60岁及以上老人发放爱心大米和“孝爱葡萄”。给全村在册村民购买“大病民生”综合保险。

【河长制】 推行河长制，保护水资源，防治水污染，改善水环境，修复水生态。全年累计整治河道50余条，开展整治行动100余次。

【梨花邨农业生态园】 园内有特色餐饮、棋牌、垂钓、户外拓展、水果采摘、家禽饲养等项目。水果种植面积25.3公顷，其中种植翠冠梨17公顷，年产量在400吨左右。3月28日举办梨花节开幕仪式，梨花节期间，客流量1000人左右。

【肖家桥筲箕】 肖家桥筲箕远近闻名，编制工艺流传已久。在诸多的竹制品中，肖家桥筲箕因做工考究、工艺精湛而独树一帜。村中大多数农户从事竹器制作。有一种专供办喜事装定胜糕用的提盘饭篮，制作工艺要求高，篾丝细腻，做工精巧，深得周边村民的喜爱。

新州村

【概况】 新州村地处海虞镇南部，沿江高速、204国道穿村而过。2020年，全村总面积6.9平方千米，耕地面积306.58公顷。下辖59个村民小组，农户1725户，人口6088人。村党委下设5个网格党支部，有党员267名。辖区内有企业68家，村级经济以房屋租赁、土地资源租赁为主，全年村集体经济收入1180万元，其中租赁收入460万元。

【民生保障】 全村有在册低保户20户，低保边缘户6户，重残28户。重阳节期间，向60周岁以上老年人、低保户、低保边缘户、残疾人等发放大米1.11万千克，大米价值8.88万元。给在册村民购买“福地惠民”综合保险、传染病救助保险、和谐乡村民生管理等一揽子保险及食品安全责任险，共21.9万元。

【8个自然村组通过“千村美居”验收】 全年完成后桥、邵家海、荷花溇、苏家桥、朱家圩、洋泾庙、吴家浜、曹家宕8个自然村“千村美居”验收，惠及村民179户。建设停车场2520平方米，新建道路3100米，新增绿化面积8600平方米，疏浚河道100米，修建游园5200平方米。11月，文明有“礼”积分管理模式在荷花溇自然村试点运行。

【党建工作】 村党委下设5个网格党支部，对应建成吴宗、黄塘、宗村、船棚溇、袁坝5个先锋站及“陪伴关爱　红色助老”“心系村民　暖心志愿”“互融互让　纠纷调解”“曲艺同行　文化宣传”“健康服务　绿色环保”“人居环境整治”6个行动支部。7月，宗村红色乡邻先锋站、新时代文明实践点、廉勤监督工作站正式揭牌并投入使用。根据党建“五步工作法”，并结合党建书记项目，每月进站开展主题党日、专题学习、党群议事等活动。10月，组织156名党员分3次前往铜官山乡村乐园参观学习。

【志愿服务】 全村在册志愿者2623人，服务时长10.56万小时。依托“清雅新州暖心关爱”志愿者服务队，常态化开展洁美家园、暖心陪聊、爱心助老、健康服务等志愿服务活动。

【文明实践】 在新州村初心园及船棚溇老年活动室，建成2个文明实践点，建筑面积160平方米。与第三方社会组织对接，结合“一月一主题”活动计划，开展“我们的节日”、移风易俗、道德讲堂、垃圾分类等文明实践活动48次，参与群众860多人。

【日间照料中心】 占地200平方米，设有老年活动室、康复室、妇女儿童活动室、心理咨询室、农家书屋及理发室，配置康复器材、有线电视等，全年服务群众15000余人次。

【垃圾分类】 全村新设“三定一督”点位2处，建有垃圾分类亭15座，发放垃圾收集桶3576只（每户2只），每日安排专人收集。

【网格化管理】 全村划分为5个网格，设立1名二级网格长、5名三级网格长，增设1名专职网格员。按照网格化规范管理，开展日常环境检查、矛盾调解、疫情防控等工作。

【民主议事】 完善“6+X”议事模式，探

索“村两委 + 乡贤”的乡村治理议事新制度，解决群众难题，助推“自治”“法治”“德治”三治融合新格局。全年组织议事会 14 次，解决矛盾纠纷 8 起。

【成绩荣誉】 新州村获镇“3+5+X”网格管理服务规范化工作先进集体、行动支部标兵、示范型红色先锋站、示范型党群服务中心、江苏省健康村、中国“淘宝村”等荣誉称号。荷花溇、曹家宕、后桥 3 个自然村被命名为市三星级康居乡村。

虞南村

【概况】 虞南村位于海虞镇南侧，204 国道贯穿村境，沪通铁路与新世纪大道延伸段在村内交会。2020 年，全村总面积 4.3 平方千米，耕地面积 89 公顷。有村民小组 38 个，总户数 991 户，户籍人口 3727 人，登记外来人口 1027 人。村党委下设党支部 10 个，有党员 187 名，其中预备党员 1 名。有一般纳税人企业 12 家，全年实现工业销售收入 2.05 亿元，利润 747 万元。可用财力 711.97 万元。

【党建工作】 村书记项目是“党建引领促安全 凝心聚力保和谐”。5 月，村党委与育才学校党支部结对共建，开展“垃圾分类 党员先行”等主题党日活动。11 月，开展“走看学做比党建”活动，组织党员参观新四军太湖游击队纪念馆、苏州革命博物馆和铜官山乡村乐园。成立“两新”党组织 3 个（第一联合支部委员会、第二联合支部委员会、烈阳机械制造有限公司党支部）。

【创建无“散乱污”村】 全村开展“散乱污”专项整治百日行动，对辖区内企业发放告知单 20 份，并逐一形成整改单。联合社区民警、网格员等重点检查辖区内木器、服装加工、机械小作坊等企业 20 余家次，排查出无证服装加工作坊和服装加工点各 1 家，责令限期整改。

【实事工程】 全年完成顾陈宅基、溇川里、汤家桥污水管网铺设及溇川里、汤家桥自来水管道改造工程。投入约 45 万元新建第二、第三网格先锋站。

【“331”专项整治】 “331”专项行动保持常态化。村委会联合警务室对出租户及“安居超市”等进行隐患排摸整治，对隐患户进行约谈，发放告知书 50 多份。至年末，完成整改 58 户。

【文体活动】 村委会组织开展各类培训讲座、送戏下乡、读书节、全民健身等活动

10余次，村民参与活动320余人次。

【帮扶工作】 中秋节、重阳节期间，向全村1314名60周岁以上的老年人发放爱心葡萄和大米，向203名80周岁以上老人发放尊老金，给1381名在册村民购买合作医疗保险，共38.67万元。9月，与中国人民财产保险股份有限公司苏州市分公司签订定向帮扶协议，捐赠5万元购买老年活动中心器材。

【“千村美居”工程】 全年完成顾陈宅基1个自然村验收，涉及农户58户，投入约180万元。新建主要道路2条，计150米，拓宽改造道路520米，新建停车场3个、休闲广场1个，改造公厕1座，疏浚河道340米，新增绿化面积2000平方米。10月，该村通过验收，被正式命名为三星级康居乡村。

【日间照料中心】 由原虞南阁小区10间老年过渡房改造建成，内设助餐室、活动室、棋牌室、休息室、康复室及心理咨询室等，配置康复器材和有线电视。12月正式开放。

【精神文明建设】 依托新时代文明实践站、先锋站、日间照料中心等新时代文明实践点，围绕理论宣讲、教育服务、文化服务、科技与科普服务、健康体育服务五大平台开展各类活动30余场。

【社会救助】 全村有低保户10户、低保边缘户1户、重残户15户，全年发放补助金31.75万元。

【实行河长责任制】 全村有2条村级河道：曹庄泾长2600米，雁荡泾长2400米。年内疏浚整治曹庄泾2000米，雁荡泾1800米。落实河长责任制，每月巡河2次。

【网格化管理】 全村设4个社会治理网格，设网格长4名、督导员4名、网格管理员26名、网格信息员20名、网格巡查员6名。按照网格开展“331”专项整治、垃圾分类、环境整治、矛盾调解等活动，上报处理各类问题134件，办结率100%。

【志愿者服务】 全年招募志愿者300名，累计有志愿者1027名。开展疫情防控宣传、垃圾分类宣传、绿色家园等志愿服务活动，累计3.72万小时。

【结对鱼菜共生项目】 村委会通过万企连万村项目，与美特印花服饰有限公司结对鱼菜共生项目，投入资金200万元。

汪桥村

【概况】 汪桥村位于海虞镇南部。2020年，全村总面积1.5平方千米，辖14个村民小组，在册521户，人口2067人，外来人口2000多人。工业产值21.66亿元，销售收入21.85亿元。可用财力1631.6万元，人均财力7893元，村级集体资产净值1.31亿元，利税1.8亿元。获得“苏州市康居特色村”“苏州市十佳美丽乡村”“常熟市农村人居环境整治先进村”等荣誉。

【党建工作】 村党委与宁波银行党支部、移动公司常熟分公司党支部开展结对共建。7月，召开“优秀共产党员”“党员示范户”表彰大会，表彰优秀党员16人、党员示范户9户。结合“不忘初心、牢记使命”主题教育，开展“走看学做比党建”外出寻访活动，参观福山社区南街网格、铜官山乡村乐园，观看爱国主义教育电影《八佰》。成立“护绿”“农建”“净美家园”“绿主妇”“金相邻”5个行动支部，常态化开展活动15次。年内发展党员1名，培养入党积极分子2名。

【创建无“散乱污”村】 在“散乱污”专项整治百日行动中，村委会对辖区内企业共发放告知单31份，并逐一形成整改单。联合社区民警、网格员、镇执法单位等进行联合检查15次，重点检查服装加工、机

苏州市康居特色村——汪桥村

械加工、轻工业企业等，排查出3家服装加工单位存在安全消防隐患，责令限期完成整改。

【实事工程】 全年投入260多万元，提升改造4组周家桥和11组任家宅基景观，新建通港路进村辅道200米，修建任家宅基至常浒路黑色路面200米，在7组、8组游园内新增健身设施各1套，新装汪桥河薛家宅基段沿河景观灯，更新提升老旧工业区，启动A1、A2、A4以及B地块建设。

【“331”专项整治】 摸排村域内出租户270户，发放告知书200多份。至年末完成整改100多户，整改率100%。

【文体活动】 全年开展迎新春送春联、新春文艺会演、“千村美居”等文艺活动，举办汪桥村象棋邀请赛等。在新村三区游园内增设羽毛球场1个、乒乓球桌2张、健身器材10件套1套、象棋桌2张。

【首创文明有“礼”积分管理模式】 2020年，汪桥村首创文明有“礼”积分管理暨人居环境长效治理管理模式，全年共发放文明有“礼”积分23万余元。12月，召开人居环境长效治理示范户、先进个人表彰大会，40余人（户）受到表彰。

【日间照料中心】 设有老年人活动室、康复室、阅读室、舞蹈室、绘画室、休息室、理发室等。每月为60周岁以上老年人免费提供理发、量血压等服务，定期举办老年健康知识讲座、防诈骗讲座等。

【精神文明建设】 村新时代文明实践站农家书屋添置图书50余册。重阳节、中秋节期间，慰问60周岁以上老年人。举办“益起来”携手家园行、健康知识讲座、垃圾分类、关爱困难群体和未成年人群体、移风易俗宣传等文明实践活动50多场次。

【社会事业】 全年向村民分配股红100多万元。重阳节期间，给60周岁以上老年人发放慰问费23.8万元。年末，慰问困难、重病人员，发放5.39万元。发放“汪桥”奖学金、“学习标兵”奖等3.8万元。为村民购买农村合作医疗保险、财产保险、重大疾病保险和60岁以上老人寿险等。

【河长制】 有村级河道2条：汪桥河长1500米，三墩浜长1000米。落实河长责任制，每月巡河2次，发现问题立即整改到位。

【网格化管理】 全村划分为2个网格，设立网格长2名、网格管理员15名。全年处理网格内环境、农宅、矛盾纠纷、安全隐患等各类问题60多件，办结率100%。

【志愿者服务】 全村招募志愿者517人，开展疫情防控、文明宣传、关心关爱困难群体等志愿服务50多次。

里泾村

【概况】 里泾村位于海虞镇南部，常浒路、通港路、204国道贯穿村境，村南境濒临常浒河。2020年，全村总面积3.9平方千米，耕地面积79.6公顷。有39个村民小组，全村总户数1230户，户籍人口4734人，常住人口4653人。可用财力1038.09万元，比上年增长17%。村党委下设党支部17个，有党员205名。

【党建工作】 村党委每月开展主题党日活动，村党委书记、网格党支部书记上党课，重温入党誓词，学习《习近平谈治国理政》第三卷等。年初，制定党建"书记项目"：党建+助推"233"专项行动。8月，村所有网格党支部书记参加培训，提升业务知识。9月，开展"两新"党组织攻坚组建工作，新建9个非公党支部。10月，开展"走看学做比党建"主题活动，组织党员参观河阳山歌馆、永联村、常阴沙现代农业示范园区、铜官山乡村乐园等，学习廉政文化，吸取乡村振兴经验。结合红色乡邻先锋站建设，建立廉勤监督站4个，将小圩里创建为廉洁文化示范点。12月，完成村党组织换届选举"一推"工作，产生新一届党组织委员会和纪律检查委员会候选人。全年开展党风廉政建设4次，廉政谈话12次。

【创建无"散乱污"村】 全年完成整治小虹桥黑臭河道1条；关闭"散乱污"小造粒厂1家；完成"263"督办项目邵家溇河道的整治，水质达标。

【实事工程】 全年完成原南邵村6家企业、4家店面的地块整合，共16公顷，拆除厂房1.03万平方米。完成6个自然村（环溇、吴家桥、章浜、小虹桥、周家浜、潘家宕）农户生活污水收集管网建设工程。改造公厕5座。改造北溇泵站，升级抽水容量，并疏浚邵家溇河道。完成后范村东横泾路、吴家桥道路、共青路的修缮。

【"331"专项整治】 严格审批房屋出租户的准租工作，全年完成40家集宿、14家小餐饮的合规化整改。发放消防安全"331"宣传资料2000份，整改400家"安居超市"出租屋隐患，拆除防盗窗60处。完成40家联动中心推送的隐患整改，完成率100%。对沪通铁路沿线500米进行整治，加固各类屋顶3186平方米，拆除违章彩钢棚218平方米。

【文体活动】 全年开展各类文化体育活动9次。组织村民参加"我的舞台我的梦"2020年常熟舞王大赛。组织村两委人员参加"助力小康 圆梦新天地"海虞镇第25次全民健身月——彩虹跑活动。组织亲子家庭参加"市民馆长计划"——

绘本主题亲子阅读活动。8人被评为海虞镇2020年第三批“乡土人才”，其中工艺类1人、手艺类7人。

【帮扶工作】 全村有低保户8户，低保边缘户2户，特困人员2名，重残户15户，全年发放补助金24.98万元。年末向困难群众发放慰问金5.42万元。

【“千村美居”工程】 全年完成6个自然村组（任家角、横泾、前范村、后范村、潘家宕、小虹桥）“千村美居”工程验收，惠及农户260户。清理垃圾1080吨，新筑河道驳岸90米，新增绿化、菜地护栏1400米，更新改造道路1600米，新建公共厕所8座，新建停车场4080平方米，新建活动场地、游园7400平方米，新增绿化面积1.03万平方米。

【精神文明建设】 村两委配合镇完成创建文明城市“两连冠”相关工作，开展防范电信网络诈骗宣传、健康知识讲座、垃圾分类等宣传活动。开展“我们的节日”活动4次、爱心理发活动6次、志愿者活动24次，开设道德讲堂4次。在任家角自然村试点开展文明有“礼”积分管理工作。

【社会事业】 全年为841名城保退休人员和319名65周岁以上农保退休老人进行免费体检。投入38.6万元为未购买城镇医保的村民购买居民医保。投入13.39万元给全村村民购买“福地惠民”保险。向困难对象、残疾人、60周岁以上老人发放爱心葡萄1666箱、大米1586袋。

【河道整治】 全年完成上级交办工单，清理三官塘、迈步塘等主要河道水葫芦150吨；对四个“河湖两违”码头进行整治，复耕复垦土地3公顷；疏浚横泾新开河1000米，清除淤泥2000立方米；整治小虹桥塘入口，拆除违章建筑120平方米。

【网格化管理】 村两委将原有5个网格调整为4个网格，设立网格长4名，并按照网格化管理开展“331”检查、环境卫生整治、矛盾调解等活动，全年上报处理各类问题665起，办结率100%。

【村志愿服务队】 全村有志愿者1154名，主要开展疫情防控、文明交通值勤、村庄环境整治等志愿服务活动 。

【疫情防控】 疫情期间，村成立疫情防控工作领导小组，组织党员干部、志愿者等24小时轮流值守卡口、摸排登记，做好疫情防控工作。组织党员捐款6570元。发动企业积极捐款捐物，常熟市海虞镇英杰针织制衣厂捐款1万元，常熟市陈塘印染有限公司天成分公司、中海石化加油站、常熟农商银行周行支行等捐助各类物资。对辖区内的困难对象、老龄人员进行走访慰问，发放口罩、大米等抗疫物资。

香桥村

【概况】 香桥村位于海虞镇南部。2020年，辖区面积5.72平方千米，耕地面积87.13公顷，以种植水稻、油菜为主。全村有55个村民小组、1个渔业组，1554户，户籍人口5788人。有工业企业86家，规模以上企业16家。可用财力1202万元。村党委下设5个网格党支部，有党员253名。

【党建工作】 2月，党员发挥疫情防控先锋带头作用，在智周路卡口、中官路卡口值勤。组织党员捐款2400元。村两委走访慰问困难对象、老龄人员，送去口罩、大米等；逐个走访企业，检查防疫物资储备情况；协助和督促企业尽快复工复产。村党委每月开展主题党日活动，村党委书记、网格党支部书记上党课，重温入党誓词；开展学习《习近平谈治国理政》第三卷等教育活动。7月，村党委与周行中学党支部进行结对共建。七一慰问党龄50周年以上的老党员36人。10月，开展“乡村振兴齐奋进　主题党日来助力”活动，参观铜官山溯源馆、乡村振兴学院。11月，组织党员开展“学换届新政策、话发展新成就、议基层新变化”学习实践活动，参观新四军太湖游击队纪念馆、苏州革命博物馆。12月，完成村党组织换届选举“一推”工作，产生新一届村党组织委员会和纪律检查委员会候选人。全年开展党风廉政建设活动4次，廉政谈话12次。

【创建无“散乱污”村】 香桥村通过市级无“散乱污”村的验收。4月，关停砂石堆场1个。结合村庄“233”专项整治，完成马家桥、洪洞泾的生活污水管网铺设。新建垃圾收集分类亭、分类房各2座，实施垃圾分类“三定一督”收集。安装垃圾分类桶固定支架200只，为全村农户配发垃圾分类桶1324对，每日由专人收集垃圾。

【实事工程】 全年新建停车场近1200平方米，更新道路2400多米，新增路灯24盏，修缮河岸400多米，新增绿化面积1.5万多平方米，新建游园3个、公共厕所3座，投入资金840多万元。

【“331”专项整治】 全年共悬挂消防横幅20余幅，出刊消防安全黑板报4期，张贴各类宣传挂图12幅，对各村组发放消防宣传手册。联合消防办、派出所对辖区内的出租房、“三合一”场所、“九小场所”进行登记和摸底，对纺织服装企业、人口密集型场所进行安全隐患排查，共排查出有隐患的出租房（单位）356家，“三合一”场所56家，全部整改完毕，整改率100%。

【文体活动】 全年开展学雷锋、读书日、轮胎彩绘、端午节划龙舟以及中秋节做月

饼等活动。完成镇2020年第三批“乡土人才”申报评选工作，10人被评选为“乡土人才”（服务类2人，乐艺类2人，手艺类3人，体艺类2人，文艺类1人）。

三星级康居乡村——香桥村马家桥

【帮扶工作】 重阳节期间，给全村60周岁以上老年人及贫困家庭、残疾户发放大米2227袋。出资给6606名常住村民购买“福地惠民”综合保险。全年对各类困难对象发放慰问金共4.38万元。

【“千村美居”工程】 全年拆除违章建筑40处，1520平方米。完成马家桥、小马家桥、洪洞泾等3个自然村“千村美居”工程建设，惠及农户112户。马家桥、小马家桥通过三星级康居乡村验收。

【精神文明建设】 村委会利用微信公众号共发布信息199条，进行防疫、扫黑除恶、移风易俗宣传。举办安全消防培训、老年人慢性病防治讲座等活动。开设道德讲堂4次，开展“我们的节日”“七彩的夏日”等活动近20场。

【河长制】 村辖区内主要有洪洞泾、大皇塘等6条河道，每周由河长巡查，发现问题及时上报。

【志愿服务队】 全村有在册志愿者1146名。全年开展志愿服务活动48次，服务内容为疫情防控、村庄环境整治、禁毒和扫黑除恶宣传等。

【网格化管理】 全村分为5个网格，各自设置网格长、网格员、信息员等，并按照网格化管理开展“千村美居”建设、“331”整治、人居环境整治、矛盾调解等活动，全年上报处理各类问题281起，办结率97.5%。

王市社区

【概况】 王市社区位于海虞镇中心集镇。2020年，辖区面积4.5平方千米，有16个居民区2431户。户籍人口4176人，常住人口5759人，暂住人口2580人。社区

党委下设支部8个，有党员122名。

【社区设施】 社区服务中心面积800平方米，内设便民服务站、远程教育播放室、居民议事厅、学雷锋志愿服务站、妇女儿童之家等。社区有初心广场小木屋、日间照料中心、老年活动室、综合文化服务中心等便民服务场所。

【疫情防控】 社区多措并举开展新冠肺炎疫情防控工作，宣传疫情防控相关知识，协助小区门岗工作等服务。做好返常人员排查工作，入网入格入户排查信息。对8个物业小区实行封闭式管理，定期为居家隔离对象送菜、收集垃圾等。

【党建工作】 社区党群服务中心提档升级：规范门头、标识牌挂牌、荣誉墙、党员书柜、党建宣传等设置，增设活动展示墙。第一网格党支部党员先锋站增设党员亮身份专栏。建成投用第二网格党支部党员活动基地“红色邻里 睦邻先锋站”。组织党员开展“每月党日活动”及各种暖心帮扶活动。

【实事工程】 社区维修各小区老化、破损的公共设施，改造无物业小区绿化。3月，维护老街小游园健身器材，绿化海阳公寓并建设停车场。5月，完成老街的污水管网改造及路面修复工程，完成小游园开挖区域补绿。8月，翻修老街景观亭。9月，海虞苑部分区域安装太阳能路灯。

王市社区15分钟生活圈服务设施名录

【“331”专项整治】 全年摸排714家出租户，排查出“三合一”场所14家，全部完成整改。依托“安居超市”平台，建立出租房屋安全管理长效机制。实行分片责任制，由12名社区工作人员包干6个责任片区，全年督促整改并完成登记备案58家。

【社会事业】 全年支出14.61万元为居民购买民生保险。其中，“福地惠民”综合保险4.81万元，“和谐社区”一揽子保

险 9.8 万元。对退管人员进行生日、住院、死亡三项慰问共 187 人次，办理退休 32 人，组织退休工人体检 184 人。全年走访残疾人家庭 5 户和退捕渔民家庭 1 户。开展“关爱老人　情暖重阳”活动。完成 2020 年度低保、低保边缘、重残、困境儿童等 11 名对象的审核工作。新增居家养老 28 人，办理老年优待证 30 张。全年以各种形式慰问困难人员 20 余人次，年终慰问困难户并发放慰问金 1.72 万元。

【日间照料中心】 设有活动室、阅览室、视听室、助餐室、心理咨询室和志愿服务驿站等功能室。

【精神文明建设】 社区在微信公众号中发布工作动态 33 篇。全年开展元旦文艺会演、春节写春联送春联、垃圾分类知识培训、端午节包粽子送温暖、“七彩的夏日”、重阳节慰问低保户、迎中秋庆国庆文艺会演、文化惠民演出、爱心编织慰问、“缤纷的冬日”等各类活动近 150 次。

【网格化管理】 社区分为 2 个网格，有 38 名网格员。落实党员责任区网格化分片包干责任制，宣传政策、收集民情、化解纠纷。开展“331”检查、垃圾分类管理、环境整治、安全生产检查、消防安全检查和食品安全检查等活动。

【志愿服务团队】 社区成立初心广场小木屋、垃圾分类、爱心编织、文体活动、广场工匠等 5 支志愿者服务队。推出党课宣讲、红色观影等“红色”志愿服务，免费理发、测量血压、测血糖等“孝爱”志愿服务，关爱困难家庭、残疾人、低保户等特殊群体“暖心”志愿服务，改善小区环境治理的“绿色”志愿服务，丰富青少年群体课余生活的道德讲堂、礼仪小课堂等“文明”志愿服务等 5 大志愿服务。2020 年，社区被市文明办推选为年度苏州市最佳“金乡邻”志愿服务社区。

福山社区

【概况】 福山社区位于海虞镇福山集镇。2020 年，辖区面积 0.75 平方千米，有 4 个居民小组 1296 户。户籍人口 2633 人，常住人口 1022 人，暂住人口约 1350 人。社区党委下设 8 个党支部，有党员 120 名。

【社区设施】 社区办公用房约 3900 平方米，设一站式服务大厅、图书阅览室（电子阅览室）、科普活动室、警务室、档案室、康复室、心理咨询室、棋牌室、电视室、理发室、妇女儿童活动室、乒乓球室、舞蹈房、健身室、党员活动室、党员

远程教育室、多功能活动室、市民学校、道德讲堂、残疾人之家、退役军人服务站、学雷锋志愿服务站、聚福佳苑居家养老服务中心、综合性文化服务中心、新时代文明实践站等。

【党建工作】 社区党委依托网格和红色先锋站，结合“两网三治”“两网融合”，开展“三会一课”、民主评议党员、组织生活会、主题党日活动等。全年召开党员冬训大会1次，组织生活会2次，党建专项述职会议1次，“不忘初心、牢记使命”主题教育总结大会2次；开展主题党日活动10次，党支部书记上党课活动10次，“5·10训廉日”主题教育活动1次，“走看学做比党建”活动2次。组织开展党员外出参观学习5次：参观海虞镇党群服务中心、汪桥村村史馆及新时代文明实践站；参观吴江区融入式党建展示馆、东太湖生态园海棠花红初心广场、黎里古镇区域党建工作站；参观海虞镇新峰美术馆，“清风常熟　漫笔绘友”廉政漫画线下作品巡回展；观看电影《金刚川》；在福山中心小学门前广场观看“党建引领方向　文艺凝聚力量”文艺演出。

【网格化管理】 社区划分4个网格，设立4个网格管理工作站，增设“网格微治理”电子屏，完善网格地图。每个网格内配备网格长1名、副网格长1名、网格管理员2名、信息员2名、巡查员1名，并按照网格化管理开展走访调研，收集社情民意72条，解决矛盾纠纷56起，走访调研党员群众336户，开展网格活动30余次。每个网格召开居民代表会，组建五会三团（党员议事会、居民议事会、新乡贤参事会、道德评议会、红白理事会和民情先锋服务团、法律服务团、百姓参政团）。全年通过居民议事会解决房屋修缮产生的邻里纠纷3起；通过民情先锋服务团解决居民困难8人次；通过“8+X”议事，解决网格内停车场改造、毁绿改善等5项事宜。11月，社区组织网格工作人员到张家港振兴社区、金都社区、汤联社区、新东社区参观，学习优秀社区的基层治理经验。

【书记项目】 社区党委制定“网格精服务　五星亮文明”党建书记项目，建立健全创评机制，组建“五星级文明户”评审团，每季度开展实地考察测评，实行增星或减星动态管理，年末进行表彰并挂牌授星。通过建立一户一档等形式，开展“五星级文明户”创评，提升社区治理水平。

【精神文明建设】 社区依托新时代文明实践站开展“缤纷的冬日”“七彩的夏日”“童赋未来　快乐成长”主题活动，举行“垃圾分类新时尚”文艺演出，举办“党建引领树新风　家风家训传文明”“荷你相廉　清凉一夏”“好妈好爸好孩子”公益讲座，开展“游古韵福山　赏民俗文化”、“七夕寻梦缘　着我汉家裳”汉服文化节等系列文明实践活动共35次。举行“我们的节日”喜迎新春联欢会、“香飘万粽　端

阳传情”、“中国梦 中秋情”等活动8次。举办榜样典型道德教育，学习“平民英雄”和“凡人善举”等道德讲堂4次。

【志愿者服务队】 社区有暖心关爱、绿色守望、红船前行等6支志愿服务团队，常年开展理论宣传、清洁家园、秩序维护、暖心陪聊、爱心义诊、孝亲敬老等志愿服务活动。打造“阳光同行”“平安巡防”“巾帼风采”等特色志愿服务。全年开展志愿服务活动48次。

【日间照料中心】 社区有2个日间照料中心。福山社区日间照料中心建筑面积200平方米，聚福佳苑日间照料中心建筑面积600平方米。日间照料中心内均设有理发室、电视室、棋牌室、舞蹈室、乒乓球室、阅览室、医疗保健室、就餐室、综合活动室等，配备专业的服务团队，为辖区老人提供活动、休息、陪护、茶水供应、棋牌、电视、书刊阅览、评弹书场、理发、保健按摩、量血压、医疗咨询、健康知识讲座、康复锻炼等服务。在春节、五一、中秋、重阳等节日，举办各种文艺演出。开展“缤纷的冬日”“大手牵小手”“为老服务”“字里行间”“长者识字”“童年回忆”等志愿活动。

【实事工程】 社区邻里中心宴会厅面向拆迁户出租13次。落实南街网格雨污管网改造工作，覆盖率100%。完成集镇区域老照相馆后停车场改造、南街道路硬化等工程。配合办事处做好原油墨厂地块改建停车场及休闲场地的工作。完成危房修缮申请及审批10户。

【社会事业】 全年慰问退管人员生日、住院等153人次，办理补缴退休、医保、养老保险、就业人员困难申请等141人次。组织205名60岁以上企业退休人员和84名社区老人免费体检。办理独生子女父母一次性奖励24人次，办理独生子女光荣证申领等14人次，办理特扶家庭保险报销5次。

【疫情防控】 社区及时召开疫情防控工作会议，开展疫情防控宣传、人员排查、信息登记等工作。发动居民群众组成“疫情防控”志愿服务队，协助做好卡口值守、体温检测、信息反馈等工作。登记返常人员1201人，发放防疫宣传单657份，给居家隔离的26户做好送菜上门服务。社区收到企业、居民自发捐赠的酒精消毒液、方便面等物资共361件（箱），并分送给4个疫情防控点值勤的志愿者。

周行社区

【概况】 周行社区位于周行集镇。2020年，有10个居民小组，户籍人口1947人，常住居民2684人，流动人口1350人。社区党总支下设2个网格党支部、2个“两新”党支部、2个“两新”联合党支部，有党员53名。

【党建工作】 全年发展党员2名，建成并投入使用先锋站1个。在端午节、教师节、重阳节等开展征文演讲、知识竞赛、礼仪展示等活动。开展党日活动12次、书记上党课活动12次。7月，社区党总支与周行中心小学党支部签约，结对共建并开展七一系列活动、教师节活动等3次。

【实事工程】 社区改造府前新村、银行新村、香桥新村、学前弄居民区下水道，硬化府前新村路面，重新粉刷辖区内老旧墙面，为桥西街、桥东街居民小区新建健身活动场各1个，为低保户进行适老化改造和幸福亮居工程改造。

【文体活动】 6月，开展“端午粽飘香”活动，在海洲新城举行包粽子比赛。8月，举办象棋比赛。9月，举行“迎中秋　庆国庆”活动。10月，举行重阳节文艺演出活动，200多名居民观看演出并参与互动。

【日间照料中心】 配备训练用阶梯、活动平板、放松按摩器等器材。每个月开展1次手指操、理发、安全知识讲座等活动，每周提供1次血压测量服务。在元宵节、重阳节等开展文艺演出活动。

【精神文明建设】 1月，开展庆元旦公益市集活动、“缤纷的冬日”活动。4月，召开志愿者成立大会暨志愿者表彰大会。6月，开展“党员管理有温度　警示教育有力度”主题教育活动、“党建引领树新风　家风家训传文明”活动。7月，开展亲子阅读活动、“七彩的夏日”活动。

【帮扶救助】 全年帮扶低保人员3名，重残困难人员2名，给他们送去生活、抗疫物资及慰问金。给困难对象发放大米、口罩、日用品、方便面等抗疫物资，为80周岁及以上老人发放尊老金，为60周岁以上老人发放口罩125只、爱心葡萄146份、重阳糕155份、大米155份，为1914名居民购买“福地惠民”综合保险和“和谐乡村”一揽子保单。全年共发放救助慰问金5.67万元。

【网格化管理】 社区推进“3+5+X”网格化管理模式，网格员每月入户走访，发现并上报问题100多条。疫情防控期间，网格员在社区的每个重要点位值守。

【志愿者服务】 社区招募1400多名志愿者，成立4个服务队，开展文明护学、交通值勤、洁净家园、疫情防控等志愿活动。编织坊成员将自己编织的物品放在集市上义卖，将收入全部用于公益事业。

【文明驿站】 社区常年组织开展各类志愿活动，帮助居民测量血压、免费理发等。图书室藏书1200多册，图书室24小时免费开放。

海福新城社区

【概况】 2020年，海福新城社区下辖海福新城、丽都花园2个小区，总户数2520户，常住人口13860人。

【党建工作】 社区党委下设4个网格党支部、1个非公党支部，有党员159名。2020年，社区党群服务中心安装电子触摸屏。11月，组织全体党员赴太仓市璜泾镇、沙溪镇半泾村、沙溪古镇，常熟市海虞镇铜官山乡村乐园参观学习。联合王市社区、周行社区、南塘社区、福山社区拍摄党建经验宣传视频《海虞社区治理新路径》。社区党委与海虞派出所党支部、常熟农村商业银行股份有限公司海虞党支部签约，开展结对共建。

【党员带头疫情防控】 疫情期间，社区党员自觉参加抗击疫情战斗，50名党员义务参加社区防疫工作，81名党员自愿捐款1.19万元。100多名居民参与防疫志愿活动，进行测温、登记、巡逻、宣传防疫知识等。

【“一盆葱”计划】 社区党委实施书记项目“一盆葱”计划。通过现场勘测，召开“8+X”居民议事会，先试点再推广。确定葱盆款式、尺寸、费用（葱盆5元，剩余项目费用由“为民服务专项资金”支付）、摆放位置、标牌内容等。在选定区域统一摆放标注门牌号的葱盆。督促居民将原先占用绿化带的作物移栽葱盆中。通过以点带面的形式，借鉴试点楼幢的成功经验，“一盆葱”计划已覆盖整个海福新城小区，占用绿化带、毁绿种植的情况大为减少。

【实事工程】 全年投入40多万元，新建和改造垃圾分类收集房8座（海福新城小区3座，丽都花园小区5座），升级改造小区建筑垃圾、大件垃圾、绿化垃圾投放点及垃圾桶集中摆放点，向每户居民发放厨余垃圾桶。改造1000多平方米邻里餐厅的水、电、气装置，增添一批桌椅和吊扇。年末，修剪海福新城小区乔木、灌木291棵，补绿丽都花园草坪3000平方米。海福新城小区架空层墙面、

顶棚粉层见新，木质小品、廊架、天台太阳能支架完成油漆保养。

【文体活动】 10月12日，市文化惠民活动“唱响新时代　梦圆小康年”——文化馆“情暖常熟”公益巡演综艺专场在社区北广场进行，辖区居民聚集观看。24日，社区开展“情满重阳　健康同行”老年人健步走活动。11月10日，社区联合金枫物业、盛丰物业开展绿色健步走活动。通过游戏互动、参与答题等形式，向党员、居民宣传垃圾分类知识。

【助残文艺演出专场】 7月，“残健同行，让温暖与关爱相伴”主题文艺展演分别在丽都花园小区、海福新城小区举行。社区余香志愿服务队20名文艺志愿者和镇4名残疾艺人主演，500多名群众观看。

【扶贫帮困】 2020年，社区有低保户4户，发放低保补助金4.96万元；重残户42户，发放重残补助金30.86万元，发放护理补贴8.5万元。向60岁以上本地户籍老年人发放“孝爱葡萄”6260千克、重阳节大米1.26万千克。对困难家庭开展各类救助，共惠及69人次。其中，临时救助5人，发放救助金2.3万元；慈善救助8人，发放救助金1.16万元；春节慰问困难户13户，发放慰问金1.78万元；助残日慰问6人，发放慰问金3000元；七一慰问困难党员10人，发放党员关爱基金1.44万元；“8·26”助学3人，发放助学金2300元；慰问困难退伍军人4人，共发放1200元（每人300元购物卡）；重阳节期间，慰问困难老人5人，发放慰问金1000元、寒衣被15套。

【日间照料中心】 社区与海虞香溢社会事务所、常熟市虞城家庭服务中心签订服务协议，分别承包海福新城小区和丽都花园小区日间照料中心的日常管理与维护，每月为辖区老人免费提供理发和测血压等健康服务。

【传统节日特色系列活动】 社区组织开展“我们的节日·清明——红色故事缅英烈　手工花束寄哀思”主题教育、“我们的节日·端午——‘粽’爱国之情　修廉洁家风”主题教育、“我们的节日·七夕——党建引领清韵七夕　巾帼乞巧一展芳华”主题活动。召开“我们的节日·中秋——明月颂华诞　感恩共疫路”志愿者表彰

8月16日，海福新城社区开展“我们的节日·七夕——党建引领清韵七夕　巾帼乞巧一展芳华”主题活动

大会。举办“我们的节日·重阳——九九重阳节　浓浓敬老情”文艺晚会。开展“童心向党　快乐成长”“七彩的夏日”夏令营、“垃圾分类宣传之DIY手绘环保T恤”、“弘扬抗疫精神　爱国星火相传”沪剧演出等活动。

【网格化管理】 社区分为4个网格，设立网格长4名、管理员4名、专职网格员1名，按照网格化管理开展消防检查、环境检查、矛盾调解等工作。全年上报处理各类问题836起，办结率100%。12月13日，组织69名居民代表到琴川街道浦浜村、金桂社区、金山社区、碧溪街道聚和佳苑社区实地参观、学习，交流社区治理经验。

【志愿者服务队】 社区有13支志愿者服务队，年内新增志愿者600余人，共注册志愿者1683人。长期活跃的有书香志愿者服务队、好管家志愿者服务队、暖心陪聊志愿者服务队等。暖心陪聊志愿者服务队有志愿者24人，每月为小区内22名困难群体人员提供陪聊、量血压、理发、节日慰问等上门服务。全年，社区召开防疫志愿者表彰大会1次，举办增能培训2次，组织外出参观学习2次。社区金乡邻志愿服务队获评2020年度海虞镇“优秀乡风文明志愿服务岗”；居家养老服务队老当“疫”战行动支部载入《常熟抗疫群英谱》，被评为“战斗先锋”。社区2名志愿者被评为常熟市最美战“疫”志愿者。

【文化服务中心】 社区综合性文化服务中心是苏州市四星级综合性文化服务中心，建筑面积6000多平方米。活动中心拥有“24小时自助图书馆”“明德园”“韵舞园”“万象园”等功能室，全年免费向居民开放。

【社区荣誉】 社区获江苏省残疾人社区康复示范点、苏州市乡风文明建设先进集体、市“七彩的夏日”2020年暑期未成年人教育活动优秀组织奖、镇优秀乡风文明志愿服务岗等荣誉。

南塘社区

【概况】 南塘社区位于海虞镇中心镇西。2020年，辖区总面积3平方千米。入驻住宅小区5个（七里香庭、望虞水岸、湖水岸、港龙香语华庭、碧桂园虞澜别院），新交房住宅小区3个（港龙香澜华庭、海盛花园、海新花园）。居民1438户5142人，其中户籍人口57户118人。

【党建工作】 社区实施“强党建聚能量　共建和谐邻里”书记项目。10月，社区党支

部与人保财险常熟中心支公司海虞党支部签约结对共建协议，实行互带互动、优势互补、资源共享、共同发展。11月，社区党支部委员会升格为中共常熟市海虞镇南塘社区党总支部委员会，有党员17人。

【七里香庭楼道文化】 社区同小区楼道长、居民代表共同讨论、协商，清理、装饰楼道，建立楼道文化画廊，宣传内容有家风家训、好人好事、消防安全和垃圾分类等，定期更换。

【七里香庭文化广场改造】 6月，改造七里香庭小区休闲文化广场，进行特色装饰，安装健身器材，完善健身休闲场地设施。

【文体活动】 全年开展“我们的节日”系列活动7次，开展“七彩的夏日”“缤纷的冬日”假日活动2次。9月27日，举办党建+“垃圾分类新时尚”文艺专场活动，庆祝中秋国庆佳节。

【精神文明建设】 社区申请认定微信公众号1个，制作发布介绍社区工作动态的文章100多篇。各小区设有精神文明宣传栏、善行义举榜、公益广告牌。全年开设道德讲堂4次，开展亲子活动4次，提供志愿服务10余次。

【网格化管理】 社区暂设1个网格，网格内建成红色先锋站和新时代文明实践站各1个。完成网格长、督导员、巡查员、管理员、信息员“一长四员”的选任聘任工作。聘请具有法律执业资格的工作者担任社区法律顾问、网格调解员兼法律咨询员。由法律顾问和法律咨询员组成法律服务团，并建立法律服务微信群，为居民提供便捷专业的法律服务。

【志愿者服务队】 全年组织志愿者开展防疫知识宣传、“疫”线关爱、健康知识讲座、健康知识竞赛系列活动。成立“手拉手”志愿者服务团队，开展便民服务活动10余次。

【文化服务中心】 社区综合性文化服务中心4月底完成修缮，5月正式开始运行。文化服务中心内设办公室、助餐室、理发室、妇女儿童活动室、党员活动室、老年活动室、图书室、阅览室、谈心室和文体活动室等。

附录

人物·荣誉

人 物

刘卫军 江苏省常熟市海虞镇东泾村人，是著名国服大师田阿桐的关门弟子。田阿桐是常熟市沙家浜人，著名服装设计师，首创“毛式中山装”。从业30多年来，刘卫军传承了田阿桐的制装技艺、工匠精神，明确产品定位为公务休闲装，在服装领域做出了杰出的成就。刘卫军先后荣获“全国纺织工业先进劳动模范”、江苏省“青春创业风云人物”、“常熟市十大杰出青年”、海虞镇首批“新乡贤”、海虞镇首批“手艺类五星级乡土人才”等称号。2020年，刘卫军获“全国劳动模范”荣誉称号。

2009年，江苏红杉树服饰有限公司承接庆祝国庆60周年“国旗方阵”“彩旗方阵”“与时俱进方阵”“锣鼓方阵”等4个方阵游行队伍的服装制作任务；2019年，承接庆祝国庆70周年“区域协调”方阵游行队伍的服装制作；从2010年起，参与了全国两会的制装任务。刘卫军多次受中国贸易促进会的邀请，参加国家领导人随行经贸代表团出访，并出席2014北京APEC会议、2017金砖国家厦门工商论坛、2018中非合作论坛北京峰会等多次国际重大会议。2019年应邀赴京参加庆祝中华人民共和国成立70周年阅兵观礼，荣获阅兵指挥部“先进个人”称号，当选中国纺织品商业协会服装流通专业委员会副会长。

“全国劳动模范”刘卫军

在企业不断成长的同时，刘卫军不忘热心公益事业，不仅资助大批贫困儿童上学，还带头给工厂中患病的困难职工和汶川地震的灾民捐款。他出资修建东泾村、海福新城社区等7个“红杉树书场”，领养一部分濒临枯亡的名贵树木。

桂媛 南京大学毕业，博士，高级工程师。江苏华益科技有限公司研发主管兼副总经理。主要从事正电子显影剂前体和用于肿瘤超早期诊断的新型PET试剂盒等项目的技术开发及产业化。在江苏华益

科技有限公司，先后担任省企业研究生工作站、江苏省工程技术研究中心及苏州市重点实验室负责人。建成由博士 3 名、硕士 10 名以及本科生 50 多名组成的全国唯一的新型正电子显影剂开发团队，开发出新型 PET 试剂盒产品 10 余种并使之产业化，开发出 100 多种用于各种特异性肿瘤的早期诊断以及神经系统疑难疾病诊断的新型 PET 显影剂，建成国内首家新型正电子显影剂开发平台。该团队申请专利 19 件，已授权专利 11 件。发表 SCI 文章 2 篇，核心期刊文章 3 篇；申报企业标准共计 3 项。开发新产品 20 余项，主持 8 项科研项目。承担国家“火炬计划”1 项，省科技成果转化专项资金项目 1 项，江苏省级工业和信息产业转型升级专项资金项目 1 项，苏州市新医药与医疗器械专项 1 项，常熟市科技计划项目 3 项；担任苏州市重点实验室副主任，江苏省工程研究中心技术负责人。2016 年获选江苏省“333 人才工程”及“六大人才高峰”高层次人才名单。

徐志红　男，江苏泰兴人，中共党员，毕业于南京大学物理化学专业，博士，高级工程师。先后担任江苏华益科技有限公司研发主管、分公司副总经理、总公司副总经理等职，担任公司苏州市重点实验室主任、江苏省药物前体物工程中心主任，兼任苏州大学兼职教授。徐志红入职公司后，着手组建公司的研发部门和技术部门，申报并建成江苏省工程技术研究中心、省企业研究生工作站、省企业博士后工作站、省重点企业研发机构以及苏州市重点实验室等研发平台，凭借平台吸引了海内外优秀博士 4 名、硕士 10 多名、本科生 50 余名，并组成研发团队。徐志红带领团队攻克多个技术开发难题，打破国外技术垄断，实现了多个国内第一和世界领先。多年来，团队申请专利 30 多件，授权专利 15 件（其中发明专利 10 件）。发表论文 10 余篇，参与翻译专著 1 篇。承担江苏省重大成果转化项目、江苏省科技支撑计划、江苏省自然科学基金、国家火炬计划等科技项目，参与国家“863”重大计划 1 项。获选江苏省“六大人才高峰”项目（D 类），江苏省“333 人才工程”计划（第三层次）；被评为苏州市劳动模范、常熟市劳动模范。

余海华　复旦大学毕业，药学学科药物化学专业博士。江苏华益科技有限公司核医学部研发经理。扎根放射性显影剂领域，推动国内新药研发主持开发的 PD 疾病诊断显影剂 18F–FPCIT，解决了目前采用 I–123 为放射性核素标记的可卡因类似物不能精确定位和诊断分期的问题。此外，还首次提出一种新的 AD 早期诊断试剂［18］氟–代硫胺素，解决了目前市场上基于 β 淀粉样蛋白沉淀开发的显影剂无法实现 AD 疾病的精确诊断的问题，促进 AD 和 PD 诊疗技术的发展。

司林旭　中共党员，博士，高级工程师，常熟三爱富中昊化工新材料有限公司

总工程师，主管中昊公司的科技管理工作，主要负责含氟精细化学品、含氟高分子产品、ODS替代品的研发及产业化工作。司林旭博士申请国家发明专利20多件，其中授权10多件，发表论文2篇，多项研发成果已经成功产业化。以首席专家身份成功申请国家“863”项目——高端有机氟关键制备技术研发，成功申请江苏省科技支撑计划项目——新型清洁三氟氯乙烯工艺开发研究，成功申请江苏省科技支撑计划项目——新型水性氟碳树脂的工艺开发。获常熟市“2008—2010年度劳动模范”称号。

邵黎明 男，1960年出生，复旦大学特聘教授，上海药物创制产业化开发中心主任，国家级重大人才引进工程第三批入选者。1982年毕业于复旦大学有机化学专业，获理学学士学位。1993年毕业于东京大学工业化学科，获工学博士学位。1993—1996年在美国哈佛大学化学系从事博士后研究工作。1998—2010年历任美国Sepracor Inc.公司药物研发及临床前研究部科学家、资深科学家、助理总监、总监和资深总监。2010—2012年任美国Sunovion Pharmaceuticals Inc.公司临床前研究及转化医部资深总监。2012—2015年任复旦大学特聘教授，上海药物创制产业化开发中心主任，美国化学学会东北分会2013年主席兼药物化学部主席，美国*Current Topic of Medicinal Chemistry*期刊中枢神经篇编辑。主要研究方向为中枢神经药物的发现和拓展。2015年8月，成立苏州精标影像科技有限公司，在公司主要从事神经系统疾病早期诊断显影剂的开发及其相关药物筛选服务，完成18F-FPCIT、18F-FDOPA、18F-MVBF等三种显影剂的开发，完成相关药物筛选评价50多次，为多家企业、研发机构进行新药研发。

戴志诚 1963年8月出生。华南理工大学材料研究所硕士，美国底特律大学化学博士、若歌大学工商管理硕士，著名高分子化学和材料领域专家。常熟耐素生物材料科技有限公司董事长。在美国从事20多年高分子化学合成应用研究，在摩擦材料树脂、重防腐涂料、环氧树脂固化剂等研发方面有多项重大发明创造，获得美国发明专利5件和中国发明专利9件，2次在美国获得行业的最高荣誉MT HARVEY奖，亲自主导研发项目20多项。在国际国内刊物上发表论文30余篇，《环氧树脂天然长链取代酚醛胺固化剂》和《植物酚改性聚氨酯》发表在英文期刊*Modern Paint and Finishing*上。有10年以上在中国建厂、建公司和销售经营经验和渠道。2010年发起成立常熟耐素生物材料科技有限公司，主要从事生物质化学品的研发、生产和销售。入选“2013年常熟市海内外领军型创新创业人才”“2013年江苏省姑苏创新创业领军人才”“2014年江苏省六大人才高峰高层次人才”“2015年江苏省双创人才”“2017年国家级重大人才引进工程”“2018年科技企业家”。

邵新明　男，1962年出生。1987年浙江大学化学工程硕士研究生，毕业后赴美国深造，获美国辛辛那提大学化学工程博士学位。1993年起在美国Honeywell公司、Federal-Mogul和阿基波罗公司等世界500强企业任高级工程师、高级经理等重要职务。邵新明博士曾获美国化学工程师学会优秀成就奖、美国霍尼韦尔技术成就奖、美国霍尼韦尔高级管理层业绩奖、美国汽车工程师学会艾伦朗成就奖、美国阿基波罗公司优秀成就奖等国际奖项。2009年，发起创办美国耐素公司（NaSurfar），主要从事环保型、可再生型新材料的开发及与其有关的应用研究、市场推广和贸易。2010年回国筹办常熟耐素生物材料科技有限公司，任董事、总经理，全面负责公司研发与生产经营管理工作。曾入选第7批国家级重大人才引进工程，曾获姑苏人才计划A类奖、常熟创新创业计划A类奖，是多项专利的发明人。

柴蓉霞　女，西安交通大学博士，苏州思赛力热能发展有限公司股董、董事、总经理。2020年获评常熟市双创领军人才。研究方向主要为金属材料成形。在国内外有关学术刊物和国际会议上发表论文20余篇，其中SCI/EI检索8篇。申请发明专利6件，获授权5件。主持过国家重大专项项目1项、空军工程大学重点实验室开放基金项目1项，参与国家自然基金项目1项、陕西省教育厅自然基金项目1项。结合激光增材制造的特点，研究激光增材制造后材料的性能、对基体材料的影响，并申请了激光增材制作方面的相关专利，对热成型过程中模具性能的改善、冷却速度等的改进提供了有效的理论依据。长期担任浙江中硅新材料有限公司的技术顾问，能够根据市场发展，捕捉机会，开发相应的技术，满足客户的具体应用和场景要求。

荣 誉

表 13　　获苏州市级以上荣誉称号的集体和个人

被表彰的集体和个人	荣誉称号	表彰单位	表彰时间	说明
七峰村	国家森林乡村	国家林业和草原局	2019.12	林生发〔2019〕126号
常熟市虞盛农产品专业合作社（大米）	绿色食品证书	中国绿色食品发展中心	2020.1	证书
常熟市虞盛农产品专业合作社	2019年度国家农民合作社示范社发展指数300强（第139名）	农业农村部管理干部学院和中国农村合作经济管理学会	2020.12	
海虞镇	入围2020年农业产业强镇建设名单	农业农村部办公厅、财政部办公厅	2020.5	
江苏高科技氟化学工业园（江苏常熟新材料产业园）	2020化工园区30强	中国石油和化学工业联合会化工园区工作委员会	2020.9	中石化联园委发〔2020〕6号
常熟市老促会海虞镇分会	2020年度老区宣传工作优秀奖	中国老区建设促进会	2020.9	证书
常熟威怡科技有限公司	2020年度石油和化工“专精特新”中小企业	中国石油和化学工业联合会中小企业工作委员会	2020.11	中石化联企委发〔2020〕6号
江苏福砳生物环保科技有限公司	科学技术成果证书（一种改性沸石复混物作为土壤调理剂的制备方法及其应用）	中国高科技产业化研究会	2020.12	中高科评字〔2020〕第KJ015号（证书）

续表

被表彰的集体和个人	荣誉称号	表彰单位	表彰时间	说明
江苏福砳生物环保科技有限公司	科学技术成果证书（一种沸石生物有机肥的制备方法及其应用）	中国高科技产业化研究会	2020.12	中高科评字〔2020〕第 KJ016 号（证书）
海虞镇	味稻小镇	江苏省农业技术推广协会、江苏省作物学会等	2020.1	奖牌
徐桥村建丰家庭农场	省级示范家庭农场	江苏省农业农村厅	2020.12	奖牌
消防中队	2019 年度十佳政府专职消防队	江苏省消防救援总队	2020.2	证书
七峰村上山巷	江苏省第三批次特色田园乡村	江苏省特色田园乡村建设工作联席会议、江苏省住房和城乡建设厅	2020.7	苏田园联发〔2020〕3 号
福山村寺前	江苏省第五批次特色田园乡村（面上创建村庄）	江苏省特色田园乡村建设工作联席会议	2020.12	苏田园联发〔2020〕5 号
江苏高科技氟化学工业园（江苏常熟新材料产业园）	全省各化工园区和化工集中区安全风险等级 D 级	江苏省应急管理厅	2020.12	苏应急函〔2020〕240 号
阿科玛（常熟）氟化工有限公司 HF/F22 维修小组	江苏省工人先锋号	江苏省总工会	2020.4	苏工发〔2020〕5 号
香桥村	第十四批省级“民主法治示范村”	江苏省司法厅、江苏省民政厅	2020.12	苏司办〔2020〕178 号

续表

被表彰的集体和个人	荣誉称号	表彰单位	表彰时间	说明
新州村	2020 年省健康村	江苏省爱卫办	2020.12	苏爱卫办〔2020〕12 号
东岳庙会（福山庙会）	第七批苏州市非遗项目	苏州市人民政府	2020.4	苏府〔2020〕44 号
徐桥荡湖船	新增苏州市非遗项目保护单位	苏州市人民政府	2020.4	苏府〔2020〕44 号
《福山村史话》	苏州市哲学社会科学优秀成果奖三等奖	苏州市人民政府	2020.11	苏府〔2020〕106 号
肖桥村	2020 年苏州市先锋村	中共苏州市委员会	2020.6	苏委人〔2020〕228 号
海虞镇	苏州市特色田园乡村建设先进集体	中共苏州市委办公室、苏州市人民政府办公室	2020.3	苏委办发〔2020〕10 号
汪桥村	苏州市“十佳最美乡村”	中共苏州市委办公室、苏州市人民政府办公室	2020.3	苏委办发〔2020〕10 号
海福新城社区新时代文明实践站	苏州市乡风文明建设先进集体	中共苏州市委办公室、苏州市人民政府办公室	2020.3	苏委办发〔2020〕10 号
七峰村上山巷	苏州市特色田园乡村（特色精品乡村）名单（评价结果为“优秀”）	中共苏州市委办公室、苏州市人民政府办公室	2020.12	苏委办〔2020〕98 号

续表

被表彰的集体和个人	荣誉称号	表彰单位	表彰时间	说明
福山村寺前	苏州市特色田园乡村（特色精品乡村）名单（评价结果为“合格”）	中共苏州市委办公室、苏州市人民政府办公室	2020.12	苏委办〔2020〕98号
海虞镇	2019年度苏州市创建无毒社区示范单位	苏州市禁毒委员会	2020.3	奖牌
海虞镇新时代文明实践服务支队	苏州市百个重点志愿服务项目——弱势女性创业就业“点亮”行动志愿服务项目	苏州市精神文明建设指导委员会办公室、苏州市志愿者总会	2020.5	苏文办〔2020〕7号
海虞镇企业监管行动支部	苏州市时代新人	中共苏州市委宣传部、苏州市精神文明建设指导委员会办公室	2020.5	
海虞镇新时代文明实践所	苏州市首批新时代文明实践示范所	中共苏州市委宣传部、苏州市精神文明建设指导委员会办公室	2020.11	苏宣通〔2020〕72号
“海润万家”多维理论宣讲课堂	苏州市“众说学习”理论宣讲重点项目	中共苏州市委宣传部	2020.11	苏宣通〔2020〕71号
常熟市申福奶牛场	苏州市美丽生态牧场	苏州市农业农村局、苏州市生态环境局、苏州市财政局	2020.2	
常熟市海虞茶叶有限公司	2019年苏州市高标准田园小综合体示范基地	苏州市农业农村局	2020.4	苏市农产〔2020〕17号

续表

被表彰的集体和个人	荣誉称号	表彰单位	表彰时间	说明
七峰村	2020 年苏州市“十佳”休闲农业和乡村旅游精品村	苏州市农业农村局	2020.9	苏市农产〔2020〕47 号
常熟市虞盛农产品专业合作社	2020 苏州市级农业产业化龙头企业	苏州市农业农村局	2020.9	苏市农产〔2020〕49 号
常熟市虞盛农产品专业合作社	“苏州银行杯”第二届苏州大米“好农”种好米品鉴铜奖	苏州市农业农村局	2020.12	苏市农业〔2020〕43 号
汪桥村	2019 年度苏州市康居特色村	苏州市美丽镇村建设领导小组	2020.2	苏美丽镇村建设发〔2020〕1 号
虞南村（叶家宅基）、新州村（陈家海）、河口村（唐家巷）、龙墩村（香塘桥）、肖桥村（褚家宕）、邓市村（油车巷）、七峰村（玄塔岸）、汪桥村（后张家角、周家桥、钱家宕、张家角、张家桥、东张家泾、西张家泾）、福山村（东门街）	2019 年度苏州市“三星级康居乡村”	苏州市美丽村庄建设办公室	2020.1	苏村庄建设办发〔2020〕2 号
七峰村（邹家宕）、聚福村（苏家桥）、肖桥村（钱家庄）、虞南村（顾陈宅基）	2020 年度苏州市三星级康居乡村	苏州市美丽村庄建设办公室	2020.10	苏村庄建设办发〔2020〕12 号

续表

被表彰的集体和个人	荣誉称号	表彰单位	表彰时间	说明
七峰村（吴家宕）、聚福村（陆家油车）、肖桥村（章家村、潘巷、张家宕、陶家弄）、邓市村（宣家巷、沈家庄、王家巷、吴家角）、新州村（后桥、曹家宕、荷花溇）、里泾村（横泾）、府东村（后巷路、陆家墩、尹巷）、徐桥村（中邵家巷）、望虞村（蔡家宅基）、郑家桥村（许庄）、香桥村（马家桥）、龙墩村（陈家坝、金家宅基）、福山村（寺前、南街）、河口村（花庄二）、东泾村（姚家海）	2020 年度苏州市三星级康居乡村	苏州市美丽村庄建设办公室	2020.12	苏村庄建设办发〔2020〕15 号
常熟市“海虞妈妈”孤贫儿童关爱志愿服务团	苏州市三八红旗集体	苏州市妇女联合会	2020.7	奖牌
海虞镇汪桥村钱家宕第五组团	2020 年度苏州市美丽庭院示范组（示范户）	苏州市妇女联合会、苏州市农村农业局	2020.11	苏妇字〔2020〕21 号
海虞镇汪桥村 40 户家庭	2020 年度苏州市美丽庭院	苏州市妇女联合会、苏州市农村农业局	2020.11	苏妇字〔2020〕21 号
海虞镇龙墩村 30 户家庭	2020 年度苏州市美丽庭院	苏州市妇女联合会、苏州市农村农业局	2020.11	苏妇字〔2020〕21 号

续表

被表彰的集体和个人	荣誉称号	表彰单位	表彰时间	说明
常熟三爱富中昊化工新材料有限公司工会委员会	苏州市模范职工之家示范单位	苏州市总工会	2020.10	苏工办〔2020〕132号
常熟三爱富中昊化工新材料有限公司三车间	苏州市工人先锋号	苏州市总工会	2020.4	苏工〔2020〕1号
刘卫军	全国劳动模范	中国共产党中央委员会、中华人民共和国国务院	2020.11	证书
金永青	优秀管理者	中国石油和化学工业联合会化工园区工作委员会	2020.9	证书
邵慧霞	农业技术推广成果奖	中华人民共和国农业农村部	2019.12	证书
顾志锋	2019—2020年度纺织行业优秀统计工作者	中国纺织工业联合会	2020.12	中纺联〔2020〕62号
李健峰	江苏省文明职工	中共江苏省委宣传部、江苏省文明办、江苏省总工会	2020.4	苏工发〔2020〕4号
张婧娴、温瑜	2019年全市“能手网格员”名单	中共苏州市委政法委员会	2020.5	苏政发〔2020〕17号
俞灵芝	2019年度苏州市优秀商会秘书长	苏州市工商业联合会	2020.7	苏联发〔2020〕50号

续表

被表彰的集体和个人	荣誉称号	表彰单位	表彰时间	说明
王志谦	苏州市 2019 年先进民兵骨干	中国人民解放军江苏省苏州军分区	2020.1	苏政〔2020〕1号
孟学军	2020 年苏州“最美侨界之星”	苏州市侨联	2020.12	

表 14 获常熟市级荣誉称号的集体和个人

被表彰的集体和个人	荣誉称号	表彰单位	表彰时间	说明
海虞镇新时代文明实践所，汪桥村、肖桥村、邓市村、福山社区、海福新城社区新时代文明实践站	2019 年度常熟市新时代文明实践示范站	常熟市新时代文明实践中心办公室	2020.2	常实践办〔2020〕3 号
汪桥村	农村人居环境整治先进村	常熟市农业农村局	2020.2	奖牌
新州村	2019 年度爱国卫生与健康促进工作先进集体	常熟市爱国卫生运动与健康促进委员会	2020.1	常爱健〔2020〕2 号
海虞镇新时代文明实践志愿服务队、汪桥村新时代文明实践志愿服务队、新州村志愿者服务队	常熟市最美战“疫”志愿者服务组织	常熟市新时代文明实践中心办公室	2020.7	常志愿〔2020〕6 号

续表

被表彰的集体和个人	荣誉称号	表彰单位	表彰时间	说明
南塘社区、聚福村	在疫情防控工作中表现突出的先进基层党组织	中共常熟市委员会	2020.6	常发〔2020〕32号
肖桥村、汪桥村	“千村美居”和农村人居环境整治工作中表现突出先进基层党组织			
海福新城	在垃圾分类工作中表现突出的先进基层党组织			
肖桥村、府东村、香桥村、东泾村、聚福村	2019年度常熟市第四次全国经济普查优秀集体	常熟市第四次全国经济普查领导小组	2020.3	常经普〔2020〕1号
海虞镇河口村（陈红）	2020年常熟市“一心五同”团干部	共青团常熟市委员会	2020.4	证书
海虞镇河口村（肖剑）	“爱相随心相伴”儿童社会工作知识竞赛优胜奖	常熟市社会组织培育中心	2020.3	证书
海虞镇河口村（肖剑）	疫情防控“先进团员青年”	共青团常熟市委员会	2020.4	证书
海虞镇城镇建设和农村工作局	2019年度农业农村工作先进集体	常熟市农业农村局	2020.3	常农政〔2020〕45号
汪桥村	2019年度农村人居环境整治工作先进村			
郑家桥果品专业合作社	2019年度“十佳”新型农业经营主体			

续表

被表彰的集体和个人	荣誉称号	表彰单位	表彰时间	说明
肖桥村、七峰村、东泾村	2019 年度常熟市社会治理成效专项考核奖（优秀基层单位）	中共常熟市委员会、常熟市人民政府	2020.3	常发〔2020〕4 号
海虞镇	2019 年度镇（街道）、开发区考核第一等次			
海虞镇	2019 年度经济发展专项考核——有效投入	中共常熟市委员会、常熟市人民政府	2020.3	常发〔2020〕4 号
海虞镇	2019 年度经济发展专项考核——存量盘活			
常熟市虞盛农产品专业合作社	2019 年度经济发展专项考核——优秀农业龙头企业			
海虞镇	改革攻坚专项考核——沿江“三化”专项工作			
海虞镇	改革攻坚专项考核——攻坚拆迁扫尾难题			
海虞镇	社会治理成效专项考核——文明城市创建			
海虞镇	2019 年度常熟市乡村振兴工作先进集体——强村富民先进集体	中共常熟市委员会、常熟市人民政府	2020.3	常发〔2020〕17 号
七峰村	2019 年度常熟市乡村振兴工作先进集体——现代农业先进集体			
铜官山乡村乐园	首批“‘千村美居’网红打卡地”	常熟市农业农村局、常熟市融媒体中心	2020	奖牌

续表

被表彰的集体和个人	荣誉称号	表彰单位	表彰时间	说明
铜官山乡村乐园	现场教学基地	中共常熟市委党校	2020.10	奖牌
常熟市虞盛农产品专业合作社	2020 年第三届“稻味常熟”优质大米评选金奖	常熟市农产品品牌工作领导小组	2020.12	奖牌
七峰村邹家宕、南厢基、西厢基、杨家巷	2020 年度常熟市美丽宜居村庄	常熟市“千村美居”工程暨农村人居环境整治工作领导小组办公室	2020.11	常千村美居办发〔2020〕34 号
海福新城社区	“七彩的夏日”2020 年暑期未成年人教育活动优秀组织奖	常熟市文明办、常熟市教育局、常熟市关工委	2020.9	
R- 硫辛酸碱酯卤化物的制备方法——苏州富士莱医药股份有限公司	2019 年度“建工十三五 争当排头兵”职工科技创新成果	常熟市总工会	2020.2	常工发〔2020〕21 号
层积体——大金氟化工中国有限公司				
水性 P5 系耐污树脂开发——大金氟化工中国有限公司				
高质量 F142b 提纯工艺——常熟市三爱富中昊化工新材料有限公司				
人工智能建模技术对阿科玛常熟基地工业废水管网系统的深度优化——阿科玛常熟化学有限公司				

续表

被表彰的集体和个人	荣誉称号	表彰单位	表彰时间	说明
常熟市华博毛纺织有限公司后整理车间成品检验班组	2019年度常熟市“安康杯”竞赛优胜班组	常熟市总工会、常熟市应急管理局	2020.4	常工发〔2020〕30号
苏州富士莱医药股份有限公司安全环保部	常熟市“五一”文明岗(班组)	常熟市文明办、常熟市总工会	2020.4	常工发〔2020〕39号
苏州恒电能源动力科技有限公司恒电能源技术部				
江苏高科技氟化学工业园投资发展有限公司	常熟市工会“妈妈驿站”示范点	常熟市总工会	2020.9	常工发〔2020〕77号
虞南村、徐桥村、肖桥村、香桥村、汪桥村、七峰村、龙墩村、里泾村、聚福村、河口村、府东村、福山村、东泾村、邓市村	2017—2019年度常熟市文明村	常熟市文明委	2020.12	常文明〔2020〕18号
苏州富士莱医药股份有限公司等15个	2017—2019年度常熟市文明单位			
海福新城、福山社区、周行社区、王市社区	2017—2019年度常熟市文明社区			

续表

被表彰的集体和个人	荣誉称号	表彰单位	表彰时间	说明
海虞镇新时代文明实践志愿服务队	2020 年度苏州市百个重点志愿服务项目	常熟市文明办、常熟市志愿者总会	2020.6	常文明办〔2020〕42 号
“海虞文明驿站”项目	2020 年度常熟市重点志愿服务项目（重点扶持项目）			
“海乐万家”百姓公益课堂				
“海福金乡邻，文明进一步”“七个一”志愿服务	2021 年度常熟市重点志愿服务项目（重点培育项目）			
“民间文艺助力乡村发展”项目				
海虞镇	2020 年全民阅读优秀组织奖	常熟市阅读节组委会办	2020.11	常阅办〔2020〕6 号
中共常熟市海虞委员会	2019 年度“学习强国”学习平台学用示范党组织	常熟市委宣传部	2020.3	常宣通〔2020〕8 号
海虞镇	2019 年度“学习强国”学习平台优秀供稿单位			
i 海虞	2019 年度常熟市优秀政务新媒体	常熟市委网络安全和信息化委员会办	2020. 3	常网信〔2020〕4 号
新市民事务中心海虞分中心	2019 年度优秀分中心	常熟市新市民事务中心	2020.1	奖牌
海虞镇商会	常熟市“四好”商会	常熟市工商业联合会	2020.5	奖牌
钱晓东	2019 年度爱国卫生与健康促进工作先进个人	常熟市爱国卫生运动与健康促进委员会	2020.1	常爱健〔2020〕2 号

续表

被表彰的集体和个人	荣誉称号	表彰单位	表彰时间	说明
陈锋、陆宇环、钱东才、邵玉祥、时朝阳	最美战“疫”志愿者	常熟市新时代文明实践中心办公室	2020.7	常志愿〔2020〕6 号
钱胜、倪正明	在“千村美居”和农村人居环境整治工作中表现突出的优秀共产党员	中共常熟市委员会	2020.6	常发〔2020〕32 号
邵利霞	在垃圾分类工作中表现突出的优秀共产党员	中共常熟市委员会	2020.6	常发〔2020〕32 号
邵慧霞	2019 年度攻坚克难工作先进个人	常熟市农业农村局	2020.3	常农政〔2020〕45 号
钱志国	2019 年度“担当作为好干部”	中共常熟市委员会、常熟市人民政府	2020.3	常发〔2020〕32 号
邵慧霞	2019 年度常熟市乡村振兴工作先进个人——现代农业先进个人	中共常熟市委员会、常熟市人民政府	2020.3	常发〔2020〕17 号
时朝阳	2019 年度常熟市乡村振兴工作先进个人——人居环境提升先进个人	中共常熟市委员会、常熟市人民政府	2020.3	常发〔2020〕17 号
杜凌穹	新冠肺炎疫情防控工作先进个人	常熟市红十字会	2020.5	常红〔2020〕6 号
窦祥龙	市十五届人大三次会议提出优秀建议的先进个人	常熟市人大常务委员会	2020.2	常人发〔2020〕17 号
陆梦豪（七峰村）	2020 年度社区矫正工作先进个人	常熟市社区矫正工作领导小组办公室	2020.12	

续表

被表彰的集体和个人	荣誉称号	表彰单位	表彰时间	说明
李振明（常熟市强盛电力设备有限责任公司）	2019 年度“建工十三五 争当排头兵”优秀组织者	常熟市总工会	2020.2	常工发〔2020〕21 号
邹建清（常熟三爱富中昊新材料有限公司）	2019 年度“建工十三五 争当排头兵”优秀组织者	常熟市总工会	2020.2	常工发〔2020〕21 号
汤志国（常熟市海虞苏作红木家具行业工会）	2019 年度“建工十三五 争当排头兵”优秀组织者	常熟市总工会	2020.2	常工发〔2020〕21 号
王建芳	2019 年度“建工十三五 争当排头兵”优秀组织者	常熟市总工会	2020.2	常工发〔2020〕21 号
王建芳	2019 年度常熟市“安康杯”竞赛组织工作优秀个人	常熟市总工会、市应急管理局	2020.4	常工发〔2020〕30 号
刘晔（阿科玛常熟氟化工有限公司）	2019 年度常熟市“安康杯”竞赛组织工作优秀个人	常熟市总工会、常熟市应急管理局	2020.4	常工发〔2020〕30 号
邵晓文（常熟市宏华外贸包装有限责任公司）	常熟市文明职工	常熟市文明办、常熟市总工会	2020.4	常工发〔2020〕39 号
李振明（常熟市强盛电力设备有限责任公司）	常熟市文明职工	常熟市文明办、常熟市总工会	2020.4	常工发〔2020〕39 号
张丽娟（海虞卫生院）	常熟市文明职工	常熟市文明办、常熟市总工会	2020.4	常工发〔2020〕39 号
章利亚	2020 年全民阅读先进个人	常熟市阅读节组委会办	2020.11	常阅办〔2020〕6 号

海虞镇组织机构和领导人名录

（截至 2020 年 12 月 31 日）

中共常熟市海虞镇委员会

书　记：朱惠明

副书记：须亚军　倪烨敏　李春洪　崔文龙（挂职）

委　员：王卫东　窦卫东（2020 年 12 月免）张振良（2020 年 9 月免）
钱志国　吴　江　周雯霞　李　丰（挂职）沈　彬

海虞镇人民代表大会

主　席：范国华（2020 年 1 月免）

副主席：窦卫东

海虞镇人民政府

镇　长：须亚军

副镇长：钱志国　王纪渊　唐　亿　苏剑峰　吕　宏

政协海虞镇工作委员会

主　任：倪烨敏

副主任：吴　江

江苏高科技氟化学工业园（江苏常熟新材料产业园）党工委

书　记：朱惠明

副书记：金永青　凌建东

委　员：余振荣　马卫江　陈　荣　俞建军　王　成

江苏高科技氟化学工业园（江苏常熟新材料产业园）管委会

主　任：金永青
副主任：凌建东　余振荣　马卫江　陈　荣　俞建军　王　成

党政办公室

主　任：陈瑞洲
党政办公室（综合文秘）负责人：陈瑞洲
党政办公室（监督审计）负责人：张余丰
党政办公室（宣传统战）负责人：阚晓丹　王惠新

集成指挥中心

副主任：陆锦宇　朱惠良
集成指挥中心（集成指挥）负责人：陆锦宇
集成指挥中心（综合治理）负责人：朱惠良
集成指挥中心（新市民服务）负责人：邓拥芳
集成指挥中心（信访维稳）负责人：袁益平

组织人事和社会保障局（党建工作办公室）

局　长：窦卫东
副局长：朱志刚　叶建刚
组织人事和社会保障局（组织人事）负责人：朱志刚
组织人事和社会保障局（社会保障）负责人：叶建刚

财政和资产管理局

局　长：张益民
副局长：朱　恒　钱旭东　王志平
财政和资产管理局（预算）负责人：朱　恒
财政和资产管理局（财务）负责人：钱旭东
财政和资产管理局（资产管理）负责人：王志平

经济发展和改革局

局　长：陈　荣
副局长：俞灵芝　章荣华
经济发展和改革局（经济发展）负责人：俞灵芝
经济发展和改革局（经济管理）负责人：章荣华
经济发展和改革局（服务业发展）负责人：钱国平
经济发展和改革局（招商引资和科技人才）负责人：顾震志

农村工作局

副局长：邵慧霞　苏志军
农村工作局（农村工作）负责人：邵慧霞
农村工作局（农工）负责人：苏志军
农村工作局（农技动防）负责人：蔡建东
农村工作局（水务）负责人：吴广立

建设局

副局长：季卫东　钱晓东
建设局（规划建设管理）负责人：季卫东
建设局（镇村房屋征收）负责人：钱晓东
建设局（特色小镇培育）负责人：杨正玉
建设局（公用所）负责人：陶永新
建设局（农宅）负责人：徐建琪

社会治理和社会事业局（退役军人服务站）

副局长：黄丽花　朱黎菊　邵利霞
社会治理和社会事业局（民政）负责人：黄丽花
社会治理和社会事业局（卫健）负责人：朱黎菊
社会治理和社会事业局（镇容村貌管理）负责人：邵利霞
社会治理和社会事业局（文体旅游）负责人：章利亚

社会治理和社会事业局（教育）负责人：王学军
社会治理和社会事业局（退役军人服务）负责人：沈　锋

综合行政执法局（安全生产监督管理办公室）

局　长：余振荣
副局长：曹春欢　邵建芬　苏　达　顾　啸
综合行政执法局（综合）负责人：柏可名
综合行政执法局一中队（应急管理）负责人：苏　达
综合行政执法局二中队（生态环境）负责人：单华伦
综合行政执法局三中队负责人：邵建芬
综合行政执法局四中队（镇容管理）负责人：顾　啸
综合行政执法局（消防）负责人：曹春欢

行政审批局（为民服务中心）

局　长：苏剑峰
副局长：陶智明　嵇雪梅
行政审批局（审批服务）负责人：陶智明
行政审批局（公共资源交易）负责人：黄　翔

纪委

书　记：王卫东
副书记：戈　进

人武部

部　长：张振良
副部长：王惠新

司法所

所　长：程　栋

总工会

主　席：黄利亚

共青团

书　记：张子真

妇联

主　席：赵明霞

园区党政办公室

主　任：桑　熹

园区经济发展部（招商办公室）

部　长：嵇雪梅

园区安全生产监督管理部（消防管理办公室）

部　长：曹寅骁

园区环境保护部

部　长：谢之傑

园区规划建设和社会事业部

副部长：李文忠　夏建祥

场·村·社区

市棉花原种场　党总支书记：奚文裕
场　　　长：奚文裕

府东村　党 委 书 记：陆志君
村委会主任：陆志君

河口村　党委书记：张东青
村委会主任：张东青
望虞村　党委书记：肖学峰
村委会主任：肖学峰
龙墩村　党委书记：钱　胜
村委会主任：钱　胜
东泾村　党委书记：彭利峰
村委会主任：彭利峰
邓市村　党委书记：李　进
村委会主任：李　进
聚福村　党委书记：王学新
村委会主任：王学新
福山村　党委书记：时朝阳
村委会主任：时朝阳
七峰村　党委书记：程　刚
村委会主任：程　刚
徐桥村　党委书记：朱　健
村委会主任：朱　健
郑家桥村　党委书记：傅　桥
村委会主任：傅　桥
肖桥村　党委书记：袁保中
村委会主任：袁保中
新州村　党委书记：朱志洋
村委会主任：王裕峰
虞南村　党委书记：钱　江
村委会主任：钱　江
汪桥村　党委书记：钱晓东
村委会主任：黄建青
里泾村　党委书记：冯惠国
村委会主任：季丽明
香桥村　党委书记：叶　彪
村委会主任：胡育成
王市社区　党委书记：周伟刚
居委会主任：周伟刚
福山社区　党委书记：王志忠
居委会主任：王志忠
周行社区　党总支书记：金利峰
居委会主任：金利峰
海福新城社区　党委书记：徐月红
居委会主任：徐月红
南塘社区　党总支书记：黄　逸
居委会主任：黄　逸

（镇组织人事科供稿）

重要文献

初心永擎谋新篇 勇毅前行开新局
全面推动“美丽海虞”高质量发展走在前列
——在中共海虞镇第四次党员代表大会第六次会议上的报告

中共海虞镇委员会书记 朱惠明

（2020年12月28日）

各位代表、同志们：

今天，我们在这里召开中共海虞镇第四次党员代表大会第六次会议。会议的主要任务是，高举习近平新时代中国特色社会主义思想伟大旗帜，深入贯彻党的十九大和十九届二中、三中、四中、五中全会以及中央经济工作会议精神，全面落实市委各项决策部署，回顾总结今年工作，研究部署“十四五”开局任务，动员全镇上下凝心聚力促发展、奋力前行开新局，以更加饱满的热情、更加昂扬的斗志、更加务实的作风，谱写“大美海虞”的生动实践，开启“无忧小镇”的发展新篇。

下面，我代表海虞镇党委向大会报告工作，请予审议。

统筹疫情防控和经济社会发展成效显著

2020年是全面建成小康社会和“十三五”规划收官之年，也是经受疫情防控“大考”的极不平凡之年。今年以来，面对新冠肺炎疫情的巨大冲击和严峻复杂的国内外环境，镇党委团结带领广大干群，紧扣市委“促发展、补短板、解难题、精管理、抓落实”工作主线，聚焦“三增三进”发展目标，统筹推进疫情防控和经济社会发展工作取得“双胜利”。海虞镇成功入选苏州唯一2020年全国农业产业强镇建设名单；新材料产业园连续八年入选“中国化工园区20强”，并顺利通过江苏省化工园区合规认定。

一年来，我们事在必行，守住了群众安

全“生命线”。全镇上下凝心聚力、同心抗疫，以战则必胜的信心打好疫情防控“阻击战”。发挥“1+4”新体制优势，组建“双十”行动支部大联盟，成立靠前指挥、综合协调、人员防控、企业监管等10个行动支部。全镇250多个党支部4000多名党员干部逆行而上、冲锋在前；1.5万人次投身防疫志愿行动，齐心协力、团结奋战；社会各界踊跃捐款203万元、捐物152笔，用坚定行动构筑起联防联控、群防群治的“牢固阵地”，实现全年零输入、零疑似、零感染，为全镇人民生命安全“保驾护航”。同时，开展“机关干部服务万家企业”活动，出台《支持激励企业“抗疫情、稳增长、促发展”若干政策实施意见》，推进企业复工复产，逐步恢复生产活力，用8个“最优政策”提振企业发展信心。

一年来，我们审势而行，稳住了经济发展“基本盘”。坚持抓“六保”促“六稳”，生产生活秩序井然。全年预计实现地区生产总值107.8亿元，同比略有增长；财政总收入26.2亿元，增长11.3%。产销效益承压明显，规上工业总产值230.3亿元，企业开票销售380.8亿元，一般公共预算收入11.67亿元，同比分别下降2.2%、5.5%和3.1%；“十三五”期间以上3个指标年均增长分别达7.1%、9.2%和8.7%。利用外资量质提升，实际到账外资5600万美元，增长18.5%。有效投入成绩亮眼，全社会固定资产投资49.2亿元，增长39.4%；工业投资35.5亿元，增长70%，创历史新高。项目建设有序推进，全年新开工市级重点产业项目24个，开工率218%，位列全市第一。

一年来，我们砥砺前行，厚植了创新发展“新优势”。抢抓长三角一体化发展机遇，放大“沪苏同城”效应，组织参加2020年上海进博会，举办苏虞生物医药产业园双边合作协调理事会，成功承办首届常熟生命健康产业发展论坛、市工商联“360圆桌会议”等活动。启动人才公寓建设规划。总投资5亿元的苏州同位素研究所顺利落户，丽源医药、七洲科技等科创平台揭牌运行，三爱富氟化学、富士莱医药等研发中心抓紧建设。华益科技获评苏州市级示范智能车间，三爱富中昊、通润装备等28家企业获“机器换人”智能化项目补贴400多万元。全年净增高新技术企业12家，高企总数首次达50家；净增发明专利104个，创历史新高。出台《2020年重点特色产业紧缺人才计划实施办法》，司林旭、刘海峰等17人成功入选；全年新增常熟市级双创领军人才1人、省科技副总6人、硕士（副高）及以上高层次人才35人。全镇高新技术产业、战略性新兴产业增加值占规上工业比重分别达37%和53.9%。

一年来，我们惟其笃行，打造了人居环境“新样板”。荣耀承办2020年苏州市中国农民丰收节开幕式，打造铜官山“网红”基地，成功吸引游客30多万人次。海虞镇获评苏州市特色田园乡村建设先进集体，七峰村上山巷和福山村寺前2个项目获评省级特色田园乡村。出台农村人居环境长效管理综合考核机制，高品质启动130个

自然村4756户“千村美居”工程，全年完成验收自然村80个，农村人居环境全面跃升。积极创建“美丽庭院”，汪桥村、龙墩村80户家庭获评“苏州市美丽庭院”，美丽乡村品质内涵不断提升。全面深化河湖长制，全年疏浚河道土方38.6万立方米，完成耿泾塘整治和农桥改建12座，建成3个生态美丽河湖点位。拿出社会治理“绣花功夫”，干好垃圾分类“关键小事”，全镇配置四分类收集房（亭）283个，14个住宅小区推行“三定一督”生活垃圾分类，完成率100%，17个行政村生活垃圾分类设施全覆盖。

一年来，我们谋定成行，引领了绿色发展“新风尚”。盘活低效产业用地，培育壮大发展动能，汪桥、徐桥、棉花原种场列入第一批市级更新改造试点，全年启动更新土地面积233亩，改造率52%，新建厂房面积20多万平方米，淘汰落后产能企业25家。绿色制造产业园、红木产业园项目顺利开工。完成铁黄沙1200亩绿化补植。全力打好“蓝天、碧水、净土”保卫战，完成20家大气污染企业帮扶整改，对325家涉及印染、危废管理、木器台板等行业的企业开展专项整治行动。督促使用危化品企业编制环境应急预案。监测治理水质较差河道60条，全镇水质全面提升。

一年来，我们雷厉风行，展现了安全发展“新气象”。深入开展“百团进百万企业”安全宣讲活动。开展安全生产专项整治、消防安全“百日攻坚”和“卫城”行动，常态化推进安全生产大检查，抓好“安居超市”、隐患挂牌整改等工作。做好省委危化品安全生产专项巡视、常熟安全生产第一督导组反馈意见整改。消防应急救援中心建成投用，成为苏州首个县级消防救援训练基地。整合信息化资源，建好“智慧园区”。完成沪苏通铁路沿线、福山社会面技防监控点位安装39个。开展“虞城无诈”专项行动。海虞镇获评2019年苏州市创建无毒社区示范单位。

一年来，我们身体力行，满足了群众关切“新向往”。助推企业经济复苏，提前发放2019年稳岗补贴750多万元，全年减免企业社保缴费1.58亿元。发放1273名低保、低保边缘、困难残疾人等11类困难人群各类生活救助金953万元，全年审批各类救助事项121例。养老服务实现新突破，镇级医养中心开工建设，村（社区）日间照料中心实现全覆盖，居家养老服务率提高15%。“睦邻空间”社区服务社会化项目实现全覆盖。智慧社区平台全面推广，应用率达100%。配套资源日益多元化，福山中学二期完成交付，海虞初中新建、高中改扩建工程接近尾声，苏常外国语学校顺利开工，海虞新天地商业中心开业运营。梳理餐饮企业开办、项目建设等“一件事”套餐42个，实现工商登记、公章刻制、银行开户等5项一站式服务零费用。建立行政审批“1+22+X”“联网联办”模式，推动审批改革和为民服务向基层延伸。

一年来，我们本色当行，践行了共产党员“新使命”。统筹谋划“管党治党”顶层设计，完善“282”党建工作体系，推进

“五领”党建模式“一突出四联动”机制。健全党建工作领导体系，制定落实年度党建工作目标计划，落实基层党组织书记例会制度、党委班子抓党风廉政“一岗双责”制度。建立领导挂钩联系党支部制度、机关干部周末驻村制度，不断提高党建工作和中心工作耦合度。今年获评市级疫情防控“阻击先锋”5个、“战斗先锋”5个、“逆行先锋”5名和复工复产、春耕春种先进基层党组织8个。完善落实“四张责任清单”，通过“上情下达”“下情上传”压紧压实“两个责任”，把全面从严治党责任传导到401个基层党组织，推动全镇党建创新发展、高效前行。

一年来，我们与时偕行，标立了基层党建“新高度”。实施镇级书记项目——“红网”工程，带动各村（社区）党组织书记认领“千村美居”、基层治理等重点党建项目22个。开展“万企联万村、共走振兴路”行动，17个村党委与18个非农领域党组织结对共建。全面提升镇、村（社区）党群服务中心23个，建成投用红色先锋站72个。推进党支部“标准＋规范”建设，全年调整设置网格党支部75个，建立“两新”联合党支部13个，撤并空壳党支部94个，调整党组织书记178人，全面完成“两新”党组织组建任务。实施青年干部“增能工程”，考察任用“海棠蓓蕾”4人。扎实做好村（社区）两委集中换届准备工作。

一年来，我们克己慎行，推动了自身建设“新提升”。高标准巩固“不忘初心、牢记使命”主题教育成果，常态化开展主题党日、集中轮训等活动2000多场。创新推出“双周学习”制度，争当忠诚型、学习型、研究型、实干型、服务型、清廉型“六型”组织建设示范。精心举办“骨干课堂”“云端课堂”“空中课堂”“战‘疫’课堂”等多维课堂，实现党员冬训100%全覆盖。“海润万家”课堂获评苏州市“众说学习”理论宣讲重点项目。建立工作例会制度，设立重点工作分解落实“四张清单”。规范民主议事和“四议两公开”流程。积极开展法治政府示范创建。全面落实“基层减负年”各项任务，办理完成人大代表议案建议6件。着力整治形式主义、官僚主义，严肃查处违纪违法案件37起，处分党员28名。用好“三项机制”，申请容错免责备案3例，澄清不实信访举报1例，鼓励激励干部4例，激发了干部干事创业积极性。

与此同时，镇党委充分发挥总揽全局、协调各方作用，镇人大主席团、政府、政协工委充分履职尽责，工会、团委、妇联、文联、残联、商会、科协、慈善会等群团组织桥梁纽带作用较好发挥，人武、老干部、老龄、关心下一代和退役军人事务等工作明显加强，全镇形成了勤勉务实、干事创业、团结和谐的良好氛围。

各位代表，回顾一年来的工作，深感成绩来之不易，这是市委、市政府正确领导的结果，是全镇上下团结奋斗的结果。在此，我代表镇党委向勇敢逆行的医护人员、向日夜奋战的党员干部、向守望相助的全镇人民，致以崇高的敬意！向所有参

与、支持和关心海虞建设与发展的各界朋友，表示衷心的感谢！

在肯定成绩的同时，我们也要清醒地认识到，全镇经济社会发展中还存在不少矛盾问题：一是境外疫情持续蔓延，外贸出口压力仍然存在，实体经济发展困难较多，疫情对经济的冲击与影响具有不确定性。二是传统产业、高耗能行业占比较高，产业转型升级速度、动能转换步伐不快；产业生态吸引力还不强，落地项目产出率低于预期，高端载体、高层次人才招引和科技创新驱动力亟待加强。三是民生服务供给不足，教育、医疗、养老等保障水平有待进一步提高，人居环境整治长效管理机制落实不够到位。四是安全形势依然不容乐观，生态环境治理亟待提速；对重点领域、重点环节、重点岗位在责任体系、问题整改和执纪执法等方面监管均需加强。五是少数党员干部服务意识、担当作为、理念创新不够，方式方法简单。六是在中央八项规定精神、“四风”问题上，对基层党员干部的监管力度还需进一步加强。对此，我们一定要高度重视，采取有力措施切实加以解决。

全力以赴抓好“十四五”开局各项重点工作

2021年是建党100周年，是“十四五”规划开局、“美丽常熟”建设起步之年，也是海虞“归零再出发、创新谋发展”首战之年。当前，外部形势严峻复杂，境外疫情持续蔓延，对海虞产业链、供应链、外贸链产生严重冲击，全镇经济社会发展遇到前所未有的挑战。但我们也面临长三角一体化发展以及“后疫情时代”国际经济格局重构、国家宏观政策调整等重大机遇，只要我们沿着市委、市政府指引的方向，以更加自觉的认识和行动，用奋斗作答、以发展应变，就能“危中寻机、化危为机”，推动海虞经济社会发展不断迈上新的台阶。

明年工作的总体思路是：坚持以习近平新时代中国特色社会主义思想为指导，深入贯彻党的十九大和十九届二中、三中、四中、五中全会精神以及中央经济工作会议精神，认真落实市委最新工作部署，坚持稳中求进总基调，坚持新发展理念，紧扣“六美集大美、幸福新常熟”主轴主线，紧盯“三增三进”三年目标，统筹推进疫情防控和经济社会发展，大力推动产业发展高端化、民生保障均衡化、社会治理现代化，奋力谱写新时代“美丽城镇”“无忧小镇”新篇章，努力走出一条属于海虞“精致、时尚、大美”的特色发展之路。

明年主要预期目标是：地区生产总值增长5%左右；一般公共预算收入增长6%以上；全社会固定资产投资50亿元，其中工业投资占比超70%；到账外资5000万美元；规模以上工业产值增长6%左右，规上工业核心增加值率超全市平均水平5个百分点；社会消费品零售额增长5%左右；企业研发投入增长5%以上；战略性新兴产业产值占比明显提高；居民人均可

支配收入增速与经济增长同步；完成安全节能环保等各类约束性指标。

实现上述目标，我们还需切实做到“三个把握”：一是把握战略指向。抢抓长三角一体化发展和“沪苏同城”战略机遇，深度学习、对接上海，在现代化建设新征程上奋勇争先、走在前列，打造“开放海虞”“创新海虞”“品质海虞”“活力海虞”。二是把握发展导向。贯彻新发展理念，聚焦现代化建设、竞争力提升和高质量发展，为经济聚力、为企业赋能、为小康增色、为治理提效，以政府有为促进市场有效、企业有利、社会有序、百姓受益。三是把握工作取向。落实市委“六美集大美、幸福新常熟”要求，加大“六稳”力度，落实“六保”要求，逆势而行、迎难而上，越是困难越向前，奋力实现全镇经济社会发展目标任务。

重点做好以下六方面工作：

一、以更大力度推进转型升级，彰显产业发展之美

紧扣常熟“354”产业发展方向，紧贴海虞既有特色，抢抓机遇，融智创新，大力发展“6M”新兴产业、先导产业，打造国内一流新材料产业特色发展集聚区。

聚焦高精尖，决胜产业升级新赛道。把握苏州“一号产业”生物医药“1+N”发展契机，依托苏虞 BioBAY 紧密型合作，培育生物医药“双创智慧谷”，自主研发纳米微球、含氟药物等突破国际技术壁垒产品。发展 CMO、CDMO 产业，引进创新药、改良药、医疗器械等“1M”产业化项目，支持药明康德、美莱等重点项目建设，打造百亿级“长三角生物医药产业基地”。发挥三爱富、阿科玛、大金、索尔维、科慕、吴羽、旭化成等“5M”企业支撑作用，做好产业“延链、补链、强链”文章，做足“专精特新”企业先发优势，进一步研发、储备领先技术，革新、改善产品性能，高端发展氟树脂、氟涂料等含氟功能材料，推动有机氟、高性能膜、工程塑料、电子化学品、聚氨酯等“5M”新材料产业厚积成势，打造产能 100 万吨、产值 200 亿元的“国际先进高分子材料产业基地”。

拼抢大项目，提增产业发展新动能。把握国家重大政策调整“窗口期”，全力以赴抓项目、稳投资。动态对接 88 亿元产业投资项目清单，突出抓好大金新材料、宝丽菲姆等 30 个省、市重点产业项目建设，12 个新开工项目按季开工率达 100%，确保明年工业项目投资超 35 亿元。狠抓吴羽、莫莱斯科、康羽等重点项目审批，支持产值 5 亿元改性塑料、产值 10 亿元柔性显示材料和产值 50 亿元一批 PVDF 等“卡脖子”项目建设。同时，顺应国际“碳中和”目标，研发新一代 HFO 产品；紧跟新能源发展规划，研发燃料电池汽车“芯片”——含氟高性能质子膜；抢抓 5G 通信发展“风口”，研发储备改性材料、高纯气体、蚀刻液、清洗剂等新一代含氟高分子产品，持续打造最强比较优势，促进“大美海虞”产业发展无忧、经济增长无忧。

深耕产学研，燃动科技创新新引擎。推广三爱富、科慕等“国企＋外企”合作模

式，健全协同创新体系。盯牢新载体新企业，优化科技人才企业储备库，配套建设丽都、福山等高端人才公寓，新增昆承英才不低于2个。建设同位素研究所和富士莱、丽源、七洲等“双创”平台，全年认定高新企业不少于18家。加快上海三爱富国家级氟材料工程中心搬迁入园，支持省级氟化工研发中心、苏州氟材料先进技术研究院建设，保持氟化学综合科研能力“国内第一”。联手法国科研中心和清华、复旦等“大咖”开展产学研合作，迭代更新聚酰胺、聚酰亚胺、光导材料等产品，抢占前沿产业发展先机，提升特色产业发展能级。

*打好组合拳，跑出惠企通商加速度。*加强项目沟通、资源对接、渠道共享，探索产业链引资合作战略性新模式。加快汇聚高端要素，狠抓优质项目储备，推动“5M”材料产业延链、补链，“1M”生物医药产业做精做强。定期开展产出项目能耗、产能、效益等指标研判，保障招引项目质效。开展“精准服务外贸企业行动”，确保出口增速高于全市水平。持续优化营商环境，加快数字化转型、“证照分离”改革，完善“一件事”“不见面”审批、“一窗受理、一网通办”服务，努力实现高效率政务服务。

二、以更高水平布局发展空间，彰显城镇形态之美

突破用地空间瓶颈和制约，盘活沉睡土地资源，让“寸土”产“寸金”，构建“生产集约、生活宜居、生态和谐”空间格局。

*科学用足独特资源。*遵循“绿色化、集约化、可持续”发展路径，全力集聚优质资源，持续拓展产业载体3平方公里。完善苏虞生物产业园设施配套，新建1800亩生命健康科创园；整合城市综合物流、绿色制造载体资源，筹建2000亩智能制造产业园。加快中新海虞花园城功能性开发，建好苏常外国语学校、社区邻里中心、产业展示展览中心等配套项目，完善新天地商业中心、电商园业态布局，培育新零售、新经济产业，推动“一城三园”产城融合发展。

*规范用好稀缺资源。*以全省化工园区合规认定为契机，全面推动新材料产业园“绿色、安全”规范发展，提升特色产业可持续发展空间。合理调配资源建设“智慧云仓”，鼓励企业分离“二三产”腾挪发展空间，助力新旧动能转换，助推化工产业转型升级。深化产业链、创新链、资本链“三链联动”，建设金融一条街，引入新材料产业发展基金，支持富士莱、华道等企业上市重组。依托“家门口”的高铁站，争取落户一批总部经济、区域机构、创新中心，提升“常熟北部新城镇”城市能级。

*更新改造低效资源。*持续推进村级工业用地“整优清零”、产业用地更新“双百”行动，全年复耕复垦土地300亩。开展房屋征收搬迁攻坚行动，完成城市综合物流园民房搬迁，中新地块房屋搬迁基本清零。以“亩均论英雄”为导向，落实已出让用地后监管机制，强化低效用地开发利用，提高存量空间经济密度，跑出亩均效益“加速度”。坚持“四减少、一提升、一平衡”原则，推进纺织科技产业园建设和印

染企业纳规搬迁。推进老旧工业区更新，改造汪桥、徐桥、棉花原种场、苏作红木和绿色制造等一批特色小微园区。未来5年实现工业载体升级改造面积超100万平方米，推动“无忧小镇”经济高质量发展。

三、以更新举措打造振兴样板，彰显乡村协调之美

对标苏州率先基本实现农业农村现代化指标体系，谋定全年目标，倒排序时进度，实施挂图作战，确保各项工作落实落地，为全市率先基本实现农业农村现代化贡献力量。

走出“富民强村”新道路。搭建村企“联姻”红色平台，引导生产要素支撑项目建设，做优“万企联万村、共走振兴路”资源匹配文章。高标准建设农耕文化体验、农产品展示中心等全国农业产业强镇项目，推进省级农业产业园海虞园区项目建设，完成省级郑家桥村葡萄连栋大棚、绿色优质农产品基地验收，争创苏州市农作物品种综合测试示范基地，重点完成10个品种示范和2个百亩示范方任务。推进2020年高标准农田建设，2019年项目通过市级验收。完成450亩高标准池塘建设。竣工投产15万头德康生猪养殖场项目。创建1个苏州市级“共享农庄”。

开启“文旅兴村”新征程。以创建“中国农业公园”为目标，融入8大元素，规划建设虞盛万亩稻米基地、中新杂交水稻科普馆、铜官山田野公园、福山田园乡村和南沙古城、福山总兵府历史文化馆等一批“研学游”项目，打造集乡村振兴、农业科普、国防教育、户外拓展于一体的党建团建实践活动基地。以“江海交汇七彩洲、花海如烟铁黄沙”为主题，规划启动铁黄沙生态岛定期开放工程建设，做好“花世界”春季游览试运营。开启“四色美游”线路图，深度开发“无忧小镇彩色生态游”，打响“虞乡、铜官山、平巷里、螺蛳湾、同观山庄、观山云隐”等一批具有“海虞特色”的农文旅品牌。

树立“环境立村”新标杆。持续推进“千村美居”工程，全年申报建设三星级康居乡村20个、美居村庄点位100个。持续推进2020年PPP三期生活污水管网工程项目建设，完成2000户农村生活污水收治任务。建好规模养殖场“美丽牧场”。继续完善垃圾分类设施，督促源头分类扩面增效，提高全域生活垃圾“四分类”达标率。迎接江苏省卫生镇复审，推进镇村卫生长效管理，加大健康知识和健康技能普及力度，乡村居民健康素养水平达25%。持续开展“美丽庭院”“美丽菜园”等创建活动，落实党员干部“宅前屋后三包”示范制度，进一步巩固人居环境长效机制。

四、以更高标准增进民生福祉，彰显安民乐业之美

坚持“民生为本”，始终回应民生关切。要因时因势抓好疫情防控，精细精准做好“六稳六保”，切实让发展有温度，让幸福有质感，让服务暖民心。

实事惠民提升群众幸福感。慎终如始筑牢“外防输入、内防反弹”疫情防线，加强各类重点人群管控、冷链运输等重点

环节监测，巩固拓展防控成果。推进医养中心、海虞卫生院改造、周行社区服务中心等项目建设。健全多层次养老服务体系，规范运行村（社区）老年人日间照料中心，促进全镇养老事业持续健康发展。规划建设文体活动中心，完善体育场馆设施，确保全镇人均体育设施面积、人均每万人拥有健身路径达标超标。推进农村宅基地登记三级确认会审工作。紧盯海虞高中、海虞初中、周行小学等工程建设，促进教育资源优质均衡发展。推进美丽城镇建设，建成交付海盛家园、海新家园等4个城乡一体化示范小区。推进被撤并镇基础设施项目建设。优化路网提档升级，完成三爱富路、迎宾路、隆庆路等一批道路新建、改造工程。全新打造特色集镇，向集镇添加城市内涵，推进中新海虞花园城亲水公园、品质社区体系建设，展现“江南风韵、小镇味道、现代生活”的鲜明气质。

保障利民提升群众获得感。落实稳就业、保民生各项政策，及时了解重点企业用工需求，优化现场招聘，加大赴外招聘力度，强化就业帮扶、技能培训、创业指导，切实解决企业用工难问题，助推更高质量就业。改善社会化帮扶模式并提升效率，扩大80周岁以上老人政府补助、援助居家养老服务对象受益面，进一步推动家庭医生签约服务。完善全科社工服务模式，继续实施社区服务社会化“睦邻空间”项目“1+3”服务。运用推广“智慧社区”平台系统，深化社区治理现代化建设。持续开展校园周边环境整治、“虞城无诈”专项行动，维护区域社会稳定。

精神富民提升群众满足感。启动新时代文明实践中心馆建设，打造“接地气、有活力、可持续”文明实践阵地。推行“一村N岗”机制建设“乡风文明志愿岗”，鼓励先进模范、百姓名嘴、乡贤人才参与乡村振兴、敬老帮困等志愿服务。拓宽文化品牌效应，举办“海虞故事台”全国性故事征稿活动。常态举办“海乐万家”百姓公益课堂。集结优秀文化资源，培养年轻文艺人才，激发创作活力激情，创作一批符合新时代文明实践的优秀文艺精品，造就一批艺术精湛、群众喜爱的海虞文艺名家，塑造一批本土专业文艺团队，进一步提升“无忧小镇”文化品牌软实力、群众吸引力。

五、以更严标准筑牢安环防线，彰显社会善治之美

强化安全、环保“红线意识”“底线思维”，创新社会治理模式，推动形成产业规范、环境和谐、社会稳定的发展新格局。

加强安全监管。落实党政领导干部安全工作责任，厘清实施全年镇（产业园）各专委会重点工作。持续开展“百团进百万企业”安全生产宣讲教育活动。深入开展安全生产专项整治三年行动，常态化开展安全生产专项检查整改，抓好危险化学品、冶金工贸、火灾防控、特种设备、建筑施工等28个重点行业领域隐患排查治理。开展消防安全专项整治行动，抓好隐患挂牌、“安居超市”、“九小场所”排查整改。建好村级企业安全消防监管系统，完成“五

位一体”信息化管理平台验收。继续做好省委危化品安全生产专项巡视、常熟安全生产第一督导组反馈意见整改。举一反三，严肃查处违规违法行为。持续推动安全标准化和双重预防机制建设，夯实安全基层基础。

优化绿色生态。以争创“国家级生态工业园区”为目标，全面启用“智慧园区”集成指挥中心，推进“一园一策”“一企一策”整治提升，强化重点耗能单位监测、危险废物规范化管理，实现新材料产业园绿色发展、安全发展“提标进位”。全面推进2021年污防攻坚清单任务，继续监测“水、气、土”质量，抓好“散乱污”企业、污防攻坚帮扶村问题整改，全力打好污染防治攻坚收官战。落实中央和省、市环保督察突出环境问题整改。继续推进木器行业废气排放治理。抓好农村河道、中小河流疏浚整治，完成生态化池塘改造和危桥改建任务。加快洪洞净水厂、产业园污水厂提标改造等环境基础设施建设，提升区域环境质量，筑高“无忧小镇”人居幸福指数。

深化“三治”融合。持续推进“两网三治”基层社会治理体系建设，深化“3+5+X”网格管理规范化、特色化、品牌化建设，提升“两网”融合度和“三治”协同力。稳步开展基层民主协商，创新完善村民“6+X”、居民“8+X”议事模式。常态化开展公民道德、未成年人教育实践活动，宣传贯彻红白理事标准，推动移风易俗。深入开展“八五”普法。完善人民、司法、行政调解衔接机制，推动司法行政与综合执法相融合，全面落实“三项制度”，实现执法法律效果和社会效果相统一。

六、以更强韧劲推动从严治党，彰显初心不渝之美

“政贵有恒，治须有常。”深化新时代党建工作的制度探索、实践摸索、价值求索，以“抓铁留痕”作风、“一抓到底”决心践行使命担当，切实做到“党要管党、从严治党”。

增强理论素养。坚持理论武装头脑，把学习新思想、新理论、新精神作为每日必修课。健全意识形态工作责任制，督促推进落实任务清单、责任清单，守住意识形态主阵地。完善铜官山乡村振兴学院载体功能，融入“苏州乡村振兴学堂”体系。建设兼职教师师资库，推进基层党校实体化运行。优化“夜间课堂”“先锋课堂”“空中课堂”等宣教载体，提标“海虞先锋送讲团”宣讲品牌内涵，全面提升基层理论水平。

夯实基层基础。认真落实新时代党的建设总要求，坚持“五领”党建模式，构建“一突出、四联动”工作机制。坚持“六大规范化”标准，提高党群服务中心建设水平。推进党支部“标准+示范”建设。坚持“抓两头带中间”，通过软弱涣散党组织对标整顿提升、星级网格党支部评定验收，推动基层党组织全面进步、全面过硬。推深做实“海棠”系列品牌。

塑造基层队伍。高质量做好村（社区）两委换届工作，抓好“先锋指数+”综合

考核应用，推动村（社区）书记全域统筹、履职尽责。深化落实“三项机制”和激励干部担当“1+N”制度体系，激励党员干部真抓实干。坚持以质量为发展党员工作生命线，为基层党组织输入新鲜血液。常态化开展书记培育工程，分领域、分类型抓好青年干部、新任两委成员、网格党支部及其他党组织书记培训，不断加强基层队伍建设。

守护纪律规矩。深入开展党规党纪教育，着力提高廉政教育的针对性和实效性，构建道德修养、规章制度、行为规范、干部形象“四位一体”的廉政文化。始终坚持挺纪在前，运用好监督执纪“四种形态”，特别是第一、第二种形态。加大执纪审查力度，对于违纪违规问题做到发现一起、查处一起，持续释放从严执纪的强烈信号。继续深化作风效能建设，强化监督检查，完善监督体系，确保“一岗双责”落到实处。坚持抓早抓小、防微杜渐，抓在经常、融入日常，严惩关键领域违纪违法、作风不实、失职失责等问题，营造廉洁政治生态和公正社会氛围。

各位代表、同志们，新思想引领新时代，新使命召唤新作为。让我们以习近平新时代中国特色社会主义思想为指导，在市委、市政府的坚强领导下，坚定发展信心、保持发展定力、探索发展新路，不忘初心、矢志不渝地推动“大美海虞”实现高质量跨越式发展，以过硬实绩向建党100周年献礼！

开拓进取志远航　凝心聚力细耕耘
奋力谱写海虞“高质量发展走在前列”新篇章

——在海虞镇第五届人民代表大会第九次会议上

海虞镇人民政府镇长　须亚军

（2021 年 1 月 10 日）

各位代表：

现在，我代表海虞镇人民政府，向大会报告工作，请予审议，并请列席会议的同志提出意见。

2020 年工作及“十三五”发展回顾

2020 年，面对突袭的新冠肺炎疫情和严峻复杂的外部发展环境，海虞镇以习近平新时代中国特色社会主义思想为指引，围绕市委“十五字”工作主线，坚持稳中求进工作基调，落实高质量发展根本要求，抗击新冠肺炎疫情和实现经济社会发展“双线战役”取得显著成效。

——我们众志成城，打好新冠疫情防控攻坚战役。“战‘疫’千万线，基层第一线”，坚持筑牢基层群防群治阵线，充分发挥“1+4”新体制优势，突出抓好重点环节、重点场所、重点人群疫情防控。累计排摸外来人员 2.8 万人，完成首次核实一级人员 4846 人、二级人员 878 人、境外返常人员 109 人，完成核酸检测 1807 人，设置应急核酸采样点 23 个；落实防疫物资支出 29.53 万元，接收防疫善款 203.15 万元，组织发动防疫志愿者 1.55 万人次。截至目前，全镇未出现确诊病例。

——我们负重奋进，推动经济社会发展破冰前行。紧扣“六稳”“六保”工作，全面推进复工复产复商复市，生产需求持续改善，积极因素逐步增多。规上企业于 2020 年 4 月全部复工，综合产能利用率达 100%，发放员工返常补贴 25.67 万元。全镇主要经济指标增速基本实现“负转正”，全年实现地区生产总值 107.76 亿元，工业总产值 266.2 亿元，一般公共预算收入 11.66 亿元；完成全社会固定资产投资 49.26 亿元，增长 39.4%；到账外资 5600 万美元。

一、跨上经济增长新台阶

贯彻“两争一前列”工作要求，完善“一城三园”特色产业布局，以践行高质量发展理念推动经济平稳健康可持续增长。延续项目引领态势。坚持“项目为王、质量至上”鲜明导向，全年新开工市级重点产

业项目24个，开工率218%，位列全市第一。苏州同位素研究所揭牌成立，丽源医药、七洲科技等科创平台落户苏虞生物医药产业园。聚焦新材料、生物医药、精细化工等产业，签约吴羽锂电池黏着剂、凯虞CDMO等22个项目，总投资超60亿元；储备阿科玛聚酰胺等在谈重点项目40个。优化产业结构布局。加强企业生产经营状况分析研判，出台《海虞镇（产业园）关于支持激励企业“抗疫情、稳增长、促发展”若干政策实施意见（试行）》，新增市场主体1346户。着力构建“1+5”特色产业体系，新材料产业园获评“省级化工园区”，并连续8年入选“中国20强化工园区”。强化“亩产论英雄”思维导向，破旧立新、盘活资源，汪桥、徐桥、棉花原种场被列入第一批市级老旧工业区更新改造试点，全年开工建筑面积15.15万平方米。优化电商运营环境，创设“魔方商学院”，电商园全年新增商户38家。焕发创新升级活力。企业科创动力强劲，净增高新技术企业12家，新增产学研项目16个，新增省级科技副总项目6个、硕士（副高）及以上高层次人才35人。柴荣霞博士团队获评常熟市级双创领军人才，瀚海新材料、世名化工获评苏州市技术转移体系建设项目。三爱富中昊获评苏州市自主品牌大企业和领军企业先进技术研究院，华大新材料获省级企业技术中心认定。把握企业智造“活脉”，28家企业获“机器换人”智能化项目补贴400多万元，江南玻纤等8家公司入选市级工业互联网企业，大金氟化工入选市级智能制造示范企业，华益科技同位素一体化开发车间获评苏州市示范智能车间。3家企业入选市级“零地增长”试点企业。

二、跑出城乡融合加速度

聚焦“大美海虞　无忧小镇”品牌实践，推动村庄净美、安居、宜业建设，以充实城乡融合内涵推动镇村发展协同并进。开发镇区新空间。聚焦“为产业增载体、为发展谋空间”，全年实现农村房屋搬迁签约234户、交房238户，企业搬迁签约4家、拆除8家，江苏南沿江城际铁路等8个搬迁项目扫尾清零。盘活“沉睡”土地资源，完成土地复耕复垦568亩。中心镇区发展有序完善，海虞新天地商业广场竣工开业，中新路全线贯通，海盛家园、海新家园交付安置。落实被撤并镇整治提升实施项目25个，三年行动实现收官，聚福二期、海洲二期完成建设。打造村庄新桃源。打好农村人居环境整治收官战，扎实开展“三清一改”行动，清理河塘沟渠2284处、生产生活垃圾10万吨。聚力“千村美居”普惠工程，全年开工130个自然村，完成94个自然村建设工作。推进特色田园乡村项目建设，七峰村上山巷、福山村寺前等2个项目通过省级验收，海虞镇获评“苏州市特色田园乡村建设先进集体”。垃圾分类工作扩面提质，行政村生活垃圾分类设施全覆盖，15个住宅小区完成“三定一督”生活垃圾分类。推进城乡生活污水收治高质量建设，新建污水管网8千米，完成153家工业企业和64个村庄的生活污水收治工作，惠及农户2688家。完善乐农

新格局。农业设施建设提质增效，新建高标准农田3200亩，建成省级绿色优质农产品基地1.17万亩，完成省现代生态循环农业试点项目。入围全国2020年农业产业强镇建设名单。村级资产收入稳步提升，签订租赁合同8660万元，同比增长4.66%。农业产业取得新发展，德康农牧、福砳生物、家景美肉牛等3个项目落户。农旅新业态效应初显，“丰收铜官山、共享常熟田”景观提升、“研学游网红打卡基地”和乡村振兴学院等项目建成投用，顺利承办2020年苏州市中国农民丰收节开幕式。

三、构筑综合治理保障线

坚守“安全生产”“绿色发展”理念，打好各类专项整治“攻坚战”，以巩固发展基石保障经济社会各项事业平稳前进。扎实营造安全氛围。筑牢生命安全“防火墙”，针对“331”等消防隐患场所开展联合执法行动62次，实施停电、查封178家，拆除消防隐患建筑3.06万平方米，整改“9+1”场所3964家。坚守安全生产红线，落实28个重点行业领域企业检查4181家(次)，发出检查意见书4000多份，整改率95%；8个市、镇两级“挂牌督办”隐患完成验收，全力落实省委危化品安全生产专项巡视、常熟安全生产第一督导组反馈意见整改。开展第三方安全监管服务，完成重点企业隐患诊断服务64家、标准化质量运行审计79家。新材料产业园通过全省首批化工园区合规性认定，完成“一园一策”“一企一策”提升整治，消防特勤站、“智慧园区”项目建成投用，区内化工企业“五位一体”信息化平台建设全部完成。持续提升环境品质。“蓝天、碧水、净土”保卫战成效显著，完成20家大气污染企业帮扶整改，全年PM2.5浓度控制在每立方米31微克以下，空气质量优良天数达86%；坚持水岸共治，完成3条生态美丽河湖建设，铁黄沙1200亩绿化种植工作全面完成，王市污水处理厂完成提标改造；2座不规范垃圾填埋场整治工程全部完工，73家危险废物专项整治单位完成达标建设。新材料产业园“一企一管、明管排放”工程有序收尾，大气环境监控预警系统建成投用。聚力创效社会治理。提升综合执法治理水平，全年立案874件，结案842件，处罚金额219万元。推动信息化、智能化建设，集成指挥中心“智慧海虞”指挥平台功能不断提升。根据社会治理形式变化，完成镇域网格优化调整。提升科技防范水平，完成全镇治安面社会技防监控点位57个、沪通铁路护路联防监控点位19个。践行社区治理创新改革，实现村(社区)“一门受理、区域通办”，22个村(社区)实现“智慧社区”平台全覆盖，推进村(社区)“6+X”和“8+X”议事制度，民主决策程度不断提高。

四、畅通民生实事暖心路

兜牢社会保障民生底线，用心书写新形势下民意答卷，以惠民举措落地推动群众幸福指数持续提升。提升公共服务效能。坚持教育优先发展，海虞初中迁建、高中改扩建工程进入收尾阶段，福山中学二期建成投用；苏常外国语学校幼儿园项目主体建筑封顶，过渡校区正式开学。卫生健

康硬件设施全面完善，全镇16个社区卫生服务站标准化建设达标率达100%，新建健康小屋8个，实现村（社区）健康小屋全覆盖；完成汪桥社区卫生服务站提升性改造。周行思亲苑二期、安抚中心建设完工。构建审批“联网联办”模式，变群众“来回跑”为部门“联动办”，行政审批办件效率提升70%。完善社会保障体系。公积金扩面新增开户142家单位1696人，外来人员参保人数达外来职工数的80%。精准实施社会救助和社会福利政策，审批各类救助事项121例，发放生活救助金953万元。聚力改善养老服务品质，镇医养中心开工建设，村（社区）日间照料中心实现全覆盖，完成家庭适老化改造80户，80周岁以上老年人居家养老服务率达81%。强化食品安全和职业健康监管工作，举办4次食品安全宣传活动、6次食品安全知识讲座，完成521家企业职业病危害风险等级分类。加强文明宣教氛围。结合文明城市“两连冠”，壮大“益起来”志愿服务联盟，常态化推进文明实践工作，开展新时代文明实践活动500多次。海虞镇新时代文明实践所被评为苏州市首批新时代文明实践示范所。服务群众文化艺术需求，“海乐万家”百姓公益课堂开设课程150课时，举办“市民馆长”阅读活动16场次，九君艺术馆正式开馆。丰富社会活动形态，成功举办“无忧海虞·活力乐跑”企业户外运动嘉年华、“匠心苏韵”海虞苏作红木家具文化50年成果展和“时代新人 筑梦前行”苏州时代新人说等活动。

与此同时，在镇党委的统一领导下，镇政府自觉接受人大主席团、政协工委和社会各界监督，办理完成人大代表议案建议6件，满意率100%。工会、团委、妇联、文联、残联、商会、科协、慈善会等群团组织桥梁纽带作用较好发挥，人武、信访、老干部、老龄、关心下一代和退役军人事务等工作都取得了新的进步。

各位代表，2020年各项目标任务的顺利完成，为“十三五”规划收官战画上圆满句号。回顾五年奋斗历程，我们立足海虞实际，锐意创新、真抓实干，经济和社会各项事业呈现出持续、健康的发展局面，为“十四五”期间实现更高质量发展奠定了坚实基础。

——五年来，我们紧抓改革机遇、培育创新引擎，在“高质量发展走在前列”的征程中奋楫笃行。在高质量发展的聚势赋能中，我们坚持发扬“钉钉子精神”，咬定青山不放松，工业总产值、地区生产总值、一般公共预算收入分别比“十二五”时期增长了13.90%、14.38%和66.27%，谱写了总量质量双提升的新篇章。结构优化稳步提高。获评省级重大成果转化项目2个，认定省级工程技术研究中心2个。6家企业入选常熟市级智能制造示范企业，1家企业获评省级示范智能车间。累计新增高新技术企业34家、高层次人才150多名、科技副总项目14个，新增省级双创人才项目1个。项目引建脱茧蝶变。累计签约药明康德、大金、吴羽等项目38个，总投资近125亿元。五年间，61个市级重点项目

开工建设，开工率连续位列全市第一等次。绿色制造产业园一期、红木产业园有序开工，智能制造产业园拆迁有序推进，12家企业成功申报“零地增长”试点，小微园区规划615亩。

——五年来，我们更新城镇名片、剑指环境污染，在统筹区域协调发展的作为中主动出击。在落实镇村建设的前进步伐中，我们坚持统筹“规”“建”协同、“管”“护”并进，中新海虞花园城、“千村美居”、长江“三化”治理等建管实事相继落地，谱写了全镇形象优化、生态净美的新篇章。城乡布局逐步绘就。编制《海虞镇总体规划（2010—2030）》，完成各发展区域控规修编。服务高质量发展各类项目，完成115家企业、2306户农户征收搬迁工作，腾出空间1200多亩。创建“一湾一岛一江滩”、铜官山“网红”基地、平巷花海等特色名片，“美丽海虞”农文旅形象初显。污染防治效果显著。严格落实中央环保督察等上级交办突出环境问题整改工作。完成空气质量监测站建设，推进“天地一体”大气管控，完成16家工业污染企业关停。完成全镇非电行业企业煤改气工作，共计减煤9.95万吨。海虞镇和汪桥村分别成为省级生态文明建设示范镇和村。

——五年来，我们加强社会治理、回应公众期盼，在增强人民群众幸福感、获得感的事业中进而有为。在提升社会氛围的小微实事中，我们坚持民生承诺“掷地有声”，完成扫黑除恶“收官战”、文明城市创建“两连冠”等各项工作，谱写了区域宜居宜业、安心舒心的新篇章。社会氛围安定有序。“3+5+X”网格管理落实落地，“两网三治”体系建设全面规范。“331”及各类安全生产整治有序推进，安全生产事故总量和死亡人数较“十二五”时期分别下降63.2%和77.8%。社会治安秩序整体平稳，接报有效警情同比“十二五”时期下降16.47%。公共法律服务制度全域覆盖，调处社会矛盾纠纷3800件。惠民画卷绽放异彩。海福新城、周行24小时自助图书馆正式投用，书画名家海虞汇客厅、村（社区）“红杉树书场”揭牌启用，有效丰富群众文娱活动形式。福山东岳庙会入选第七批苏州市级非物质文化遗产代表性项目名录。成立海虞镇慈善会，通过“同在阳光下慈善募捐”等活动募集捐款1078万元，惠及各类困难人群4400人（次）。

——五年来，我们贯彻体制调整、坚持慎权尽责，在建设勤廉高效政府的担当中守正出新。在提升管理服务效能的基本要求中，我们坚持开展“不忘初心、牢记使命”主题教育系列活动，完成经济发达镇行政管理体制改革，“放管服”改革纵深发展，谱写了政府勤政为民的新篇章。为民执政效能全面提升。提升行政审批服务质效，推行“一窗综办”模式、梳理“一件事”套餐，市、镇、村（社区）三级智慧政务系统不断完善。畅通民意畅言渠道，累计受理“12345”“数字城管”“寒山闻钟”等各类工单5.1万件，办结率与满意率均超99%。成功举办2次政风行风热线海虞基层行活动。自律廉政防线扎实巩固。

严格落实党风廉政建设“一岗双责”制度，修订完善“四张责任清单”，以清正廉洁的过硬作风为高质量发展保驾护航。加强政府性债务管理，优化财政资金使用效率，镇级财力支出持续向服务民生的重点领域倾斜。强化行政监察和审计监督，“三公经费”持续压降。

各位代表，“十三五”期间海虞经济社会发展所取得的成绩，是全镇上下共同努力的结果，是市委、市政府和镇党委正确领导的结果，是镇人大主席团、政协工委监督支持的结果。在此，我谨代表海虞镇人民政府，向全镇人民，向所有关心、支持海虞发展的社会各界人士，表示衷心的感谢并致以崇高的敬意!

在共享“十三五”发展成果的同时，我们更应清醒看到，全镇经济社会发展依然面临着多方约束：一是在国际疫情和全球经济遭遇逆流的影响下，经济发展进入攻坚期，出口贸易、实体经济、民间投资亟须稳定，土地、劳动力、资金等要素供给仍呈现趋紧态势，不确定性风险潜存的现状与经济健康稳定发展的要求还不匹配；二是土地腾退的硬骨头还未完全啃下来，征收搬迁进度难以满足项目建设进度需求，镇域发展的蓝图布局还未实现最优化，镇村面貌翻新进度滞缓的现状与建设“美丽海虞”新城镇的要求还不匹配；三是在推动产业结构转变、清退落后产能的过程中，拼抢“寸土产寸金”的工作成效还不突出，安全生产责任阀仍需拧紧，“高耗低效”产业占比高的现状与产业转型升级的要求还不匹配；四是在镇村社会治理过程中，协调各方利益、化解社会矛盾的压力依然较大，公共服务和民生保障仍有短板，基层治理水平有待提高的现状和创建安居乐业幸福小镇的要求还不匹配。对此，我们将高度重视，以强有力的务实举措逐步解决这些问题。

“十四五”发展目标和 2021 年工作安排

“十四五”时期是继全面建成小康社会、实现第一个百年奋斗目标之后，乘势而上开启全面建设社会主义现代化国家新征程、向第二个百年奋斗目标进军的第一个五年，也是海虞镇创新突破发展的黄金机遇期。前进道路上，机遇与挑战并存，接下来，我们仍将迎接加快经济结构优化升级、提升科技创新能力、加快绿色发展等新机遇，仍将面对产业结构调整、城乡结构加速演变、社会治理深刻变化、生态文明建设进入新阶段等诸多新变化和新挑战。今后五年，我们要牢牢掌握发展主动权，改革创新、科学施策、担当作为，贯彻落实海虞镇“进级次”、新材料产业园“进位次”的工作目标，开启海虞镇经济持续快速发展和社会长期稳定的新征程。

各位代表！展望“十四五”，百舸争流，奋楫者先；千帆竞发，勇进者胜。站在新的历史交会点上，我们坚持在危机中育先机、于变局中开新局，用“奋进”这一关键词汇聚“十四五”新时期海虞镇经济社会发展的强大托举力量。

面对格局骤变的新形势，我们将破局起航、展现奋进姿态！当前，国际疫情和中美贸易冲突双重夹击，国际格局加速演进；“长三角一体化”“沪苏同城化”等城际接轨战略深入实施，发展契机持续优化。在变化变局中，我们要坚持以习近平新时代中国特色社会主义思想为指引，围绕全市“美丽常熟”发展蓝图，继续把握苏南地区大城市辐射带动作用强、市场经济发展早、交通便利等先机优势，继续紧扣常熟“354”产业发展格局，创建并经营好高起点、高标准、高层次的国内一流新兴产业集聚区，在现代化建设新征程上铿锵前行。

面对发展负重的新挑战，我们将振作有为、展现奋进担当！当前，经济稳步前进、城乡协调发展、农业基础稳定、文旅质效提升等各项事业有了更高的标准。在经济社会高质量发展新要求面前，我们要坚持新的发展理念，将创建高端化产业基础、一流化产业链体系的干劲贯穿始终；要坚定新的发展目标，发扬海虞精神，紧盯“龙虎榜”排名，将“进级进位”展现强镇风采的要求贯穿始终；要坚守新的发展信念，加快基础设施建设、提升公众幸福指数，将精细管理社会事业、精准服务民生需求的初心贯穿始终。

面对稳进协同的新要求，我们将实事实干、展现奋进风采！当前，新旧难题难关亟待攻克，发展前途前景艰险重重。如何践行使命？如何担当逆行？在时代的拷问面前，我们要坚持稳中求进工作总基调，保持战略定力，贯彻底线思维，全镇班子瞄准建设“美丽海虞”新城镇的规划带头干，各个条线紧盯考核指标达标超标的目标全力干，每位同志围绕工作节点补细补全的要求加劲干。要夯实能干的基础，激发肯干的动力，让全镇上下每个人都成为新时代干事创业的领航者。

2021年是建党100周年，是实施“十四五”规划的开局之年，也是市、镇“美丽常熟”“美丽海虞”建设的起步之年。在谋划2021年工作任务中，我们不仅要顺应时代潮流，化产业优势为决定胜势，更要抗击客观逆境，化发展瓶颈为前行动力，细致谋篇、用心布局，勤奋耕耘、厚积薄发，拼抢出海虞镇高标、高位、高效发展的高品质新天地。

新的一年，全镇工作的指导思想和总体思路是：坚持以习近平新时代中国特色社会主义思想为指导，认真落实市委、市政府和镇党委的最新部署，持续抓牢疫情防控和经济社会发展双任务，聚焦全市“六美集大美·幸福新常熟”工作主线和“三增三进”奋斗目标，在把握大局大势中走好大美、无忧、精致、时尚“美丽海虞”高质量发展之路。

全镇经济社会发展主要预期目标是：地区生产总值增长5%；一般公共预算收入增长8%；全社会固定资产投资50亿元，其中工业投资超30亿元；规模以上工业产值增长6%；企业研发投入增长5%以上；到账外资5000万美元；战略性新兴产业产值占比明显提高；主导产业拉动作用更

加显著；居民人均可支配收入增速与经济增长同步；全面完成节能环保等各类约束性指标，继续保持全镇生产安全事故总量和死亡人数“双压降”态势。围绕上述指导思想和主要目标，今年要重点做好以下五个方面工作：

一、勇立潮头、敢为人先，以优化特色产业引领开源潮流

紧扣“产业链、创新链、资金链、服务链、替代链、柔性链”六大链条，融合强化“筑巢引凤”“引凤筑巢”双向动力，完善新兴产业、生产性服务业规划布局，提升服务发展能力、项目招引能力，打造常熟新材料产业发展制高点。

焕发项目入巢活力。抓项目、稳投资，动态对接 88 亿元产业投资项目清单，突出抓好大金、宝丽菲姆等 30 个市级及以上重点产业项目建设，确保 12 个新开工项目按季开工率达 100%，力促项目数量、投资总额“双量并提”。建立常态化项目联系机制，加快吴羽、莫莱斯科、康羽等重点项目审批，助力产值 5 亿元改性塑料、产值 10 亿元柔性显示材料和产值 50 亿元的一批 PVDF 项目突破落户与建设瓶颈。强化产业项目储备蓄能，聚力打造百亿级“长三角生物医药产业基地”和产能 100 万吨、产值 200 亿元的“国际先进高分子材料产业基地”，推动 CMO、CDMO“1M”生物医药产业做精做强，促进有机氟、高性能膜、工程塑料、电子化学品、聚氨酯“5M”新材料产业延链、补链。活用“苏州最舒心”金字招牌，持续优化营商环境，加快数字化转型、“证照分离”改革，全面打通政务服务惠企、利企、便企“基层快速路”。

拼抢载体筑巢资源。围绕产业结构优化升级，紧盯产业布局质量、效益、结构等关键环节，持续拓增产业发展空间 3 平方公里，改建产业载体 100 万平方米。深耕新材料产业特色热土，强化“智慧园区”集成指挥，推动“一园一策”“绿色安全”合规发展，争先创建“国家级生态工业园区”。建设“智慧云仓”，腾挪产业发展空间，助力化工企业实现产业转型升级、“二三产”分离新可能。依托苏虞医药产业集聚效应，规划 1800 亩“生态、集约、可持续”生命健康科创产业园。融合镇村创新，续建智能制造、综合物流资源融合的智能制造产业园，推进建设印染企业纳规、集合的纺织科技产业园。搭建“万企联万村、共走振兴路”村企联动发展平台，改造汪桥、徐桥、棉花原种场、苏作红木和绿色制造等一批特色小微园区。持续推进“整优清零”存量释放、“双百”行动用地更新，全年复耕复垦土地 300 亩。

开拓创新强巢驱动。抢占前沿产业发展先机，联合清华、复旦和法国科研中心等权威开展产学研合作，引领聚酰胺、聚酰亚胺、光导材料等产业更新迭代潮流。顺应绿色发展“碳中和”目标，研发环境友好型制冷剂、发泡剂产品；紧扣新能源发展规划，研发含氟高性能质子膜——燃料电池汽车“芯片”；抢抓 5G 通信升级“风口”，研发储备改性材料、高纯气体、蚀

刻液、清洗剂等新一代含氟高分子产品。提升创新驱动和人才战略实施成效，优化科技人才企业储备库，配套建设高端人才公寓；加快上海三爱富国家级氟材料工程中心搬迁落户，用好省级氟化工研发中心、建好苏州氟材料先进技术研究院，继续保持氟化学科研能力“国内第一”；建好用好同位素研究所和富士莱、丽源、七洲等“双创”平台，全年认定高新企业不少于18家，以完善高质量平台建设、促进高质量经济发展。

二、统筹谋划、城乡并进，以优化空间布局协调振兴步伐

依托“生产、生活、生态”协调有序的格局规划，大力推进镇容镇貌“商、住、行”共治，美丽乡村“农文旅”融合各项建设，打通镇村发展内部循环，描绘集约高效空间美图，助推全镇空间规划、公共发展、城乡融合实现良性循环。

促城镇面貌日新月异。围绕“长三角一体化”、高铁直达家门口、快速路通脚底下等交通便利中的区域新定位，着重解决镇域交通、空间利用、基础配套等问题，有序推进被撤并镇基础设施项目建设。聚力镇村路网提档升级，新世纪大道北延工程实现通车，推进人民路、向阳路西延、迎宾路等一批道路新建、改造工程。聚焦发展空间集约利用，继续开展房屋征收搬迁攻坚行动，推进智能制造产业园搬迁征收，中新地块房屋搬迁基本清零；落实城乡一体化安置项目收尾工作，海洲二期、聚福二期交付安置。打造中心镇区品质乐居新平台，加快金融一条街布局，推进中新海虞花园城亲水公园、品质社区体系建设，培育电商园、新天地“新零售、新经济”产业形态，叠加“十里绿环”、国际学校、邻里中心、展示中心等城市功能，展现“江南韵味”无忧小镇形象，助力“一城三园”产城融合发展。

创村庄建设生态宜居。强化镇村协调、均衡发展，全面做好农村生态宜居、设施完善、服务全面各项工作。建立健全农村基础设施管护机制，持续落实村庄“美颜”工程，结合“美丽庭院”“美丽菜园”创建，做好“千村美居”100个自然村申报、建设工作，建设三星级康居乡村20个。持续提升垃圾分类全链条管理水平，夯实以党建引领为主导的“一领四动”工作模式，进一步完善垃圾分类设施和配套收运体系，区域内生活垃圾“四分类”全面达标。推进镇村卫生共治共管，落实党员干部“宅前屋后三包”示范制度、文明有“礼”积分制度，引导群众积极参与环境整治，进一步巩固上下联动、共建共享的人居环境长效治理机制，努力实现人居环境专项考核“黑榜”清零。深入推进农村生活污水治理工作，完成2000户农村生活污水收治工程。

优农旅业态协同发展。建设农耕文化体验、农产品展示中心等全国农业产业强镇项目，推进省级农业产业园项目建设，争创苏州市农作物品种综合测试示范基地。完成2020—2021年高标准农田建设，完成450亩高标准池塘建设，15万头德康生猪养殖项目竣工投产；创建1个苏州市级

"共享农庄"。加快"中国农业公园"规划创建，谋划实施虞盛万亩稻米基地、中新杂交水稻科普馆、铜官山田野公园、福山田园乡村和南沙古城等一批农文旅新项目，开发全方位、高品质、深层次的户外党建团建实践活动基地。落实铁黄沙生态岛定期开放，做好"花世界"春季游览试运营工作。深度开发"醉美海虞"彩色生态游，打响"铜官山""平巷花海""同观山庄"和"螺蛳湾"等一批海虞特色"四色美游"农文旅品牌。

三、稳固基础、完善机制，以优化纠治整改凝聚管控合力

围绕疫情防控常态化、"绿色生态""安全城市"建设各项要求，继续强化专项整治能力和矛盾化解能力，减少社会发展不稳定因素，提升公共群体满意指数，加快建成发展安全高效、生态绿色宜人的无忧小镇。

*安全隐患逐个击破。*扎实推进安全生产"三年大灶"专项整治行动，常态抓好危险化学品、冶金工贸、火灾防控、建筑施工等28个重点行业领域隐患排查治理，做好各级各类督导巡查反馈问题整改，提高全镇安全管理水平。持续开展"百团进百万企业"安全生产宣讲教育活动，强化企业合规生产意识。继续推进企业安全标准化和双重预防机制建设，开展工贸企业标准化达标企业"回头看"和复评审计工作，开展企业安全可视化建设和信息化管理，促进企业安全生产基础不断强化、安全管理水平不断提升，压降生产安全事故起数，坚决杜绝较大及以上事故发生。深化推进"331"专项整治，全力打通消防安全"生命通道"，强化"三合一"、群租房、"九小场所"安全管理和隐患整改，完善"安居超市"闭环管理机制。加大安全生产法在各行业领域的运用力度，健全安全法治体系。

*环境整治点面俱全。*践行"绿水青山就是金山银山"环保理念，落实2021年污防攻坚清单任务，扎实开展挂牌项目"逐条清""回头看"工作。全力打好三大保卫战，加强"气、水、土"质量监测管控，加强细颗粒物和臭氧协同控制，基本消除重污染源。新材料产业园发挥"智慧园区"动态监测、指挥作用，深入推进"一园一策""一企一策"整治提升，强化重点耗能单位监测、危险废物规范化管理，争创绿色、安全"国家级生态工业园区"。铺开农村河道、中小河流疏浚整治，打造"水安河畅、水清岸绿、水秀景丽、人文之美"的生态美丽河湖，完成32条生态美丽河湖建设任务。贯彻落实长江"十年禁渔"管理要求，加强长江沿线生态环境提升，推进铁黄沙绿化补植和螺蛳湾湿地管养，打造海虞江畔"森林带""湿地带"。

*基层治理提质增效。*健全"两网三治"基层治理体系，规范"3+5+X"网格管理，提升"两网"融合度和"三治"协同力。融合开展基层民主协商工作，完善村（社区）"6+X"和"8+X"议事模式，继续实施"睦邻空间"项目"1+3"服务。坚持法治文化引领，打造铜官山"法治乡村"样板，开展"八五"普法工作。落实社会稳定风险防控

“四项机制”，继续贯彻“扫黑除恶”斗争，深入开展“虞城无诈”打击电信网络诈骗专项行动，积极维护全镇社会大局安全稳定。提升集成指挥中心信息技术支撑，完善社会治安防治防控网络建设。完善人民调解、司法调解、行政调解衔接机制，推动司法行政与综合执法相融合，全面落实“三项制度”，实现行政执法、社会治理有机统一。建设社会平安、治理高效、发展稳定的“无忧小镇”。

四、聚焦民生、服务群众，以优化公共事业践行惠民初心

聚焦公众保障，强化公共服务，用更大力度、更新举措服务民生事业，积极应对老龄化趋势、文化创新需求，用保障利民、公益惠民、服务便民的多彩画笔描绘幸福小镇温馨画卷。

凝聚社会服务向心力。完善普惠教育载体，完成海虞高中扩建、海虞初中迁建，启动周行小学改建工程；共享优质教育资源，加快苏常外国语学校施工。提升医疗设施服务效能，加快海虞卫生院改造进度。落实健康城市建设要求，迎接国家卫生镇复审，确保乡村居民健康素养水平不低于25%。推动全民健身事业发展，完成全镇人均体育设施面积、人均每万人拥有健身路径达标要求。回应多元化、多层次养老需求，推进镇医养中心建设，标准化运营村（社区）老年人日间照料中心，持续提高80周岁及以上老年人政府补助和援助居家养老服务率，开展60周岁以上老年人居家养老上门服务，实现全镇居家养老服务工作扩面提质。提升民政专项社会事务管理服务水平，启用周行思亲苑二期和安抚中心。

稳固民生保障托举力。强化“五有一网格”疫情防控实践，写好以“境外、风险地区、冷链”为重点的防控维稳“后半篇文章”。做好计生特殊困难家庭帮扶工作，完善特扶家庭医生签约服务，依托“连心家园”阵地，开展好“亲情牵手、结对帮扶”多形式社会化帮扶活动。加强食品药品安全和职业健康监管，切实让人民群众吃上生产生活“定心丸”。做好2021年度新市民积分政策解读、宣传工作，拓展新市民社会融入活动载体，提升新市民城市主人翁意识。切实发挥就业优惠政策服务能力，运行“五级管理服务模式”，确保就业困难人员月内实现就业率达90%，灵活就业的就业困难人员社保补贴申报率达98%；做好高校毕业生、退役军人、低保户等重点群体就业工作。落实退役军人优抚、安置各项政策。实施特殊群体民生补充保障，进一步关心和帮助特殊困难家庭。

加强移风易俗推动力。启动新时代文明实践馆建设，打造接地气、有活力、可持续的文明实践阵地。加强“乡风文明志愿岗”建设，推行“一村N岗”机制，汇聚先进模范、“五老人士”、百姓名嘴、乡贤人才等志愿服务力量。建强文明城市长效管理机制，常态开展“路长制”“下沉日”等文明志愿服务行动，落实创文建设工作“走心”、成果“暖心”各项要求。加大对基层年轻文艺人才的培养力度，造就一批艺术精湛、群众喜爱的海虞文艺名家，

创作一批符合新时代文明实践的优秀文艺精品。深化“海虞故事台”文化品牌效应，联合各级民俗专家开展全国性故事征稿，创作出更加优秀的故事作品。开展“海乐万家”百姓公益课堂文化创新项目，打造传承文化优遗产、传播社会正能量、传递群众心里话的本土特色文化品牌。

五、秉持初心、践行使命，以优化政务质效服务发展大局

以转作风、提效能为目标，坚持问题导向，抓好工作路径，完善制度建设，不断健全作风效能建设责任体系，对标上级考核要求、对标群众心中天平，全力当好谋划大局、秉公无私的“服务员”。

树贴心为民表率。巩固深化“不忘初心、牢记使命”主题教育成果，牢固树立“以人民为中心”的发展思想，深怀爱民之心，善谋富民之策，恪守为民之责，以增进民生福祉为政府工作的出发点、落脚点。整合理顺政府部门职能架构，构建系统完备、科学规范、运行高效的职能体系。继续加强法治政府建设，规范运用法治思维和法治方式制定政策、解决问题。继续落实政务公开、信息公开，自觉接受并认真落实人大依法监督、政协民主监督、社会公共监督，主动联系并积极听取民主党派、人民团体和各界人士的意见建议，议案提案重办理、重回复、重落实，确保政府权力在阳光下运行。

强务实求真担当。围绕“十四五”时期重点工作，增强领导班子凝聚力、创造力和战斗力；以治庸提能、以治懒增效、以治散聚力，转变公职人员的工作作风，增强行政队伍的责任意识；用好鼓励激励、容错纠错、能上能下“三项机制”，严管与厚爱结合、激励与约束并重，形成以担当为荣、以发展为重、以奋斗为乐的浓厚氛围。注重构建精简文件、压缩会议、规范考核等长效机制，把政府运行力量全面运用到服务民生发展大局上来。完善行政审批服务，优化事项办理流程，拓宽“不见面”审批应用范围，强化政府服务企业、便利群众的责任担当。

立勤政廉洁形象。筑牢信仰之基、补足精神之钙、把稳思想之舵，认真履行“一岗双责”、贯彻落实“八项规定”、严加防范“四风”回潮，提升政府系统全面从严治党水平，锤炼政府工作人员忠诚、干净、担当的政治品格。坚持以法律、纪律、制度、规章为政府机构各项工作的根本指向，努力营造风清气正的政务环境。加大对工程建设、三资管理、政府采购等领域的监督检查力度，束紧财政“裤腰带”，充实民生“钱袋子”，严格控制并持续压降“三公”经费和一般性支出，集中财力保民生。

各位代表，同志们！志之所趋不可阻，穷山距海不能限。在这个呼唤担当、催人奋进的全新年代，让我们紧密团结在以习近平同志为核心的党中央周围，在市委、市政府和镇党委的坚强领导下，经受住暗礁潜伏的时代考验，坚守住破浪前行的时代担当，屹立住领航发展的时代标杆，谱写出海虞镇“高质量发展走在前列”的全新篇章！

创作一批符合新时代文明实践的优秀文艺精品。深化“海虞故事台”文化品牌效应，联合各级民俗专家开展全国性故事征稿，创作出更加优秀的故事作品。开展“海乐万家”百姓公益课堂文化创新项目，打造传承文化优遗产、传播社会正能量、传递群众心里话的本土特色文化品牌。

五、秉持初心、践行使命，以优化政务质效服务发展大局

以转作风、提效能为目标，坚持问题导向，抓好工作路径，完善制度建设，不断健全作风效能建设责任体系，对标上级考核要求、对标群众心中天平，全力当好谋划大局、秉公无私的“服务员”。

树贴心为民表率。巩固深化“不忘初心、牢记使命”主题教育成果，牢固树立“以人民为中心”的发展思想，深怀爱民之心，善谋富民之策，恪守为民之责，以增进民生福祉为政府工作的出发点、落脚点。整合理顺政府部门职能架构，构建系统完备、科学规范、运行高效的职能体系。继续加强法治政府建设，规范运用法治思维和法治方式制定政策、解决问题。继续落实政务公开、信息公开，自觉接受并认真落实人大依法监督、政协民主监督、社会公共监督，主动联系并积极听取民主党派、人民团体和各界人士的意见建议，议案提案重办理、重回复、重落实，确保政府权力在阳光下运行。

强务实求真担当。围绕“十四五”时期重点工作，增强领导班子凝聚力、创造力和战斗力；以治庸提能、以治懒增效、以治散聚力，转变公职人员的工作作风，增强行政队伍的责任意识；用好鼓励激励、容错纠错、能上能下“三项机制”，严管与厚爱结合、激励与约束并重，形成以担当为荣、以发展为重、以奋斗为乐的浓厚氛围。注重构建精简文件、压缩会议、规范考核等长效机制，把政府运行力量全面运用到服务民生发展大局上来。完善行政审批服务，优化事项办理流程，拓宽“不见面”审批应用范围，强化政府服务企业、便利群众的责任担当。

立勤政廉洁形象。筑牢信仰之基、补足精神之钙、把稳思想之舵，认真履行“一岗双责”、贯彻落实“八项规定”、严加防范“四风”回潮，提升政府系统全面从严治党水平，锤炼政府工作人员忠诚、干净、担当的政治品格。坚持以法律、纪律、制度、规章为政府机构各项工作的根本指向，努力营造风清气正的政务环境。加大对工程建设、三资管理、政府采购等领域的监督检查力度，束紧财政“裤腰带”，充实民生“钱袋子”，严格控制并持续压降“三公”经费和一般性支出，集中财力保民生。

各位代表，同志们！志之所趋不可阻，穷山距海不能限。在这个呼唤担当、催人奋进的全新年代，让我们紧密团结在以习近平同志为核心的党中央周围，在市委、市政府和镇党委的坚强领导下，经受住暗礁潜伏的时代考验，坚守住破浪前行的时代担当，屹立住领航发展的时代标杆，谱写出海虞镇“高质量发展走在前列”的全新篇章！

图书在版编目（CIP）数据

海虞年鉴．2021 / 海虞年鉴编纂委员会编．--苏州：古吴轩出版社，2022.1
ISBN 978-7-5546-1888-2

Ⅰ．①海… Ⅱ．①海… Ⅲ．①乡镇—常熟—2021—年鉴 Ⅳ．①Z525．35

中国版本图书馆 CIP 数据核字（2022）第 056127 号

责任编辑：黄菲菲
装帧设计：长　岛
责任校对：任佳佳

书　　名：海虞年鉴（2021）
编　　者：海虞年鉴编纂委员会
出版发行：古吴轩出版社
地址：苏州市八达街 118 号苏州新闻大厦 30F
电话：0512-65233679　　邮编：215123
印　　刷：苏州市越洋印刷有限公司
开　　本：787×1092　1/16
印　　张：22.25
字　　数：430 千字
版　　次：2022 年 1 月第 1 版　第 1 次印刷
书　　号：ISBN 978-7-5546-1888-2
定　　价：98.00 元

海虞年鉴

HAIYU ALMANAC

2021

海虞年鉴编纂委员会　编

古吴轩出版社